Le duel économique franco-allemand

L'heure de vérité

Jean-pierre Estival

Docteur d'État es Sciences économiques (Paris I)
Diplômé IEP- et ESCAE
Ex-Chargé de Mission à la Commission
des Comptes Commerciaux de la Nation
Ex chargé de cours à l'Université de Cergy-Pontoise
Ex-Chef de projets économiques pour des Organisations
internationales et différents États européens
Président Général européen non exécutif de l'ONGI AEC

LE DUEL ÉCONOMIQUE FRANCO-ALLEMAND

L'heure de vérité

L'Harmattan

5-7, rue de l'École-Polytechnique ; 75005 Paris

http://www.librairieharmattan.com
diffusion.harmattan@wanadoo.fr
harmattan1@wanadoo.fr

ISBN : 978-2-296-54750-6
EAN : 9782296547506

« Wir Deutschen haben alle Ressourcen und Möglichkeiten, wir haben bewiesen, dass wir leistungsfähig sind und verlieren uns doch vor allem in einem Lamento und Klein-klein, dass ich nachvollziehen kann. »

(Helmut Kohl/ Bild Interview)

« Nous autres Allemands sommes dotés de toutes les ressources et de tous les moyens, et avons prouvé que nous sommes efficaces, et pourtant nous allons à notre perte en nous laissant envahir par des plaintes et des petites choses, auxquelles je ne saurais souscrire. »

(Helmut Kohl/ Interview du journal Bild)

PROLOGUE

D'UNE ALLEMAGNE A UNE AUTRE :

TÉMOIGNAGE SUR LA LENTE ÉMERGENCE D'UNE NOUVELLE NATION

En ce jour du 14 juillet 2010, fête nationale française, je me trouvais à bord d'un avion des lignes intérieures d'AIR BERLIN et j'ai eu alors l'occasion de découvrir, par hasard, l'éditorial mensuel de la revue de cette compagnie, dans lequel son CEO, Joachin Hunold, magnifiait dans des termes élogieux et enthousiastes, un certain aspect de la supériorité retrouvée du peuple allemand, que certains, peut-être avec exagération, auraient pu assimiler à une pseudo renaissance de nationalisme, comme l'Allemagne en a connu à plusieurs périodes de son histoire. Qu'y lisait-on au juste? Le CEO y rappelait la célèbre phrase de l'ex-Chancelier Helmut Kohl, mise en exergue au début de ce livre, prononcée lors d'une grande interview en pleine fièvre de la réunification allemande. Il y rappelait aussi cette citation d'un autre grand Chancelier, Konrad Adenauer, qui soulignait aussi « qu'il fallait prendre les hommes tels qu'ils sont, car il n'y en avait pas d'autres ». Cependant, dans le contexte de l'éditorial, le CEO semblait s'adresser à la clientèle allemande de la compagnie, et de façon plus large, au peuple allemand. En effet, au milieu de l'éditorial, surligné, et en caractères gras, un tronçon isolé de cette citation : « il n'y a pas d'autre peuple semblable ». C'est vraisemblablement, en l'absence d'un contexte plus explicite, au peuple allemand que pensait Joachin Hunold. Bien qu'une telle assertion puisse choquer des profanes étrangers, il faut reconnaître qu'il n'avait pas totalement tort. Le peuple allemand est, à maints égards, spécifique, doté de grandes qualités, que ne peuvent apprécier que ceux qui l'ont longuement côtoyé.

Si doute il y avait sur la finalité de l'article, la fin de l'éditorial était encore plus explicite. On pouvait y lire que « selon toutes apparences l'Allemagne a surmonté mieux que beaucoup d'autres pays, la crise financière internationale, ce qui, statistiquement parlant, est vrai en matière de croissance et de chômage. » Lues hors de leur contexte, surtout à l'extérieur du pays, de telles affirmations symbolisent sans aucun doute un certain regain de fierté nationale. J'en avais été témoin depuis des années. Déjà, en pleine période du Mondial de football 2010, on pouvait voir dans toute l'Allemagne de nombreuses voitures circuler sur l'espace public, en arborant le drapeau du pays, parfois même plusieurs, ce qui témoignait d'un fort attachement envers la nation retrouvée. Il est vrai que cette exubérance de nationalisme était strictement réglementée et n'était légalement autorisée que pour la courte période de la compétition footballistique, période pendant laquelle la jeune ''Mannschaft'', a par ailleurs, dans une première étape tout du moins, volé de succès en succès. J'avais observé le même phénomène lors des championnats d'Europe de football précédent, ainsi que lors de la précédente Coupe du Monde qui se tenait, elle, en Allemagne. Mais à chaque manifestation, j'ai pu observer, au fil du temps, une montée en puissance du phénomène : près d'une voiture sur trois déjà arborait un ou plusieurs drapeaux allemands en juillet 2010 à Hambourg et à Francfort. C'était un signe fort.

La fierté légitime de l'unité retrouvée s'est en fait transformée, dès 1990, en une autre fierté, celle des performances économiques, notamment celle du mark allemand qui, jusqu'à l'avènement de l'euro, avait régné en maître absolu sur l'Europe, en devenant même une monnaie de référence. Il y a eu incontestablement un lien entre l'acte politique que fut la réunification du pays et les performances économiques, en raison de l'extension du marché intérieur rendu possible par cette réunification. Les médias allemands ont fortement contribué aussi à cette résurgence de fierté nationale, en contribuant à s'affranchir des souvenirs morbides du passé, en se tournant résolument vers l'avenir, en renouant avec les racines du pays. Avec la chute du Mur, s'est profilé le visage irrésistible d'une nouvelle Allemagne. Les remords, les regrets, les complexes qui s'étaient accumulés pendant près de quarante-cinq années se sont lentement évanouis. Ils ont laissé place à une confiance nouvelle, que la plupart de ses voisins ont saluée. Seul le Royaume-Uni a, par intérêt ou conviction, tenu à se distancer de ce processus. On se souvient des objections virulentes de Margaret Thatcher et de son aversion historique envers l'ex-Chancelier Helmut Kohl. Bien qu'aujourd'hui silencieux sur ce thème, le peuple anglais n'en pense pas autrement. La France de François Mitterrand, financièrement affaiblie, ne pouvait qu'accompagner ce mouvement de l'Histoire, et, malgré certaines hésitations, elle a fini par y adhérer.

Pourtant, quelle évolution et quel long chemin parcouru depuis plus de quarante années, si je m'en réfère à tous mes souvenirs et à ces expériences retirées accumulés au cours d'une centaine de séjours, de voyages professionnels et personnels de courte ou de longue durée en Allemagne, ou plutôt dans les diverses Allemagnes qui se sont succédées historiquement!

Mes premiers contacts avec ce pays remontent aux années 1965. Déjà, à cette époque l'OFAJ (Office franco-allemand pour la Jeunesse) fonctionnait à plein régime en offrant de multiples possibilités de rencontres entre les jeunes des deux pays, des stages culturels, des ateliers d'apprentissage de langues, des rencontres thématiques (''treffs''). C'est là que j'ai fait mes premiers pas dans la connaissance de la langue allemande, en m'inscrivant chaque année à des ateliers. L'Allemagne y offrait un des meilleurs visages de la démocratie imaginable en Europe, celui d'une démocratie authentique qu'elle avait construite avec ardeur, sous l'impulsion historique de l'ex-Chancelier Konrad Adenauer. Les jeunes Allemands qu'on pouvait rencontrer dans cette association étaient non seulement d'authentiques démocrates, mais aussi de véritables citoyens de la nouvelle Europe, convaincus, opiniâtres et généreux. Certes, la volonté de se soustraire à un passé douloureux et oppressant les poussait à dessiner l'esquisse d'une nouvelle communauté d'hommes, une nouvelle Europe qu'ils appelaient de leurs vœux. La générosité de leur engagement européen était souvent supérieure à celle des jeunes citoyens français dont je faisais partie à cette époque, tout du moins au sein des forums de rencontre, et ce, alors que notre foi européenne n'était pourtant pas vaine. L'Allemagne, durant ces années antérieures à la réunification, a vraiment constitué un phare d'humanisme et de tolérance pour toute l'Europe, et les jeunes Allemands d'alors furent de vaillants pionniers de l'Europe, et surtout d'authentiques bâtisseurs de l'Europe communautaire. Leur rendre hommage est un devoir de l'Histoire. Me souvenir de leur engagement est aussi un devoir personnel. Une grande partie de notre Europe institutionnelle d'aujourd'hui leur appartient. On ne peut comprendre le désarroi actuel des Allemands devant les incertitudes actuelles de l'Europe, que si l'on se souvient combien ils ont participé activement à sa réalisation.

L'Allemagne Fédérale de l'époque n'a jamais été pauvre, et elle savait manifester une grande générosité sur le plan financier. Non seulement elle ne rechignait pas à financer de nombreuses institutions, de nombreuses associations, et ce, au niveau même de l'Europe politique alors en construction. Elle en fut pendant longtemps le principal bailleur de fonds, et surtout un contributeur net, responsabilité qu'elle a assumée longuement sans rechigner, et ce, avec une dignité qui mérite l'admiration. Les avantages qu'elle pouvait retirer du budget communautaire étaient alors en effet nettement inférieurs à ses contributions. Avec grandeur et noblesse, elle a assumé cette charge, et ce, au moment même, où Margaret Thatcher ne cessait de réclamer : « I want my money back».

Après les évènements de mai 68 en France, j'ai été envoyé comme militaire en Allemagne, à Trêves tout d'abord, puis à Berlin ensuite. Rien ne me prédisposait à ce premier long séjour forcé, même si, à cette époque-là, je connaissais assez bien la langue de Goethe, grâce aux cours du soir à Paris, mais l'Armée française m'a en définitive offert une opportunité énorme, qui m'a permis de parfaire la connaissance géographique et administrative de la République fédérale d'alors, car le Régiment auquel j'appartenais se déplaçait sans cesse, dans les zones rurales de la Sarre, dans la ville historique d'origine romaine de Trêves (Trier), sans oublier les manœuvres incessantes dans la vallée de la Moselle jusqu'à Coblence, les longues marches d'hiver dans les forêts enneigées où les biches venaient à notre rencontre, les contrôles sur les nombreuses autoroutes, les épreuves d'endurance sur les plateaux désertiques de Bavière en plein hiver, dont Münsingen était sans nul doute le point d'orgue. Mais ce furent les séjours à Berlin-Ouest qui me firent découvrir le vrai cœur de l'Allemagne. Car Berlin-Ouest était une ville meurtrie, à laquelle on accédait par des convois ferroviaires nocturnes, le long d'interminables corridors, qui permettaient de découvrir secrètement le territoire alors ''ennemi'' de la défunte RDA (République démocratique allemande) d'où se détachaient les silhouettes glauques de bâtiments et d'infrastructures d'un autre monde. Berlin-Ouest, c'était aussi alors cette immense enclave que représentait le quartier militaire français appelé ''Napoléon'', les nuits éprouvantes le long du célèbre Mur où une menace pouvait survenir à chaque instant, les gardes à la prison de Spandau où était détenu Rudolph Hess, les innombrables exercices sur les lacs gelés de la périphérie de la ville, mais aussi des visites encadrées de Berlin-Est, la ville ennemie d'alors, sans oublier les nombreuses invitations officielles pour découvrir le cœur artistique et culturel de cette métropole qui n'avait pas démérité de sa légende. Berlin-Ouest d'alors, c'était plus que l'Allemagne, et j'ai eu la chance d'y retourner plus tard avec enthousiasme plusieurs fois, ''en mission'' comme on disait. On ne passe pas seize mois dans un pays sans se lier à la population locale, d'autant que les retours en France étaient rares. Des liens personnels se sont tissés, renforcés par les vicissitudes de la vie. Et ainsi, l'Allemagne est devenue une partie de ma vie, ce qui m'a permis d'entrer dans l'intimité de cette Allemagne qu'aucun livre ne peut enseigner. J'ai pu mesurer, en tant que Français, combien les maudites guerres de Napoléon avaient laissé à Berlin des souvenirs exécrables, qui ont donné naissance, dans le dialecte berlinois tout du moins, à des expressions désobligeantes à l'égard de la France. Mais nous l'avions bien cherché. Ce sont le plus souvent les expériences personnelles qui permettent de lancer un regard lucide sur l'Histoire et de mieux connaître les ressentiments que les peuples maintiennent souvent cachés dans leur cœur, mais qui explosent un jour. Ce sont ces sentiments ancrés dans le cœur des peuples qui font et défont le cours de l'Histoire. Ces souvenirs n'empêchaient nullement les Berlinois de l'Ouest de venir fêter avec nous les grandioses fêtes du 14 Juillet et son feu d'artifice traditionnel, festivités organisées chaque année dans le secteur français par l'Administration militaire française. J'étais arrivé en Allemagne en maudissant la décision qui m'y avait fait venir par force, en novembre 1968, et j'en suis reparti en février 1970, en remerciant le destin pour tout ce que j'avais pu y découvrir. C'est là, en tant que militaire, que s'est développée mon inclination pour la culture et la civilisation allemandes qui, au fil des ans, n'a fait que se développer, au gré de nombreuses autres expériences variées. Plus de quarante après, je n'oublie pas cette époque de découverte de l'âme d'un peuple, d'un peuple généreux, ouvert sur l'extérieur, un peuple qui ne revendiquait pas grand-chose (''anspruchslos'') à cette époque, sauf, peut-être, un peu plus de considération, après la dure épreuve que fut la Seconde Guerre mondiale.

Peu d'années devaient s'écouler avant que je ne retourne en Allemagne, pour un long séjour à nouveau, mais cette fois à vocation professionnelle. J'avais en effet intégré la Direction "Finances" de la SNCF en 1970, à l'issue du service militaire, et compte tenu de mon bagage en langue allemande, je fus désigné pour effectuer un long stage professionnel au sein du ''Pôle Finance''(''Finanz Bereich'') de la DB (alors appelée ''Deutsche Bundesbahn''), pôle dont la compétence s'étendait à l'ensemble des activités financières de cette immense compagnie ferroviaire, sans oublier les nombreuses relations institutionnelles avec le Gouvernement fédéral et les Länder. Ces longs mois passés à ce haut niveau stratégique me permirent de découvrir un univers nouveau qui, sur de nombreux aspects, était aux antipodes de ce que j'avais connu à la SNCF. La décentralisation constituait déjà un des points fondamentaux de la gestion de la DB, alors qu'à cette époque, la SNCF cultivait l'hypercentralisation. Sur le plan fonctionnel, des progrès gigantesques avaient été effectués par la DB d'alors, tels que l'existence d'un budget triennal glissant qui permettait une bonne visibilité des engagements réciproques de la compagnie et des pouvoirs publics, au niveau des stratégies et des politiques, et aussi au niveau budgétaire, alors que la SNCF en était restée à des relations strictement annuelles dont le contenu était remis en cause chaque année par sa pesante tutelle. L'absence de visibilité à moyen terme de la gestion de la SNCF était alors un handicap majeur, même si un plan quinquennal y était établi, plan non contraignant d'un point de vue financier, mais indicatif selon le jargon d'alors. Ainsi conçu, il ne résistait jamais aux vicissitudes annuelles de la conjoncture, ce qui en limitait son caractère opérationnel, dans un contexte, de plus, où la SNCF était largement tributaire des concours financiers de l'État, concours qu'elle devait renégocier au début de chaque exercice. Au contraire, en Allemagne, ce genre de négociation n'avait lieu alors que chaque trois ans, et les ajustements conjoncturels annuels n'y étaient donc que de faible intensité. Par ailleurs, la DB avait su, bien avant la SNCF, se doter, dès les années 70, de structures financières de haut niveau, et son organigramme incluait d'ailleurs une banque dont elle détenait la plus grosse partie du capital, ce qui facilitait tout aussi bien le financement de certains de ses investissements que le recours systématique au marché financier. La DB avait su aussi tisser, bien avant la SNCF, des liens financiers étroits avec les pouvoirs régionaux (Länder) et les communes, grâce à ses nombreuses responsabilités régionales et locales, ses investissements et la gestion de ses réseaux de S Bahn, équivalents à nos réseaux de RER. Le financement des investissements de la DB était un véritable et savant labyrinthe connecté aux finances fédérales, régionales et locales, que seuls quelques initiés maîtrisaient. Mais en fait, peu d'acteurs politiques contestaient ces aides financières et ces intérêts croisés, pas même la CSU, pourtant réputée la plus à droite sur l'échiquier politique. C'est d'ailleurs un de ses plus éminents responsables, le tonitruant Frans Josef Strauss, qui fut pendant un temps en charge de la politique fédérale allemande des transports et qui a défendu avec force les intérêts financiers de la DB de l'époque, alors qu'au même moment, les partis conservateurs en France tiraient sans cesse à boulets rouges sur la SNCF, en raison de ses déficits abyssaux et du poids exercé sur les finances publiques. Les gouvernements allemands successifs, toutes tendances confondues, contrairement aux gouvernements français, avaient déjà compris le parti qu'ils pouvaient tirer de leur réseau ferroviaire, non seulement en tant que levier économique majeur de la politique économique nationale, mais aussi en tant que vecteur d'expansion des intérêts allemands en Europe. Au même moment, la SNCF, hyper centralisée et en butte aux critiques et sarcasmes, autant des pouvoirs publics que de son opinion publique, avait de la peine à convaincre et à imaginer un avenir en dehors de la France. Il ne faut pas s'étonner que, dans ce domaine de haute stratégie, la DB ait pris 15 à 20 ans d'avance sur la SNCF et soit devenue la première actrice ferroviaire incontournable en Europe, et ce, bien avant la réunification. Il est vrai que la DB pouvait s'appuyer déjà à cette époque sur une industrie florissante pour alimenter son trafic de fret, alors, qu'au même moment, les industries lourdes disparaissaient les unes après les autres du paysage économique français. Mais, parmi tout ce qui m'avait frappé à cette époque au sein de la DB, je voudrais citer d'abord la croyance inébranlable des cheminots allemands en l'avenir radieux de leur entreprise, facilité certes par la situation géographique exceptionnelle du pays en Europe. En fait, ce sentiment reposait surtout sur le fort degré de motivation du personnel. Les entreprises, tout comme les peuples, qui croient sincèrement en leur avenir, trouvent inexorablement les ressources internes pour réaliser leurs ambitions. Au même moment, l'horizon de la SNCF était assombri par l'existence de ses déficits chroniques et la vague de désapprobation que ces derniers occasionnaient dans le public. L'horizon des deux compagnies n'était déjà pas le même, et la perception qu'en avaient l'opinion publique et les responsables politiques non plus. Cela explique que l'ex-Chancelier Helmut Kohl, réputé pourtant pour son conservatisme et son aversion envers les déficits, n'ait eu aucun scrupule à effacer la lourde dette historique de la DB après sa fusion avec les chemins de fer de l'Allemagne de l'Est (DR). Ce faisant, cette décision contribuait à concéder une avance incontestable à la DB en matière de compétitivité internationale, eu égard à ses concurrents potentiels, dont la SNCF. La vision du rôle stratégique du chemin de fer n'était déjà pas la même de chaque côté du Rhin. Ce long stage professionnel au cœur du système financier des chemins de fer allemands, et la découverte de toutes ses ramifications avec le monde de l'administration et de la politique, fut pour moi une vraie révélation, d'autant que cette découverte m'avait été facilitée par un Directeur de stage actif et compréhensif (''Betreuer'') qui ne lésinait pas pour me faire parcourir toutes les régions où les chemins de fer avaient une importance, et comme ils en avaient partout, ce sont tous les Länder de la République fédérale d'alors que j'ai pu découvrir, ce qui m'a permis de parachever ainsi la connaissance acquise lors de mon service militaire. L'accueil dont j'ai pu faire l'objet partout était empreint à la fois d'un grand sens de l'hospitalité et de raffinement, car, quand les Allemands invitent, ils savent le faire avec solennité. Je me souviens d'une présentation dont j'avais été l'objet de la part des cadres supérieurs de la ''Hauptverwaltung'' de Francfort à cette époque (organisme qui faisait fonction de Direction générale). Les cadres supérieurs se réunissaient régulièrement de façon informelle en soirée, et ce, pour partager leurs expériences, échanger des idées et plus simplement pour satisfaire à l'exigence naturelle "du vivre ensemble", mouvement non conventionnel que je ne connaissais pas à la SNCF. Il est vrai qu'à la DB, fidèle en cela à la longue tradition d'égalité entre les Universités allemandes, aucune hiérarchie n'existait au départ, au niveau de l'embauche, entre les divers diplômés, qu'ils fussent ingénieurs, juristes, commerciaux, financiers ou autres éminents spécialistes. Ils entraient tous au même niveau indépendamment de leur spécialité, de leur Université d'origine, ce qui avait pour conséquence de créer, dès le départ, une convivialité que je n'avais jamais connue à la SNCF, bien au contraire. A cette époque, la SNCF, dominée par les techniciens et une grande école avait au contraire créé, au niveau de l'embauche de ses cadres supérieurs, un système pyramidal de castes de type hindou, avec une multitude de niveaux super hiérarchisés selon des critères peu convaincants. Ce système de castes, voire de classes, imposé dès l'embauche, avait malheureusement pour conséquence de fossiliser les carrières professionnelles qui, en grande partie, étaient déterminées dès le départ, en fonction de la notoriété du diplôme obtenu. Ce système était à l'origine de blocages, de cloisonnements, d'aversions, de rivalités, de frustrations, voire de haine, entre responsables. Une grande partie des malheurs de la SNCF, entre 1970 et l'an 2000, provient de cette fossilisation de départ entre les cadres, et du manque de fluidité subséquent qui en résultait au sein des équipes dirigeantes. Au modèle français, la DB opposait celui de l'égalité des chances de départ entre tous les diplômés de l'enseignement supérieur, indépendamment des spécialités et des Universités d'origine. Compte tenu des performances actuelles de la DB au niveau européen, ce système d'égalité de chances au départ, et la prise en compte du mérite acquis ensuite au fil des ans au cours d'une longue carrière ne lui ont pas trop mal réussi. Lors de cette présentation et de la soirée d'alors qui m'avait été consacrée, j'avais eu droit à une avalanche de critiques sur le système pyramidal français des embauches en vigueur dans les grandes entreprises, et notamment à la SNCF, organisation étrangère à l'esprit allemand. La ségrégation et la hiérarchisation des diplômes d'enseignement supérieur, et donc, a fortiori, des diplômés, ne fait pas partie de la culture allemande, le système français étant assimilé à la sclérose des entreprises et à la négation des performances collectives, aux yeux des Allemands. Déjà, la DB faisait partie des entreprises "qui respirent " selon l'appellation aujourd'hui en vogue en Allemagne. Ce n'est qu'un des aspects du grand scepticisme que nourrissent les Allemands envers les performances du modèle social économique français.

Mais il ya bien d'autres aspects de ce scepticisme ambiant, souvent dissimulé, et pourtant bien réel, que nourrissent les Allemands à l'égard de la France. A cet égard, je me souviens d'un voyage organisé cette année-là en été par le ''Finanz Bereich'' de la DB pour l'ensemble de son personnel et auquel j'avais été convié. De tels voyages faisaient partie de la longue tradition humaniste de l'entreprise et étaient organisés chaque année par chaque direction. Ils étaient conçus hors hiérarchie, concept difficile à imaginer en France, et permettaient, pendant toute une journée, une osmose de tout le personnel, sans considération de grade. Cette année-là le voyage de notre groupe avait pour cible la monumentale statue de GERMANIA, érigée au-dessus de la ville de Rüdesheim sur le ''Niderwaddenkanal'', haut lieu de la nation allemande unifiée. Alors que nous empruntions le sentier qui menait à l'imposante statue, symbole de la nation, mon ''Betreuer'' se mit à me faire une confidence qu'il avait probablement en tête depuis un certain temps, mais qu'il n'avait pas eu l'occasion de faire jusque-là, car les circonstances ne s'y étaient pas prêtées : « Je suis allé souvent en France. C'est un beau pays, admirablement doté de nombreux avantages physiques et de ressources, et pourtant, vous, Français, vous ne réussissez pas souvent ou si peu sur la scène économique. Il y a un vrai problème dans votre pays. Si nous, Allemands, avions été en charge de votre pays, par une sorte de destin de l'Histoire, nous en aurions fait autre chose que ce que vous en avez fait ». Le destin ou le hasard a fait que pendant ces quarante années consacrées à l'Allemagne, ce n'est pas une fois, mais une dizaine de fois, que j'ai pu entendre ce genre de message proféré à l'égard de la France de la part d'amis très proches qui savaient que je pouvais entendre et comprendre un tel message. Sans généraliser, c'est pourtant comme cela que nous perçoivent beaucoup de nos voisins et amis allemands. Mais bien sûr, ils ne le diront jamais en public. Il faut pour cela une certaine complicité et une certaine intimité. La désorganisation chronique de notre pays a été toujours le sujet d'observation majeur des Allemands en France, une cause d'exaspération, et Paris, pour eux, un véritable laboratoire quasi surréaliste. Que ce soient les lignes de métro bondées inimaginables en Allemagne (la ligne 13 commence à être connue en Allemagne, car une telle ligne est impensable chez eux), la signalétique ubuesque de certains hubs de chemin de fer ou de métro (celle du métro Châtelet, où tous les étrangers tournent en rond pour trouver leur direction, cristallise le mépris des Allemands), les couloirs interminables et harassants de métro dont certains ont près d'un kilomètre de longueur (ceux de la station de métro Montparnasse sont malheureusement bien connus des Allemands qui, arrivés à la gare de l'Est, rejoignent souvent la Gare Montparnasse par métro), que ce soit la saleté de nombreuses rues, ou bien les ordures réputées être triées, mais qui ne le sont pas, ou bien les objets encombrants abandonnés sans vergogne le long des trottoirs, tout ceci constitue un kaléidoscope à travers lequel les Allemands jugent des compétences réelles de notre pays. Les comptes-rendus oraux qu'ils en font ne sont pas très reluisants. Nombre d'Allemands nourrissent de vrais doutes sur les capacités de la France. Ces doutes ne sont pas prêts à être dissipés.

A mon retour en France, après de longs mois passés en Allemagne au sein de la DB, je ne me suis pas fait que des amis au sein de la SNCF quand j'ai relaté ce que j'y avais appris, et particulièrement au sein des chemins de fer. J'avais néanmoins décidé de consigner toutes mes découvertes et mes réflexions axées particulièrement sur la situation financière de la DB, sous la forme d'un long mémoire de près de trois cents pages, que j'avais intitulé ''Le modèle financier de la Deutsche Bundesbahn''. Le titre, cependant, était volontairement un peu accrocheur. L'ouvrage fut tiré à plus de deux cents exemplaires à l'intérieur de la SNCF, mais l'ordre m'avait été donné de ne pas le publier à l'extérieur, car il mettait indirectement la SNCF dans une situation d'infériorité. Ainsi, l'ouvrage ne sortit jamais des emprises de la SNCF. De toute manière, les hauts dirigeants de l'époque de la SNCF n'aimaient pas le bench-marking, et ils pensaient, comme toujours, ''qu'ils étaient les meilleurs''. Il fut décidé, au bout d'un an, de procéder à son ''classement'', méthode chère au système français. Ce qui dérange en France finit toujours dans un placard.

Toutefois, à cette époque-là, avant la réunification allemande, les relations entre la DB et la SNCF étaient globalement positives et empreintes d'une estime réciproque. Le système ferroviaire était alors structuré au niveau international par des accords de coopération et donc de complémentarité, ce qui excluait toute velléité de concurrence entre les deux groupes, la situation de monopole de chaque compagnie ferroviaire sur son marché intérieur interdisant par ailleurs toute incursion autonome d'une compagnie sur le réseau de l'autre. Les temps ont maintenant changé, et les sentiments réciproques aussi, comme on le verra. Mais, il est bon de noter que pendant toute la longue période qui précéda la réunification allemande, en plus d'être de bons patriotes, les cheminots allemands étaient aussi des Européens convaincus. Il n'y avait pas, en Allemagne, en matière ferroviaire, de discours, de notes, de rapports, sans une évocation des intérêts de l'Europe communautaire d'alors. L'Europe, plus que l'Allemagne, était déjà le véritable horizon des préoccupations et des objectifs de la DB. Mais déjà, certaines velléités de supériorité commençaient à poindre, par exemple, quand on évoquait le colossal triage de MASCHEN près de HARBURG qui était devenu le plus grand triage de l'Europe, ou bien le phénoménal système d'écluses du canal Main-Danube inauguré en 1992, à travers lequel les bateaux se frayent un passage dans une sorte de bunker situé à 24 mètres au-dessous de la surface de la sortie. Combien de fois ne m'a-t-on pas dit, en évoquant ces œuvres de la prouesse technologique allemande : « Celui qui n'a jamais vu ces deux immenses réalisations technologiques ne connaît pas l'Allemagne. » Il est absolument vrai que, pour tout Allemand, les prouesses technologiques situées sur son territoire sont aussi importantes pour son amour propre national que ne le sont les vieilles cathédrales françaises pour tout Français. Ces réalisations de haute technologie font partie intégrante du patrimoine national dans le subconscient de tout Allemand, lequel n'a pas qu'une conception artistique ou architecturale de la notion de patrimoine. Deux visions de la civilisation nous séparent.

Dans la décennie 80, j'ai eu l'occasion de retourner une dizaine fois au moins par an en Allemagne Fédérale, soit pour des missions professionnelles, soit pour des visites privées toujours enrichissantes. Mais durant cette décennie, il me fut donné aussi l'occasion de prendre contact avec l'autre Allemagne, celle que l'on qualifiait, de façon abrupte, ''d'Allemagne de l'Est'', mais qui se qualifiait, elle, comme étant ''la patrie des travailleurs et des paysans'', la patrie de la classe laborieuse, et qui, officiellement portait le nom de RDA (République démocratique allemande). Mon premier contact avec la RDA datait en fait de mon époque militaire, époque où la RDA autorisait les visites encadrées de soldats occidentaux en uniforme à Berlin-Est, pourvu qu'elles soient officielles, programmées et guidées. Ces visites se déroulaient alors en autocar via ''Check Point Charlie'', le plus important lieu de passage (''Übergang'') entre les deux parties de Berlin. Berlin-Est, qui, contrairement aux traités internationaux, se faisait appeler capitale de la RDA, était devenu une vitrine officielle de la société socialiste de l'époque ; tout y avait été organisé pour frapper l'œil et l'esprit de tout Occidental, et une visite superficielle de la ville pouvait donner l'impression que le socialisme étatisé était l'avenir de l'humanité. Certains quartiers, par exemple ceux de la ''Französicshe Strasse'', de la ''Prager Strasse'', avaient été volontairement conservés en ruines, en l'état où ils se trouvaient à la fin de la Seconde Guerre mondiale, reliques quasi religieuses destinées à mieux mettre en exergue la politique officielle antifasciste du régime est-allemand. Les magasins d'État de Berlin-Est étaient relativement bien assortis en produits de toutes sortes, fabriqués tous en RDA ou dans les pays dits ''frères''. Ceci était encore plus vrai des librairies où on pouvait se procurer pour des prix modiques une immense gamme de livres et de disques, dont beaucoup étaient à la gloire du socialisme ambiant. Bien sûr, les contacts avec la population locale étaient pratiquement inexistants. Tout Occidental qui ne voyait la RDA que par le seul prisme de Berlin-Est pouvait évidemment en conclure que l'organisation socialiste était un challenger redoutable pour le système libéral occidental, qualifié de ''capitaliste'' dans le jargon officiel des régimes de l'Est. Les slogans omniprésents à la gloire du régime socialiste pouvaient contribuer à enraciner une telle idée. Berlin-Est contribuait bien en fait à propager ce message. Ce n'est que quelques années plus tard que j'ai eu la chance de connaître la RDA de l'intérieur, dans le cadre d'un voyage de deux semaines organisé ''sur mesure'' par les autorités de Pankow et destiné à des responsables économiques français. Ce fut une chance pour moi, car outre la possibilité de découvrir les innombrables monuments et gloires historiques du pays (en particulier la ville de Dresde, alors en reconstruction, dont le point d'orgue était sans conteste son célèbre Zwinger), un tel voyage m'a donné l'occasion, rare pour un citoyen occidental, de découvrir les entrailles du pays, des zones complètement en abandon, des usines qui semblaient surgir d'un véritable film d'épouvante et qui n'avaient pas évolué depuis la fin de la guerre, des routes et des chemins de fer qui avaient peu évolué en quarante ans, des immeubles non entretenus qui menaçaient ruine, une population laborieuse taciturne et résignée habituée à combattre les vicissitudes nombreuses de la vie. Certes, pas de trace de vrais pauvres, pas de SDF, pas de personnes socialement abandonnées, mais une sorte d'égalisation par le bas d'où se dégageait une certaine résignation. C'était cela la réalité de la RDA, loin des bâtiments pimpants d'inspiration stalinienne de Berlin-Est qui n'en constituaient qu'une vitrine officielle, mais trompeuse. Certes, aujourd'hui, tout a été écrit sur une telle situation, mais à cette époque, l'expérience personnelle était la seule manière objective de se faire une idée, loin des poncifs forts nombreux pro ou anti socialistes de l'époque. Pourtant, dans chaque entreprise d'État (VEB ou ''Volkseigener Betrieb'') et chaque ferme d'État qui affichaient avec fierté les performances économiques atteintes, l'accueil des étrangers officiels obéissait à des principes immuables et codifiés déterminés au plus haut niveau. Il s'ensuivait donc un certain conformisme, avec d'interminables échanges stéréotypés de discours et de cadeaux, qui ne laissaient jamais indifférents. Les Français, à cette époque, y étaient relativement bien considérés, en raison de leur histoire révolutionnaire, et contrairement aux visiteurs de l'Allemagne de l'Ouest, ils étaient peu suspectés d'arrière-pensées subversives. Pourtant, c'est à l'occasion des Foires internationales de Leipzig, que j'ai réussi alors à rencontrer librement, loin de toute intervention programmée d'avance, de vrais citoyens de l'Allemagne de l'Est, dont certains devaient devenir ultérieurement de vrais amis. C'est grâce à eux, à leur contact et à leurs confidences que j'ai pu découvrir l'âme des Allemands de l'Est. Ils n'étaient pas tous, comme on l'a dit trop fréquemment, des opposants ou des révolutionnaires en herbe. Beaucoup étaient persuadés des valeurs de leur société qui avait éradiqué la misère et le chômage, et ils pensaient vraiment que leur pays offrait au monde le visage le mieux réussi et le plus performant du socialisme sur terre. Ce socialisme est-allemand, qui leur apparaissait comme le plus accompli des systèmes socialistes d'alors, était aussi, dans leur inconscient, une conséquence incontestable du génie allemand. Pourtant, le doute les habitait souvent, un doute que la propagande occidentale colportée par les programmes de télévision ouest-allemands et les émissions de radio en provenance ''de l'autre coté du Mur'' (''drüber'') ne faisait qu'exacerber. En effet, la ''Deutsche Welle'', dès 1963, émettait des émissions radio à destination de l'Allemagne de l'Est, mais il a fallu attendre l'installation de la puissante station RIAS (''Rundfunk im amerikanischen Sektor'') à Berlin Ouest, pour amplifier la propagande occidentale à destination de l'Europe de l'Est, d'abord en matière de programmes de radio, puis de télévision. A ces programmes, venaient s'ajouter les émissions ciblées de la TV publique ouest-allemande ARD. L'écoute de toutes ces émissions par les citoyens de la RDA n'a jamais pu être vraiment empêchée par les autorités communistes qui dénonçaient sans cesse cependant ''un crime idéologique''. Malgré ce contexte, dans les années 80, on trouvait encore de nombreux citoyens de RDA prêts à prendre la défense du socialisme, à condition qu'un peu plus de liberté leur soit officiellement reconnue en matière de déplacements et de voyages, requêtes que le régime ne pouvait satisfaire. Il en résultait une forme de dualisme dans la compréhension qu'ils avaient de leur société : d'un côté, il y avait la fierté d'être les créateurs d'un socialisme allemand conquérant et performant (du moins, c'était l'impression qu'ils en avaient), de l'autre côté existaient des revendications en matière de liberté au sens large. L'ensemble de ces sentiments constituait un nœud évident de contradictions. Cependant, au fil des ans, l'équilibre entre ces sentiments contradictoires avait fini par se rompre. Les restrictions drastiques de déplacement hors du pays, sauf dans les seuls pays frères considérés comme sûrs, avaient fini par générer une sorte d'insatisfaction latente qui devait s'accroître et se généraliser avec le temps. Nul n'ignorait non plus, dans le pays, la menace potentielle que faisait peser sur chaque citoyen un régime policier omniprésent et sophistiqué qui prétendait tout réglementer et contrôler, jusqu'à la sphère privée des individus. Lors de mes séjours privés, j'avais pris la juste mesure du système d'étroite surveillance organisé par les services secrets est-allemands (''STASI'') immortalisés par le film décapant ''Das Leben der anderen'' (''La vie des autres'') de Florian Henckel, film qui devait obtenir le ''Premier Prix du Film allemand'' en 2006. Je revins plusieurs fois seul en RDA. Je savais, en tant que voyageur isolé, que je n'étais pas le bienvenu dans la patrie du socialisme, contrairement aux voyageurs qui y arrivaient en groupe organisé. J'avais dû subir à plusieurs reprises de courts interrogatoires sur mes intentions et mes motivations lors du franchissement du Rideau de fer, mais j'étais resté toujours ferme, lors de ces interrogatoires, sur ma volonté de satisfaire un besoin culturel et le désir de parfaire mes connaissances sur une société différente. Au fil des ans, et au fil des interrogatoires successifs, malgré des invitations et des documents en règle, j'avais acquis une bonne expérience du régime et du système sécuritaire de la RDA. Je n'ignorais pas, non plus, que ceux qui m'invitaient alors avaient droit, eux aussi, avant et après mon séjour, à un interrogatoire serré, ce qui permettait aux autorités de recouper les informations recueillies. Bien sûr, eux risquaient plus que moi. Un jour même, j'ai eu droit à un interrogatoire de près de trois heures dans une salle aménagée spécialement pour ce genre d'interrogatoire par la Police des Frontières est-allemande à Berlin-Est. Ces contrôles se faisaient plus pressants chaque fois, et on avait fini par se demander ce que je pouvais donc venir faire si souvent à titre privé dans la patrie du socialisme, que ce soit à Leipzig, à Weimar, à Dresde, sans parler de Berlin-Est où j'avais tissé des liens avec un membre du ''Berliner Ensemble''. Pourtant, malgré ces obstacles existentiels que j'avais appris à dominer et à intégrer, la plupart des souvenirs que j'ai pu retirer de la RDA sont loin d'être négatifs. Il y avait alors de la part de nombreux citoyens de RDA, à l'égard des Français, un véritable besoin de curiosité à satisfaire et un a priori très favorable et non dissimulé, lié peut-être au poids de la culture dans notre pays, à notre passé révolutionnaire, et à la pléiade d'intellectuels engagés. Cette ouverture sur notre pays était attestée d'ailleurs par le succès des films français que la télévision d'État diffusait abondamment. La France ne l'a jamais su et n'en a jamais tiré profit. Les reportages sur la RDA faits à cette époque par les médias français étaient d'ailleurs d'un conformisme navrant. Pour beaucoup de mes relations privées de RDA, j'étais un témoin vivant venant d'un autre monde qui leur était inaccessible, je représentais un référant fiable à qui on pouvait poser des questions et à qui on pouvait se confier, un témoin rare qu'ils voulaient absolument conserver dans leurs relations, même au prix de tracasseries administratives et policières inévitables. J'avais découvert par ailleurs que, sur le plan humain, la RDA était loin d'être homogène, et qu'entre les Saxons du Sud et les Prussiens de l'Est du pays, existaient de grandes différences de mentalité peu conciliables entre elles. Les Saxons m'apparaissaient plus proches mentalement et partageaient beaucoup de traits de caractère avec les Français, les Prussiens, au contraire, représentaient l'inverse de l'esprit français, et ce, même si certains avaient du sang huguenot dans leurs veines.

Bien sûr, la chute du Mur de Berlin devait rebattre toutes les cartes, homogénéiser ces différences, et constituer le point zéro d'une nouvelle ère de l'histoire allemande. De la RDA, il ne reste plus dans mon esprit que de nombreux souvenirs. Parmi ces souvenirs, il y en a pourtant un qui transcende les autres : au sein du monde socialiste d'alors, qui regroupait près de la moitié de l'humanité de l'époque, les Allemands de l'Est se considéraient comme les meilleurs des socialistes et ils considéraient que leur système de société était le plus abouti du monde socialiste d'alors. Un esprit de supériorité à peine dissimulé les habitait, comme il avait habité les Allemands à l'époque du national-socialisme hitlérien, et comme il habite aujourd'hui, certes en termes plus pacifiques, les adeptes du modèle économico-social de compétitivité et de ''Marktwirtschaft'' (''économie sociale de marché'') que l'Allemagne montre en exemple au monde entier. Les Allemands seraient-ils nécessairement toujours aux avant-postes des systèmes politico-économiques concevables dans le monde ?

La chute inattendue et brutale du Mur (au nom de ''Fall'' qui signifie ''chute'' je préfère celui de ''Abbau'' c'est-à-dire de ''démontage'') devait avoir d'importantes conséquences puisqu'il devait bouleverser rapidement le destin de l'Allemagne, en éliminant rapidement les structures de la RDA, et en permettant la réalisation du rêve de réunification, qui, pour toute l'Europe, devait avoir des répercussions énormes, y compris pour ses voisins, dont la France. Cette réunification, tous les Allemands l'avaient attendue en secret. Bien sûr, les Allemands de l'Ouest ne pouvaient pas s'imaginer qu'une autre Allemagne privée de liberté pourrait subsister à jamais, mais ils estimaient que ce processus d'érosion ne pouvait se réaliser que sur le long terme. Cela passait par une lente agonie du communisme. Par un pied de nez de l'histoire, ce n'est pas la chute du communisme universel qui entraînera la fin du régime de la RDA, mais c'est plutôt le processus inverse qui se manifestera : la disparition subite du Mur a provoqué l'extinction de la RDA, et l'onde de choc s'est propagée alors dans tout le reste du monde socialiste de l'époque. Mais il ne faut pas oublier aussi que, de leur côté, les autorités est-allemandes avaient envisagé un processus de réunification, mais dans le sens opposé : la chute du capitalisme dans le monde, et en particulier en Allemagne de l'Ouest, chute que les idéologues socialistes de la RDA tenaient pour certaine, en vertu des théories de Marx, d' Engels et de Lénine, devait rendre possible l'extension du socialisme d'État est-allemand à une nouvelle Allemagne réunifiée sous la bannière de l'idéologie communiste, vieux rêve que l'excellent film ''Good Bye Lénine'' a su immortaliser. Ce rêve ne s'est pas réalisé. C'est le modèle libéral socio-économique ouest-allemand qui servira, comme l'on sait, de catalyseur à la réunification du pays, vaste chantier que l'ex-Chancelier Helmut KOHL aura la responsabilité historique de démarrer.

Après la chute du Mur et la procédure de réunification, l'attitude citoyenne de nombreux Allemands évolua singulièrement. J'en ai pu mesurer l'ampleur dans les changements de mentalité de ceux que j'avais déjà connus. Les paroles prophétiques de l'ex-Chancelier Helmut Kohl, qui figurent en tête de cet ouvrage, constituent un bon repère de ce changement de mentalité : les Allemands commencèrent à penser à eux, à leurs vrais problèmes, dont le plus important était celui de mener à bien l'immense chantier de la réunification de leur nouvelle patrie, projet qui exigeait la mobilisation de sommes énormes et qui poussèrent gouvernants et citoyens à faire passer l'impératif de la nation avant celui de l'Europe. Le sentiment se fit jour que le pays avait déjà lourdement contribué à la construction de l'Europe, dont il avait été le seul contributeur net jusque-là, sans que cette générosité ait suscité la moindre gratitude des autres partenaires. Le temps était venu de penser à soi-même, à son avenir, et avant tout de réussir le projet de la réunification qui allait immanquablement hisser la nouvelle Allemagne au niveau convoité des grandes puissances mondiales. Une nouvelle Allemagne était née, qui ne voulait plus avoir le rôle effacé qu'elle avait eu dans le passé. Forte de ses atouts, géographique, démographique, économique, et même monétaire, l'Allemagne exigeait désormais un rôle de leadership au niveau européen. Le premier perdant, au sein de l'Union, en était inévitablement la France, qui, jusque-là, avait exercé un rôle de tutelle plus ou moins bien feutré sur la défunte RFA. Certes, l'Europe n'était pas toujours absente de toutes les préoccupations de la diplomatie allemande, comme en témoigne la continuation du dialogue fécond entre Helmut Kohl et François Mitterrand, mais le temps était venu, pour l'immense majorité du peuple allemand, de renforcer d'abord le modèle allemand et d'en faire un modèle à imiter au niveau mondial, en Europe tout d'abord. La toute-puissance du mark allemand, convoité et redouté en Europe, lequel était devenu la monnaie de facto dans le cadre de nombreuses transactions commerciales en Europe centrale, et même monnaie légale dans une partie de la Bosnie Herzégovine d'alors, constituait un levier inégalé au service d'une nouvelle politique de puissance. Si l'ex-Chancelier Helmut Kohl a réussi à convertir ses concitoyens réticents à l'abandon du mark, cela n'a pu se faire que grâce à une promesse non exprimée, mais connue de tous ces concitoyens, promesse tenue jusqu'ici : l'euro devait être créé à l'image du mark, il ne pouvait s'agir que d'une monnaie forte qu'il fallait protéger à tout prix des tensions inflationnistes et qui devait reposer sur la stabilité des finances publiques des États, excluant la pérennisation de déficits excessifs. Une telle conception monétaire, basée sur le succès du défunt mark, imposée par une nouvelle Allemagne sûre de ses atouts, portait déjà les germes de futures tensions entre pays vertueux et non vertueux, tensions qui se sont manifestées depuis. Les pays de l'UE moins vertueux, que les Allemands qualifient avec un certain mépris de ''pays du Club Méditerranée'', ont cru, dans un premier temps, bénéficier des avantages que leur offrait pour la première fois une monnaie forte, sans contribuer pour autant au renforcement de cette devise commune par une gestion vertueuse de leurs finances publiques. Ils viennent d'être rattrapés pour leur laxisme par les marchés, sans qu'ils obtiennent complètement, de la part de l'Allemagne, l'aide automatique qu'ils pensaient implicitement obtenir. Car l'Allemagne a bâti sa solidité monétaire sur l'effort et la vertu, d'abord au niveau du mark, et elle a voulu que ces mêmes qualités soient mises au service de la devise commune. Le fait de savoir si dans la pensée profonde des Allemands, la France fait partie de cette catégorie de pays laxistes a toujours été un thème controversé. Dans le langage châtié gouvernemental, l'Allemagne n'a jamais cité la France parmi les membres du dit Club, mais, il ne fait aucun doute que dans la psychologie du peuple allemand, la France, avec son cortège de déficits budgétaires et son fort taux d'endettement, est un membre patenté de ce Club. Ses déficits et son endettement excessifs, qui depuis la création de l'euro n'ont cessé de croître, ne sont pas acceptables d'un point de vue allemand. La France devra ainsi payer à l'avenir, en réalisant des sacrifices évidents, sa contribution importante à la stabilité de l'euro. Elle ne l'a fait qu'en partie jusqu'ici. Elle ne s'y est que mal préparée. Sa culture monétaire est depuis des décennies celle d'un pays du Club Med. Depuis la fin du gouvernement de Raymond Barre, la stratégie économique française a été celle de la facilité monétaire, ponctuée par des dévaluations contribuant à créer par période des bouffées d'oxygène vite annihilées par l'inflation importée. Le taux de change du franc français par rapport au mark était dans un rapport approximatif de 1 à 3, juste avant l'avènement de l'euro, alors que la parité existait pratiquement entre les deux devises au début des années 60. Affaiblie monétairement, la France des années 80 a été dans une situation de suivisme par rapport au mark. Ainsi, après la chute du mur de Berlin, et avant la création de l'euro, le gouvernement français de Pierre Bérégovoy n'avait trouvé de salut, en matière monétaire, qu'en s'efforçant de calquer la politique allemande : la réunification allemande exigeait pour être financée une mobilisation colossale de fonds et un recours inexorable à l'emprunt d'État; une telle stratégie ne pouvait se réaliser qu'en augmentant les taux d'intérêt allemands pour attirer les capitaux nationaux et étrangers nécessaires à la reconstruction de l'Allemagne de l'Est. La France fut alors obligée d'augmenter aussi ses taux d'intérêt à due concurrence, afin d'éviter que les capitaux disponibles en France ne s'investissent en Allemagne, ce qui aurait eu pour but non seulement de diminuer le potentiel national d'investissement et donc de croissance, mais aussi de déstabiliser le franc déjà fragilisé. L'Allemagne pouvait se permettre d'augmenter ses taux d'intérêt, car les effets négatifs de cette politique sur son potentiel de croissance étaient plus que compensés par les avantages retirés de l'extension de son marché intérieur. La France, bien au contraire, n'avait pas cette chance et l'augmentation des taux d'intérêt contribua à accélérer la récession en asséchant en particulier de très nombreux projets nationaux d'investissement. La crise économique qui en a résulté en France provoqua la chute du gouvernement Bérégovoy et ce fut, en quelque sorte, le premier prix que la France dut payer en contrepartie de la réunification allemande.

Si, maintenant, je me réfère à tous mes souvenirs personnels postérieurs à la réunification allemande, je dois observer qu'une grande inflexion s'était manifestée progressivement dans l'esprit de la plupart de mes collègues, connaissances et amis allemands, eu égard au rôle que devait jouer désormais l'Allemagne. Certes, la plupart d'entre eux se complaisaient à évoquer le coût énorme de la réunification, bien supérieur à tout ce qui avait pu être annoncé officiellement (ce coût a avoisiné, en fait, 1 300 milliards d'euros), mais cette anxiété était plus que compensée par le regain de fierté nationale retrouvée, regain que les nouvelles responsabilités allemandes en Europe et dans le monde alimentaient sans cesse : la nouvelle Allemagne avait changé de statut et était devenue la première puissance économique de l'Europe, statut qui devait lui conférer aussi un rôle politique éminent qu'elle n'avait pu jouer depuis la Seconde Guerre mondiale. En effet, l'Allemagne ne tarda pas à afficher, sans complexe, ses nouveaux objectifs :

- vis-à-vis des pays de l'Est, appelés alors "pays PECO" (anciens satellites de la défunte URSS) qui devaient devenir un hinterland allemand soumis aux nouveaux intérêts économiques de la nouvelle Allemagne, permettant à la fois à cette dernière d'y écouler une partie de sa production industrielle, mais aussi d'y trouver des ressources bon marché en main-d'œuvre pour son industrie. Cette politique devait amorcer rapidement un fort processus de délocalisations industrielles qui devait vite s'intensifier.

- vis-à-vis de la nouvelle Russie dans laquelle la nouvelle Allemagne pensait avoir trouvé un partenaire de poids, prémisse d'un futur pacte économique ''gagnant gagnant'', permettant à l'Allemagne d'y trouver bon nombre de matières premières et de ressources énergétiques, mais aussi d'y écouler une part non négligeable de sa production industrielle dont la Russie avait tant besoin. Certains commentateurs malveillants ont pu évoquer un nouveau pacte germano-russe à cet égard.

- enfin vers les pays du sud de l'Europe, surtout ceux de l'ex-Yougoslavie, et particulièrement la Croatie, qui avaient tissé de longue date des liens économiques et historiques avec elle. Les liens privilégiés avec la Croatie rendaient possible l'extension de la zone d'influence économique allemande jusqu'à la mer Adriatique, et particulièrement jusqu'au port stratégique de Rijeka, objectif que les empereurs allemands avaient longuement envisagé dans le passé. Une accession à ce port facilitée par non seulement des infrastructures routières, mais aussi de nouveaux couloirs ferroviaires de trafic fret à débit rapide (dont les Allemands furent les chantres en Europe), était d'un intérêt évident pour toute la zone industrielle du sud de l'Allemagne, tant pour l'exportation de sa production que pour l'importation des ressources naturelles nécessaires à son industrie. Il ne faut pas s'étonner que le ministre des Affaires étrangères allemand d'alors, également Vice-Chancelier, Hans Dietrich Genscher, n'ait eu de cesse d'activer le levier de l'implosion de la Yougoslavie, malgré les critiques formulées par le gouvernement français, dirigé alors par le premier Ministre Michel Rocard. Cette bataille idéologique et politique devait faire sombrer la Yougoslavie dans une longue guerre civile sanglante qui devait déboucher sur l'éclatement de l'empire yougoslave. L'Allemagne est arrivée à ses fins, avec la naissance d'une Croatie libre et amie, déjà pays de villégiature des touristes allemands, futur partenaire économique et stratégique. Certes, la justification que la nouvelle Allemagne donnait de cette implosion était toute autre, voire rassurante : la Yougoslavie était décrite, à l'image de la défunte URSS, comme un empire dépassé, dans lequel l'hégémonie serbe, qui avait éclipsé toutes les autres nationalités, devait disparaître, pour donner naissance à de nouvelles nations indépendantes régionales. La Croatie, et dans une mesure moindre la Slovénie et la Bosnie Herzégovine (laquelle devait accepter le mark allemand comme monnaie de transaction peu de temps après) tombèrent ainsi rapidement dans l'orbite économique allemande, tandis qu'au même moment, les intérêts économiques allemands se déployaient avec force et rapidité dans toute l'Europe de l'Est, cette dernière devenant le grand atelier industriel bon marché dont rêvait l'Allemagne. Cette extension rapide des marchés et cette nouvelle influence économique furent aussi notoires dans les pays baltes, dans lesquels l'Allemagne avait eu dans le passé de puissants intérêts économiques, dont certains avaient laissé des traces historiques indélébiles, notamment à Riga, gouverné pendant longtemps par des Germano-Baltes et où l'administration municipale et ecclésiastique était restée dans les mains de ces derniers jusqu'à la Première Guerre mondiale. Au même moment, l'Allemagne, malgré des risques économiques évidents, comme j'avais pu le constater lors de misions professionnelles, commençait à nouer des liens économiques privilégiés avec l'Ukraine, et le mark tout-puissant y avait libre cours pour nombre de transactions commerciales, tout comme d'ailleurs à Saint-Pétersbourg, porte de la nouvelle Russie économique.

Il est clair que la reconstitution rapide et efficace d'un vaste hinterland économique en Europe de l'Est, et la création de nouveaux couloirs routiers et ferroviaires vers la Méditerranée contribua à propulser l'Allemagne au rôle de leader économique et politique européen. Le départ du Chancelier Helmut Kohl de la Chancellerie, en 1998, ne devait pas modifier sensiblement l'ordre des choses, bien au contraire. Le nouveau Chancelier, Gerhard Schröder, devait lui aussi afficher une attitude décomplexée eu égard à l'héritage historique de l'Allemagne et les négociations préparatoires du Traité de Nice, en février 2001, devaient voir s'affronter les ambitions d'un Jacques Chirac, champion des ''vieilles grandes nations de l'Europe'' et celles d'un Gerhard Schröder, conforté par les nouveaux atouts d'une puissance économique allemande retrouvée et, désormais, par sa supériorité démographique. On sait que le traité de Nice devait conférer à l'Allemagne une supériorité de droit, particulièrement au Parlement européen.

Pourtant, alors que la nouvelle Allemagne réunifiée avançait savamment ses pions en Europe, la France, tétanisée par sa subite perte d'influence en Europe, ne faisait aucun grand effort pour essayer d'investir économiquement l'Europe de l'Est, pas plus d'ailleurs que les pays Baltes ou même les marches de la défunte URSS. J'avais pu constater, en Ukraine notamment, dans les années 1995/1996, au moment où les grands groupes industriels allemands commençaient à nouer des pactes de coopération solides avec les secteurs industriels locaux, en dépit du risque lié à la grande instabilité du pays, que les industriels français y étaient plus timorés, exagérant la prime de risque, et certains qui s'y étaient implantés commençaient même à se replier. Les Services économiques de l'Ambassade de France à Kiev, avec qui j'étais entré alors en contact dans le cadre d'une mission de prospection industrielle, donnaient alors à leurs interlocuteurs des informations alarmistes sur la viabilité économique du pays, dissuadant toute implantation d'envergure. Au même moment, les services économiques de l'Ambassade d'Allemagne incitaient leurs grandes entreprises à s'y installer. On comprend mieux, à l'aune de ces visions divergentes, pourquoi les intérêts allemands se sont mieux implantés dans ces pays, et, de façon générale, dans toutes les ex-républiques soviétiques.

Ces évènements, et la rapide montée en puissance de l'Allemagne, dès 1990, et surtout dès 1995, ont eu une incidence notoire sur la psychologie des Allemands, à commencer sur celle de mes interlocuteurs professionnels avec qui je travaillais en matière de transport dans le cadre de relations bi ou multilatérales. La défense des intérêts de l'Europe était pour eux passée presque au second plan, ou plutôt, la référence à l'Europe n'était prise en compte désormais dans leurs raisonnements que dans la mesure où elle servait les intérêts allemands. A une conception généreuse de l'Europe à laquelle l'Allemagne Fédérale avait longuement adhéré jusqu'en 1990, s'était substituée de façon franche et ostensible la recherche de l'intérêt national que la nouvelle Allemagne pouvait retirer désormais de l'Europe.

Dans un tel contexte, dès 1990, les relations professionnelles que j'avais pu nouer avec mes collègues, en tant qu'expert ferroviaire, ne furent jamais plus empreintes de la même sympathie et de la même solidarité qu'auparavant. Beaucoup d'entre eux avaient changé d'ailleurs de poste, prélude à une stratégie délibérée de conquête des marchés extérieurs au sein de la nouvelle DB AG, née de la fusion des deux anciens réseaux ferroviaires (DB, DR). Une rupture allait s'enclencher. On voyait inévitablement progresser, année après année, une certaine manifestation de patriotisme technique et économique, empreint même d'un esprit de supériorité, ce qui était complètement inconnu auparavant. Lors des négociations nombreuses que nous avions, et qui étaient plus fréquentes encore du fait que les nouvelles directives européennes relatives au transport étaient en discussion, l'opposition entre les experts français et allemands sur tous ces sujets était devenue monnaie courante : degré de concurrence, rapidité de l'ouverture des marchés nationaux, conquête des marchés. L'Allemagne accusait la France de ne pas vouloir jouer le jeu de la Commission et de ne pas vouloir libéraliser rapidement ses marchés domestiques en s'appuyant sur ses anciens monopoles ; les Français dénonçaient souvent ce nouvel esprit de domination, qui, tout d'un coup, s'était emparé de l'Allemagne et sa volonté nouvelle de vouloir désormais pénétrer sur tous les marchés nationaux, encore protégés, afin d'en profiter au maximum. Le libéralisme de l'Union européenne, pourtant d'origine anglo-saxonne, a profité dans les faits beaucoup plus à l'Allemagne qu'au Royaume-Uni. Dans ce contexte, la France, recroquevillée sur sa longue tradition jacobine et sur son expérience de services publics oligopolistiques, restait toujours timorée dans le cadre des négociations, préférant prôner, en matière de transports, la coopération plutôt que la concurrence, synonyme d'affrontement. L'Allemagne, au contraire, n'avait aucun complexe pour proclamer les vertus de la concurrence et donc de l'affrontement entre entreprises, fussent-elles encore ''amies'' et accusait la France de ne pas appliquer les directives européennes avec enthousiasme. Dès l'an 2000, la DB avait, pour ainsi dire, radiographié le marché des transports français, repéré les points forts et faibles de la France ferroviaire, et avait déjà misé sur l'Alsace pour s'introduire en France. Certes, au niveau des ministres et des Chefs de gouvernement qui se réunissaient périodiquement dans le cadre de l'Union européenne, les divergences étaient volontairement étouffées, comme il est d'usage dans les relations diplomatiques. Que savaient, au fait, ces responsables politiques des affrontements réels sur le terrain ? Vraisemblablement peu de choses, d'autant que lors des sommets des deux États, la guerre d'Irak allait précipiter les deux pays dans le même camp, ce qui allait contribuer à créer de nouveaux liens de solidarité en matière de politique étrangère. Cependant, au niveau du terrain, alors qu'avant 1990 les compromis entre les deux entreprises, et donc entre les politiques de deux pays, étaient fréquents, ils devinrent très difficiles, voire impossibles après l'an 2000. De plus, derrière cette opposition larvée, on voyait une autre guerre poindre de plus belle : celle des deux fleurons technologiques nationaux, Alstom et Siemens. Ce dernier groupe avait mis les bouchées doubles pour rattraper en matière de grande vitesse son retard sur le premier, grâce à la réalisation des ICE de nouvelle génération. C'est alors que Siemens partit à la conquête du monde, conquête dûment préparée, qui devait lui ouvrir, un peu plus tard, les marchés de l'Espagne, de la Russie et de la Chine.

En fait, beaucoup d'experts économiques allemands, confiants désormais en leurs nouveaux atouts, s'étaient vite ralliés aux principes anglo-saxons de prévalence des forces du marché ; ils étaient devenus de farouches partisans du libéralisme économique, laissant dans l'ombre le modèle rhénan pourtant consensuel qui avait fait ses preuves en matière de paix sociale. Cette nouvelle orientation idéologique leur assurait la conquête des marchés, et en grande partie, celle du puissant marché communautaire tant convoité. Les instruments de cette stratégie de conquête étaient bien rodés : diminution drastique des prix de revient par compression des salaires (politique que les célèbres ''lois HARTZ IV'' promulguées en 2003 devaient encore renforcer), diminution consécutive des prix des biens et des services vendus facilitant ainsi la conquête des nouveaux marchés désormais accessibles grâce aux politiques communautaires de libéralisation et de déréglementation, lobbying au niveau de la Commission européenne, politique de communication de haut niveau, renforcement de la qualité des produits et des services.

Il ne faudrait pas croire que cette résurgence de ce que certains ont pu appeler ''nationalisme'' était circonscrite au monde des secteurs de transport et de l'énergie ; l'idée, consciente ou pas, que ce qui est produit, conçu ou organisé en Allemagne est supérieur en terme de qualité est un sentiment bien ancré dans l'esprit allemand. J'en donnerai un exemple tiré de mon expérience professionnelle récente. Pendant près de 18 ans, j'ai eu, entre autres, le privilège de présider une association internationale faisant fonction d'ONGI (organisation non gouvernementale internationale), présente auprès des organismes internationaux. Elle comprenait des représentants de 18 pays européens, ce qui n'était pas une mince affaire à gérer. Cette association internationale obéissait aux principes de la loi belge sur les associations européennes à but non lucratif (ASBL), et, en conséquence, ses statuts étaient déposés à Bruxelles, capitale de la Belgique, mais aussi, en quelque sorte, de l'Union européenne. Cette situation était bien acceptée par tous les membres de l'association, sauf par les membres allemands, lesquels préconisaient, de leur côté, que ces statuts soient modifiés, rédigés selon la législation allemande relative aux associations internationales afin que les statuts puissent être déposés à Berlin. Le motif allégué était que les lois allemandes étaient dans ce domaine mieux adaptées à la spécificité de notre association et offraient de meilleures garanties, ce que le Ministère fédéral de la Justice belge, contacté à ce sujet, avait formellement démenti. Une guerre intérieure de près de trois ans s'ensuivit au sein de l'association, guerre qui faillit entrainer la dissolution de l'organisation. Ce n'est qu'au bout de cette longue période que les membres allemands se rangèrent à l'avis des autres membres de l'association. A l'origine de cette querelle, préexistait, dans l'esprit des membres allemands, l'idée que la loi allemande était dans ce domaine la meilleure. La conception que les Allemands se font de l'organisation de leur pays, de leurs structures, de leur production, de leurs services reste toujours entachée d'un certain esprit indélébile de supériorité, conscient ou pas. C'est avec ce sentiment qu'il faudra désormais compter, et nul doute que cela n'aura pas que des conséquences positives au niveau de l'Union européenne en général, et entre la France et l'Allemagne en particulier.

L'amitié franco-allemande a pu se développer après guerre dans un monde où les deux pays n'étaient pas de vrais concurrents commerciaux. Ils le sont devenus, et cette amitié sera exposée désormais aux tensions issues de la guerre commerciale. C'est un nouveau chapitre qui s'ouvre pour les deux pays. Il faudra s'y faire. Il est vrai qu'il existe des différences importantes entre les deux modèles nationaux des deux pays, chacun d'eux étant l'aboutissement d'éléments historiques ou culturels ou sociétaux provenant de l'Histoire, éléments qui ne se prêtent nullement à des changements rapides. Ils sont pour chaque pays une caractéristique structurante révélatrice de la réalité anthropologique d'une nation. La France doit reconnaître que le génie allemand existe. D'ailleurs, aucun pays européen n'est sorti de la crise actuelle aussi fort et aussi vite que la nouvelle Allemagne, à telle enseigne que le ministre allemand de l'Économie, Rainers Brüderle, a pu parler d'une ''nouvelle croissance de type XL'' et de nouvelles ambitions planétaires en matière d'exportations, le pays se hissant désormais au niveau des plus grandes nations (juste après la Chine, en matière d'exportations). Cette stratégie pousse d'ailleurs l'Allemagne à nouer des liens de plus en plus forts avec les pays extracommunautaires. Ses relations sont ainsi de plus en plus fortes avec la Chine, en matière de commerce international, et il en va de même avec la Russie. Certains de ses partenaires parlent d'un tropisme oriental qui se serait emparé de l'Allemagne et qui serait de plus en plus ambigu. On a parlé à cet égard d'une ''moindre envie d'Europe'' de la part de l'Allemagne actuelle, qui irait de pair avec un repli brutal vers ses propres intérêts nationaux. C'est ce que vient de démontrer un important ''think thank'' européen de Bruges (''Bruegel'') tandis qu'une récente étude du Conseil de l'Europe a même prétendu que l'Allemagne avait décidé d'aller de l'avant seule, au niveau mondial, dans le cadre d'une stratégie qualifiée de globale. Cette rupture stratégique, eu égard à l'Europe, a été aussi soulignée récemment par le grand philosophe allemand contemporain, Jürgen Habermas, qui a critiqué durement ce nouveau repli sur soi de l'Allemagne en matière européenne et cette fuite en avant solitaire au niveau planétaire. La ''question allemande'' se repose à nouveau, en d'autres termes certes, d'autant que la génération allemande actuelle est désormais décomplexée à l'égard de son passé, comme l'avait montré déjà l'ex-Chancelier Gerhard Schröder, lors des négociations houleuses sur le Traité de Nice, et comme vient de le confirmer une enquête d'opinion menée récemment dans le pays par le spécialiste de sondages ''Renate Kocher von Allensbach''. Cette nouvelle attitude vis-à-vis du passé explique aussi le succès récent de l'exposition "Hitler et les Allemands" à Berlin, exposition qui, il y a une vingtaine d'années, aurait constitué un véritable scandale, tant le sujet était alors tabou. C'est ailleurs parce qu'elle a réussi à accepter les fautes de son passé, sans que cela provoque un traumatisme violent, que l'Allemagne a pu et peut encore se présenter, sans fausse honte, comme un exemple à suivre en Europe en matière économique. Il est clair que, dans le domaine économique, l'Allemagne est en train de réussir, et de ce fait, elle peut faire peur, car étant bien seule à cet égard en Europe. D'accusée, l'Allemagne est ainsi devenue vertueuse et même donneuse de leçons à l'égard des autres pays. Ce n'est pas la moindre de ses récentes victoires. Elle peut faire valoir par ailleurs son système de cogestion appelé ''capitalisme coopératif'' qui atténue la lutte des classes et permet d'intégrer les travailleurs aux prises de décisions. Sûre d'elle, et confiante en l'avenir, elle n'a pas hésité à humilier récemment la Grèce pour ses piètres performances économiques, pays vis-à-vis duquel elle a pourtant contracté une importante dette de sang durant la seconde guerre mondiale en raison des actes de barbarie que les troupes nazies y ont perpétrés. Mais qui s'en soucie donc aujourd'hui en Allemagne? Qui s'en souvient encore ? L'Allemagne a subi une sorte de mutation génétique et s'est transformée en vrai leader économique en refoulant une période cruelle de son histoire. Une nouvelle posture est ainsi née. Les commémorations de la victoire à l'étranger, que ce soit pour la première ou la Seconde Guerre mondiale, apparaissent pour beaucoup d'Allemands comme obsolètes, voire contre-productives, et ne manquent pas d'étonner. L'heure est à la performance économique pour tous les Allemands, domaine qui leur permet de briller et d'oublier ainsi leur passé. Mais que se passera-t-il si les partenaires de l'Allemagne ne se montrent pas capables de la suivre ou même refusent de le faire sur le plan des performances économiques? L'Union Européenne (UE) volera-t-elle alors en éclat ? Peut- être pas, car l'Europe est l'exutoire naturel et prioritaire des exportations allemandes et l'Allemagne ne pourrait s'en passer, dans le contexte actuel tout du moins. Mais, dans ce cas, est-ce qu'elle ne sera pas tentée d'établir alors de facto une sorte de protectorat économique sur certains pays peu performants qui deviendront alors dépendants de l'Allemagne, à commencer par les ex-pays PECO ? L'euro pourra-t-il résister à de tels scénarios ? L'Histoire n'est pas encore écrite.

La France, partenaire historique de l'Allemagne depuis la réconciliation entre de Gaulle et Adenauer pourra-t-elle suivre et donc imiter l'Allemagne en termes de performances économiques ? En a-t-elle la motivation, et si oui, les moyens ? Des doutes très forts existent à cet égard, car les modèles anthropologiques nationaux sont différents, voire divergents. La culture de l'exportation et de l'épargne, si prégnants dans l'esprit allemand, ne sont pas des vertus françaises par excellence, même si l'épargne de précaution est forte en France en ce moment. La France préfère, quand elle le peut, la consommation à l'épargne, et ses exportations ne pourront jamais égaler celles de l'Allemagne. L'Allemagne produit et donc peut exporter ce qu'elle a produit, la France consomme et souvent consomme ce qu'elle n'a pas produit. Face à tant de divergences, le couple franco-allemand a été souvent au bord du divorce, et on a pu parler souvent de ''liaisons dangereuses'' entre les deux pays. Dès 1960, les intérêts divergents en matière agricole ont opposé violemment les deux pays. La force du mark allemand a été ensuite considérée en France comme une forme d'aliénation, obligeant la France à dévaluer sans cesse sa monnaie, ou, quand elle n'a pas voulu le faire, à s'aligner strictement sur la politique allemande des taux d'intérêt, comme ce fut le cas sous la Présidence de Mitterrand et du gouvernement Bérégovoy, plongeant alors le pays dans une phase de récession. Les querelles se sont envenimées à nouveau durant les premiers mois du mandat de l'ex-Chancelier Gerhard Schröder, et en particulier lors des laborieuses négociations du Traité de Nice, lorsqu'il a fallu hiérarchiser le poids relatif des deux pays au niveau du Parlement européen, en tenant compte inévitablement de la nouvelle donne démographique. En pleine crise des subprimes, et particulièrement pendant la tempête du système bancaire international, la forte réticence de la Chancelière Angela Merkel à adhérer aux thèses keynésiennes selon lesquelles il fallait laisser filer les déficits budgétaires et ''ouvrir le robinet'' des aides aux entreprises à bout de souffle, s'est heurtée à la stratégie de la France du Président Nicolas Sarkozy, lequel, malgré son libéralisme, n'a eu aucune peine à se muter provisoirement en adepte de John Maynard Keynes. Ceci témoigne des divergences de fond sur la politique économique à mener. Des divergences devaient apparaître d'ailleurs à nouveau au grand jour lorsqu'éclata la crise grecque. Ces divergences qui se sont multipliées sur des sujets fondamentaux sont-elles rédhibitoires ou peuvent-elles s'estomper dans le temps ? Et pourtant, chaque fois, tout près du précipice, les retrouvailles ont eu lieu, car les deux nations partagent encore certaines valeurs fondamentales, notamment sur les conséquences négatives de la financiarisation de l'économie. La croissance basée sur la financiarisation de l'économie a failli aux USA, au Royaume-Uni et récemment en Irlande. L'Allemagne et la France n'acceptent pas ce modèle de croissance. Cette vision de l'économie les rapproche. Peut-être que les nouvelles crises, qui ne vont pas manquer d'éclater dans un monde devenu plus darwinien que jamais, aideront à trouver un consensus entre les deux pays. Cependant, il ne servirait à rien de nier les différences entre les deux pays. Alors que l'Allemagne réunifiée est devenue sûre d'elle-même grâce à son énorme potentiel économique, et se tourne résolument vers l'avenir en assumant sans complexe son passé, la France, tout au contraire, s'enferme de plus en plus dans l'exaltation d'une histoire glorieuse qui n'est plus, cultive l'obsession de son identité nationale qu'elle croit avoir galvaudée, redoute l'effacement de sa langue et de sa culture, se fâche avec ses meilleurs alliés africains, et elle a de plus en plus de mal à se projeter dans un avenir globalisé où elle sera irrémédiablement reléguée au rang de pays moyen. La condescendance de la France envers son voisin, avant la réunification de l'Allemagne, s'est transformée en une sorte de crainte feutrée. L'Allemagne, sûre de son destin, se montre volontiers ironique quand elle qualifie la France ''de grande nation'', ce qui, dans le subconscient allemand, est plutôt synonyme de grande nation du passé, voire de puissance dépassée. Mais ces frictions ne seraient pas trop graves, si, en réalité, les deux modèles économiques nationaux n'étaient pas devenus divergents, voire antagonistes, en matière de performances et de rentabilité. Les avantages comparatifs des deux nations se sont désormais inversés, et jouent sans aucun doute en faveur de l'Allemagne, ce qui traumatise la France.

Quoi qu'il en soit, sur la base de mon expérience personnelle en Allemagne au cours des quarante dernières années, je peux témoigner que la vision que peuvent avoir les Allemands d'aujourd'hui de leur propre pays et de l'Europe n'est plus la même que celle qui prévalait avant la réunification. La croyance presque mythique en une Europe généreuse et ouverte que beaucoup d'Allemands partageaient et pour laquelle ils ont combattu sous les mandatures des grands Chanceliers Willie Brandt et Helmut Schmidt jusqu'en 1982 a évolué, après la réunification, vers un type de comportement autocentré et patriotique, impliquant un moindre intérêt pour la cause européenne, sauf quand cette cause contribuait à servir les intérêts allemands. L'ex-Chancelier Helmut Kohl a été le point médian de cette évolution, un peu plus allemand que ces prédécesseurs, un peu plus européen que ses successeurs. Cette évolution des mentalités explique les violentes positions récentes du gouvernement allemand eu égard aux performances des pays appartenant au Club Med. De telles positions auraient été inconcevables avant la réunification. Vue de l'étranger, la République fédérale dont la capitale était Bonn n'a plus beaucoup de choses en commun avec l'Allemagne d'aujourd'hui dont la capitale est à nouveau Berlin. C'est cette nouvelle Allemagne plus exigeante à coup sûr, parfois arrogante pour certains, qui constitue désormais le partenaire privilégié de la France. Une désunion pourrait-elle survenir dans le désormais vieux couple franco-allemand ? Plus que jamais, depuis la fin de la Seconde Guerre mondiale, les deux nations sont entrées en compétition économique et, en conséquence, il faudra beaucoup de compréhension réciproque, un grand respect mutuel et, de part et d'autre, un attachement indéfectible à la construction européenne, pour que cet antagonisme ne se transforme en inimitié, voire pire, à moins que le tourbillon des crises mondiales incessantes qui ne va pas manquer de se manifester en déferlant sur une Europe ouverte et sans défense, menacée de toutes parts de déclassement, ne les rapproche à jamais. Cette dernière thèse est la plus probable.

C'est dans cette perspective que cet ouvrage a été écrit, pour jauger et comparer les performances de chacun des deux pays dans les grands domaines de l'économie contemporaine et appréhender les zones de conflits potentiels, dont les conséquences, si elles ne sont pas maîtrisées, pourraient se révéler désastreuses pour l'intégrité de l'Union européenne.

CHAPITRE I

COMPARAISON DES DEUX PAYS EN MATIÈRE DE DÉVELOPPEMENT ÉCONOMIQUE : LE LÉGER AVANTAGE ALLEMAND

Pour avoir une vue objective du niveau de développement économique des deux pays, force est d'utiliser des critères scientifiques diversifiés, quantitatifs et qualitatifs à la fois. Pour être suffisamment objective, une telle analyse ne peut être qu'entreprise que par des organismes internationaux spécialisés pouvant avoir accès à toutes les statistiques nationales et ayant pu au préalable homogénéiser les définitions et les résultats de chaque paramètre retenu en vue de permettre des comparaisons rigoureuses.

Depuis plusieurs années, la recherche sur le concept et l'évaluation du ''Bonheur brut mondial'' a donné lieu à de nombreuses études. Déjà, dès 2006, Richard Layard, économiste de la ''London School of Economics'', avait indiqué, dans son ouvrage intitulé ''Depression Report'', que la recherche du bonheur était plus préoccupante que le problème du chômage, et que le PIB qui mesure la croissance ne pouvait, à lui seul, rendre compte de la qualité de la vie dans un pays donné. D'ailleurs, pour nombre d'indicateurs, et particulièrement pour ce dernier, les écarts à la moyenne sont souvent plus instructifs que le niveau de l'indicateur lui-même. Or, ces écarts sont rarement publiés. L'histoire récente montre que les révolutions surgissent souvent dans des pays où les indices moyens apparaissaient satisfaisants, mais où les écarts à la moyenne en termes de revenus étaient souvent énormes. Ainsi, la Tunisie (surnommé souvent le ''tigre africain''), et l'Égypte étaient louées pour leurs performances macroéconomiques, en termes de croissance de leur PIB respectif. Ces indicateurs, du fait de la forte concentration de la richesse nationale, cachaient en fait une pauvreté endémique généralisée. On sait ce qui est advenu. Plus près de nous, le ''tigre celtique'' a été considéré pendant une décennie comme un des meilleurs acteurs de la croissance européenne, mais on avait oublié que la plus grosse partie de la production du pays était le fait de sociétés étrangères qui rapatriaient l'essentiel de leurs revenus, de sorte que l'écart entre le PIB moyen per capita et le revenu moyen per capita était important. De même, il ne suffit pas d'évoquer le montant de l'endettement d'un pays ou l'ampleur d'un déficit budgétaire ou bien de présenter une poignée d'indicateurs pour juger du bien-être d'un pays, et donc de celui de ses citoyens. Il est donc nécessaire d'avoir recours à d'autres concepts pour évaluer avec le maximum d'objectivité le bonheur de ses citoyens.

Le bonheur des citoyens préoccupe de plus en plus d'économistes, ce qui a amené le gouvernement britannique de David Cameron à demander à l'Institut de statistique britannique (ONS) d'établir un indice du bien-être général. Cependant, les individus ne savent pas toujours ce qui les rend heureux, sans que les choix réalisés soient toujours conformes à l'idée qu'ils se font du bonheur. Il s'agit d'un problème complexe. Dans l'état actuel de ce concept, deux approches scientifiques semblent émerger, à savoir :

- le GWB (''General Well Being''), concept qui essaie de rendre objectif le concept de qualité de la vie (lequel n'est pas directement lié au revenu par habitant) et donc celui du degré de bonheur par habitant. Ce concept prend en compte, entre autres, l'espérance de vie, le taux de mortalité, les conditions sanitaires du pays, la qualité du système éducatif, le degré d'inégalités sociales que le ''coefficient de Gini'' permet de calculer, l'équipement des ménages, le pourcentage de citoyens résidents propriétaires de leurs résidences, l'état des droits humains fondamentaux. Les recherches se poursuivent dans ce domaine. Dans l'attente, on a recours à un indicateur assez proche publié par les Nations Unies et qui a l'avantage d'être reconnu par la communauté internationale.

- le ''concept de développement humain'' calculé et publié par les Nations Unies, ou indice de développement humain (IDH) : le ''Rapport sur le Développement humain'' publié sous les auspices des Nations Unies (PNUD, ou ''Programme des Nations Unies pour le Développement'') constitue à cet égard le référentiel de base permettant une approche nouvelle du développement. Ce rapport est avant tout axé sur les divers types de progrès concernant la personne et permettant de mesurer le bien-être de chaque citoyen. Or, il n'en fut pas toujours ainsi, et un des principaux objectifs du Rapport, au cours des 20 dernières années, a été d'insister sur le fait que le développement est avant tout et fondamentalement une question de personnes. Cette notion est certes évolutive et elle utilise donc des préceptes différents dans le temps, et, pour cela, elle a recours à des outils et des concepts analytiques variables selon les périodes. Le spectre de cette mesure de bien-être sociétal par pays est vaste et il englobe notamment la santé, l'éducation, la facilité d'accès aux biens et services, l'élévation du revenu moyen, le degré de démocratie en matière politique et sociétale, les formes de partage du savoir. Le premier Rapport sur le développement humain, publié en 1990, présentait l'IDH mis au point à cette époque. Son postulat, jugé radical à l'époque, était pourtant très simple : le développement national devrait être mesuré non pas seulement en termes de croissance économique, comme cela avait été le cas jusqu'alors, mais aussi en termes de progrès dans les domaines de la santé et de l'éducation, également mesurables pour la majorité des pays. Pour le 20e anniversaire du Rapport, intitulé ''La vraie richesse des nations : les chemins du développement humain'', l'IDH 2010 utilise des données et des méthodologies qui n'étaient pas disponibles dans la plupart des pays en 1990, au regard du revenu, de l'éducation et de la santé. Le revenu national brut par habitant remplace le produit intérieur brut par habitant, afin d'inclure, par exemple, les transferts de l'étranger et l'aide internationale au développement. Le ''plafond'' supérieur appliqué aux revenus, à des fins de pondération de l'indice, est supprimé, pour donner aux pays ayant surpassé la limite précédente de 40 000 dollars un IDH plus représentatif des niveaux de revenu réels. En conséquence, le Rapport de 2010 a connu un enrichissement notable par rapport aux rapports antérieurs, ce qui constitue par contre une rupture dans la comparaison des données statistiques annuelles et rend délicates les comparaisons avec les données antérieures. De nouveaux outils sont pour la première fois présentés. En particulier sont introduites pour la première fois, trois mesures dans la famille des indices publiés dans le Rapport :

- l'indice de développement humain ajusté aux inégalités.
- l'indice d'inégalité de genre.
- l'indice de pauvreté multidimensionnelle.

Il est vrai que certains de ces index relèvent de l'action politique, mais bien des problèmes dépassent la capacité des seuls États et requièrent des institutions mondiales devant rendre des comptes par le biais de processus démocratiques. Il y a également des implications importantes dans le domaine de la recherche : une analyse plus poussée de la relation étonnamment faible entre croissance économique et améliorations en matière de santé et d'éducation, ainsi qu'une considération approfondie de la manière dont la multidimensionnalité des objectifs développementaux affecte la réflexion sur le développement, pour ne citer que deux exemples. Les résultats de l'enquête 2010 indiquent que les sept pays, parmi les 10 plus performants de l'IDH 2010, sont respectivement les États-Unis, l'Irlande, le Liechtenstein, les Pays-Bas, le Canada, la Suède et l'Allemagne. Dans ce classement objectif, la France se situe désormais après l'Allemagne, comme le montrent les résultats ci-après, même si la France, depuis 2005, a amélioré son rang dans ce classement, contrairement à ce qu'a fait l'Allemagne.

1- le calcul du ''Développement humain très élevé'' selon l'ONU :

Selon les experts, et selon ce nouvel indice sensiblement différent du précédent, 11 pays méritent une attention, à savoir, respectivement et par ordre de mérite: la Norvège ; l'Australie ; les USA ; les Pays-Bas ; le Canada ; la Suède ; l'Allemagne ; le Japon ; la Corée du Sud ; la Suisse, la France.

2- comparaisons entre l'Allemagne et la France :

Une comparaison entre les deux pays, rubrique par rubrique, obligerait à faire une longue et fastidieuse analyse. Notons cependant que, globalement, toutes rubriques confondues, et pour les indices dits synthétiques, l'Allemagne se situe mieux que la France, puisque :

- l'indice de développement humain (IDH) ressort à 0,885 pour l'Allemagne et à 0,872 pour la France.

- l'indice de développement humain ajusté aux inégalités ressort à 0,814 pour l'Allemagne et à 0,792 pour la France.

Cependant dans deux domaines importants, que sont la santé et l'éducation, l'Allemagne obtient de moins bons résultats que la France.

En effet, en matière de santé, les dépenses en pourcentage du PIB ressortent à 8 % pour l'Allemagne alors qu'elles atteignent 8,7 % en France. De même, dans ce domaine, l'espérance de vie à la naissance s'avère inférieure en Allemagne (80,2 années) par rapport à la France (81,6années). En conséquence, les performances de la France dans ce domaine sont légèrement meilleures.

En matière d'éducation, également, on peut observer que le taux brut de scolarisation atteint 88,1 en Allemagne contre 95,4 en France, ce qui témoigne d'une différence sensible. Les dépenses d'éducation en pourcentage du PIB apparaissent plus faibles en Allemagne (4,4 %) qu'en France (5,6 %). Cependant, l'Allemagne se rattrape en durée moyenne de scolarisation, avec 12,2 années, contre seulement 10,4 années en France, et ce, contrairement au lieu commun, fort répandu en France, selon lequel la durée de scolarisation en Allemagne serait inférieure à celle de la France.

Mais, c'est, comme on pouvait le prévoir, en matière économique que l'Allemagne démontre sans conteste sa supériorité. Le PIB per capita y atteint 34 743 $, contre 33 103 $ en France. De même, cette supériorité se retrouve en matière de Revenu national brut (RNB) per capita, soit 35 308 $ pour l'Allemagne, contre 34 340 $ en France. En matière de consommation par habitant, et contrairement à l'idée entretenue en France selon laquelle les Allemands consommeraient moins que les Français, la PNUD a calculé que la consommation par habitant en Allemagne est de 18 068 $/an, soit supérieure à celle de la France qui n'est que de 17 668 $/an.

Il manque cependant, dans cette longue batterie d'indicateurs comparatifs, des données sur l'indice de la pauvreté et un autre sur celui de l'inégalité dans la répartition des revenus communément mesurée par l'indice dit de Gini. Pour mieux mesurer et comparer les taux comparés de pauvreté dans les deux pays, il est nécessaire de se référer aux dernières statistiques publiées pour 2008 par EUROSTAT, l'organisme officiel des statistiques européennes. Le seuil de pauvreté y est défini comme équivalent à 60 % du revenu médian après transferts sociaux. Selon Eurostat, pour 2008, la moyenne (en pourcentage de la population) s'établirait à 17 % dans l'Union européenne (UE). La France aurait un taux de 13 %, inférieur à celui de l'Allemagne, dont le taux serait de l'ordre de 15 % (les positions extrêmes étant occupées par la Roumanie avec 23 % et les Pays-Bas avec 11 %). La médiocre prestation de l'Allemagne dans ce domaine s'explique, comme on le verra ultérieurement, par la politique de réduction drastique du coût salarial entrepris sous le Gouvernement de Gerhard Schröder et plus particulièrement par les mesures de réduction des prestations sociales qui sont entrées en application sous le nom de mesures ''Hartz IV''. Si ces mesures ont eu un effet macroéconomique positif sur la réduction du prix de revient de la production allemande, et donc sur la compétitivité de l'économie allemande, elles n'en ont pas moins précipité une partie de la population sous le seuil de pauvreté : chômeurs de longue durée, nombre de retraités et une frange de la jeunesse. Toutes proportions gardées, la France, grâce à l'importance de ses transferts sociaux, se situe mieux que l'Allemagne dans ce domaine. Avec un taux de pauvreté de 13 %, la France compte quand même 7,8 millions de ménages vivant avec moins de 60 % du revenu médian du pays (soit 2 000 euros par mois pour une famille de deux enfants). Cette situation témoigne aussi que de bonnes performances globales en matière d'indice de développement humain (IDH) cohabitent avec une progression de la pauvreté. L'Allemagne, plus que la France, témoigne de cette ambigüité, voire même de cette contradiction, puisqu'elle atteint un meilleur indice de développement humain global que la France tout en présentant un taux de pauvreté plus élevé.

Les approches développées ci-dessus ne sont pas des approches exclusives permettant de comparer les niveaux de développement de divers pays. Par exemple, comme l'a suggéré Bernard Marois, professeur émérite à HEC, il vaudrait mieux évaluer la richesse en stocks, à partir des patrimoines détenus respectivement par les entreprises, les ménages et les administrations publiques, et en calculer une richesse patrimoniale par habitant, plutôt que d'évaluer la richesse en flux (approche par les revenus) en privilégiant le PIB comme référentiel. En effet, en comparant par période de dix ans par exemple, l'évolution du patrimoine par habitant, on obtient une évolution de la richesse d'une nation, évaluée à partir des richesses patrimoniales, et un classement des pays assez différents de ceux basés sur une comptabilité de flux. Dans un tel classement, la France, qui a l'avantage de posséder un patrimoine important, maillé et varié, ainsi que des infrastructures de qualité (notamment en matière de transports), et des réseaux massifs et modernisés (dans les domaines de l'électricité, du gaz, de l'eau, etc.) sans oublier des terres arables en grand nombre, aurait toutes les chances de se retrouver parmi les cinq premières nations mondiales. Malheureusement, cette approche par le patrimoine est encore insuffisamment développée et systématisée. Déjà, rien que pour le seul patrimoine immobilier, l'OCDE a pu faire état d'une progression de 65 % en valeur, sur une période de 10 ans en France, alors que cette progression était inférieure à 20 % en Allemagne, ce qui a amené l'économiste Valérie Rabault à proclamer que « les trente glorieuses étaient devant nous. »

Notons enfin que l'OCDE a, pour la première fois, calculé à sa manière un indicateur de bien-être, suite au rapport du Prix Nobel de la Paix américain, Joseh Eugène Stiglitz. L'organisme international privilégie désormais 11 critères : logement, revenu du travail, consommation, éducation, environnement, gouvernance, santé, bien-être, satisfaction générale, sécurité, conciliation travail et vie privée. Ce tournant idéologique récent de l'OCDE, dans sa vision de l'économie appréhendée jusqu'ici à travers les seuls agrégats classiques de comptabilité nationale, démontre que la mesure du développement économique des nations ne se confondra plus avec la seule prise en compte du PIB, qu'il soit global ou par habitant.

CHAPITRE II

DEUX MODÈLES DE CROISSANCE OPPOSÉS:

LA STRATÉGIE SOLITAIRE DE L'ALLEMAGNE

L'APPEL DU ''SONDERWEG''

« La relation franco-allemande est telle que la rose, quand la fleur embellit, les épines prospèrent. » (Konrad Adenauer)

La croissance économique n'est pas, comme on l'a vu, un indicateur ou marqueur fiable du niveau de développement d'un pays, mais il en constitue une des composantes importantes, mesurée par le Produit intérieur brut (PIB) et son taux de croissance annuel. A ce titre, les modèles de croissance économique de l'Allemagne et de la France ne sont pas du tout identiques, ils pourraient même être qualifiés d'antinomiques, et ce, de façon structurelle, car cette différenciation dure depuis plusieurs décennies. Chacun des deux pays participe, certes, à sa manière, à la croissance de l'Union européenne, mais, comme on va le voir, de façon différente et non synchrone, les phases d'accélération et de décélération de l'économie allemande étant amplifiées en général par rapport à l'évolution que manifeste la croissance française au cours des mêmes périodes.

Au-delà de ces différences, il existe des traits communs, mais à connotation négative. Par exemple, aucun des deux pays n'a vraiment profité pleinement de l'explosion du secteur des services dans les pays du Nord (activités financières, par exemple) pas plus que de l'essor des technologies de l'information. Les deux pays ont péché dans ces domaines par un déficit d'investissement et d'innovation et sont devenus, pour la haute technologie, dépendants de pays comme la Chine, le Japon, les États-Unis. Les deux pays partagent donc une certaine déficience dans des secteurs promis à un brillant avenir, ce handicap commun constituant désormais un sérieux désavantage pour leur croissance à long terme.

1-meilleure résilience de l'économie allemande :

L'écart des taux de croissance entre les des deux pays, et donc le déficit de croissance, n'est pas facile à mesurer, car il ne peut être mesuré que sur le long terme. En effet, l'économie allemande ne constitue pas une entité homogène sur une longue période, puisqu'avant la réunification, elle était constituée par la seule économie de la RFA qui avait ses paramètres propres, et que depuis la réunification, l'économie allemande comprend désormais tous les domaines d'activité des deux anciens territoires réunis et autrefois séparés (RFA et RDA). En conséquence, il serait donc illusoire d'utiliser des séries trop longues pour comparer les croissances respectives de la France et de l'Allemagne. La référence de l'année de l'unité allemande devrait être de ce fait un repère qui s'impose. Le Mur étant ''tombé'' le 9 novembre 1989, l'année 1990 devrait être le point de départ de toute comparaison valable.

Ce point de départ de la comparaison étant acquis, il ne faut pas sous-estimer que l'Allemagne a du faire face alors à un énorme défi, celui de la reconstruction de l'ex-RDA, projet qui a longuement déstabilisé les finances publiques allemandes, l'obligeant à des emprunts massifs, à une politique de haut taux d'intérêt susceptible d'attirer les capitaux étrangers, mais qui a provoqué un fort effet d'inhibition sur les autres investissements classiques du pays. Toutes les ressources ont été mobilisées pour financer une reconstruction dont la rentabilité ne pouvait pas être immédiate. On estime que ce projet colossal a coûté au pays près de 1 300 milliards d'euros et qu'une partie de ces dépenses n'est encore pas amortie. Il est donc indéniable que dans un tel contexte exceptionnel sur le plan historique, le pays a été exposé à des dépenses colossales qui ont diminué dans un premier temps, et ce, provisoirement, à la fois sa compétitivité et ses performances économiques. Pendant cette période, les performances de croissance allemande ont été effectivement moins bonnes que celles de la France, par définition faudrait-il ajouter. Mais on aurait mauvaise conscience à en tirer des conclusions hâtives, telles que celles que l'on voit poindre chez certains économistes français, qui se plaisent à souligner que, de 1990 à l'an 2000, la croissance française s'est avérée en moyenne plus forte. Ce genre d'argumentation n'a aucune valeur économique, car on ne peut comparer une économie en reconstruction, lourdement handicapée et endettée, à une économie qui ne traverse aucun traumatisme semblable. Cette période 1990/2000 n'est donc pas une période de comparaison acceptable d'un point de vue économique. La seule période de comparaison raisonnable est celle qui va donc de l'an 2000 à nos jours, période où les efforts de normalisation allemands relatifs à l'ex-RDA ont commencé à porter en partie, mais en partie seulement, leurs fruits.

Si on ne considère maintenant que la période de référence 2000-2010, on peut observer que de 2000 à 2005, la croissance française a eu tendance à l'emporter, mais qu'après 2005, c'est la tendance inverse qui s'est manifestée, à l'exception du trou noir de 2009, année de haute turbulence dans le monde. Ceci n'est guère étonnant si on se donne la peine d'analyser la situation. Entre 2000 et 2005, l'Allemagne a parachevé la reconstruction et la mise à niveau de l'ex-RDA. Elle a du aussi faire face, de plus, à la bulle informatique mondiale du début de la décennie, dans un contexte de forte exposition à la conjoncture mondiale, et elle en a subi les contrecoups plus fortement que la France pendant plusieurs années. Ceci explique alors ses performances de croissance inférieures à celles de la France. Cependant, pendant ces premières années de la nouvelle décennie, elle s'est dotée de tout un arsenal législatif pour augmenter sa compétitivité (''lois Hartz'') dont elle ne profitera, en matière de croissance, qu'à partir de 2005. D'où ses meilleures performances affichées à partir de cette année-là.

Si on examine cette fois la performance de croissance à long terme mesurée par le PIB per capita, l'évolution n'est pas flatteuse pour la France. On peut s'apercevoir alors que ce qu'on appelle, ''l'époque de la croissance française heureuse'' n'a vraiment pas existé. En particulier, on peut remarquer que, dès 1980, le taux de croissance annuel moyen du PIB par habitant n'a augmenté en France que faiblement, et il est resté inférieur à celui de la moyenne des autres pays européens. Le niveau de vie français per capita était pourtant en 1980 supérieur de 10 % à cette moyenne européenne. Il est aujourd'hui inférieur à cette moyenne. L'essoufflement progressif de la croissance française per capita, est ressenti donc par chaque citoyen français, ne date pas d'hier. Au contraire, la résilience de l'économie allemande, mesurée par la croissance du PIB moyen per capita est en progression sur le long terme, dopée de plus par toutes les mesures récentes sur l'accroissement de la compétitivité. C'est un facteur important, même si, comme on le verra, l'Allemagne est surexposée aux crises internationales majeures liées aux dysfonctionnements d'une économie mondiale largement globalisée. Il semble que cette résilience soit même désormais devenue plus forte que celle de l'économie nord-américaine, pourtant montrée en exemple pendant presque deux décennies, économie qui n'arrive plus à gérer sa dette globale (qui atteint 350 % de son PIB), pas plus qu'à résorber son chômage qui frôle le taux record de 10 %. C'est dans ce contexte morose que l'économie allemande a enregistré pourtant en 2010 un taux de croissance de 3,6 %, le plus élevé de la zone euro, et taux record depuis la réunification. Il est vrai que l'Allemagne partait de loin, car, en 2009, son PIB surexposé à la crise internationale avait reculé de 4,8 %. Malgré ce contexte, l'Allemagne a réussi à devenir de loin le numéro 1 européen en matière d'exportations, très loin devant la France, et le numéro 2 au niveau mondial, juste derrière la Chine, laquelle lui a ravi sa première place en 2009, première place qu'elle occupait depuis 2003. La part de ses exportations dans son PIB n'a cessé d'augmenter, passant de 26 % en 1991, puis à 40,1 % en 2001, et à 46 % en 2010. Pendant ce temps, les exportations françaises calculées en pourcentage des exportations allemandes ne cessaient de décliner. Ainsi, il y a dix ans, les exportations françaises représentaient 55 % des exportations allemandes ; elles n'en représentent plus que 40 % aujourd'hui.

Cette extraordinaire performance allemande met à la fois en relief la primauté du facteur ''exportations'' dans la structure de sa croissance, mais aussi le haut degré de développement de son industrie. C'est d'ailleurs pour pérenniser ce modèle que l'Allemagne est attachée à un ordre international apaisé et à une communauté commerciale organisée dans lequel elle peut déployer toute sa stratégie victorieuse et son expérience historique de commerce international qui remonte à l'époque des villes hanséatiques.

Face à la stratégie dynamique de conquête des marchés mondiaux déployée par l'Allemagne, la France oppose des résultats plus que décevants. En effet, face à une Allemagne conquérante, la France a perdu 1/3 de ses parts de marché à l'exportation de 1998 à 2008, et le ''made in France'' a reculé dans la plupart des secteurs industriels. De 1991 à 2010, le poids de ses exportations dans le PIB n'a progressé que de 21 à 25 %, évolution sans commune mesure de celle enregistrée au même moment en Allemagne. Certes, l'année 2009 semble avoir été pour la France une année de stabilisation, mais à un faible niveau, et, fait plus important, la France n'a pas profité de l'éphémère reprise du commerce international qui a caractérisé la période de juillet 2009 à juillet 2010, alors que l'Allemagne en a profité amplement. La France n'effectue plus que 3,5 % des échanges mondiaux et que 12,5 % des exportations de la zone euro contre 18 % en 1990. Alors que l'expansion des exportations allemandes des dernières années, en relançant mécaniquement la croissance, a permis de résorber le chômage, la France n'a jamais pu utiliser un pareil levier. Sans essor manifeste de ses exportations, alors que la demande intérieure demeure assez stable, la France n'a connu en moyenne qu'une croissance de 1 % sur 10 ans, ne permettant pas une résorption forte du chômage qui tend à y devenir structurel. Pendant cette même période de 10 ans, l'Allemagne, grâce aux exportations, a su créer au contraire près de 2 millions d'emplois, surtout dans des secteurs névralgiques touchant l'emploi des jeunes et des seniors. Sur la période de juillet 2009 à juillet 2010, l'Allemagne a su ainsi créer 72 000 emplois supplémentaires, quand la France en perdait 26 800, selon les chiffres officiels. Sur l'année 2010, l'emploi industriel en France aura reculé de 67 500 postes, et en dix ans, ce recul atteint le chiffre de plus de 500 000 postes, de sorte que l'on peut désormais parler, sans exagérer, de désintégration du tissu économique français. Le choc des comparaisons avec l'Allemagne est énorme.

2-les effets de non-synchronisation des deux modèles de croissance sur l'économie européenne :

Un point important, dans cet exercice de comparaison, est le manque de synchronisme flagrant entre les deux modèles de croissance et les effets contradictoires qu'ils provoquent sur le marché intérieur de l'Union européenne. En effet, en période de croissance de l'économie mondiale, le modèle de croissance allemand, qui repose pour une grande part sur l'expansion de ses exportations, tend à capter de nombreux marchés nouveaux à l'échelle internationale, ce qui engendre une croissance supplémentaire au niveau de l'économie nationale. On parle alors du rôle de la ''locomotive allemande'' et de son taux de croissance à l'allure ''asiatique'', voire d'une reprise ''au format XL'', comme l'a indiqué lui-même le ministre de l'Économie du Gouvernement d'Angela Merkel en 2010. Ce fut le cas, dans un récent passé, des exercices 2006, 2007 et de 2010. Au contraire, le modèle de croissance français dans lequel la composante ''exportations'' joue un rôle bien plus modeste, rôle qui s'affaiblit d'ailleurs de plus avec le temps, profite beaucoup moins de la croissance mondiale. En conséquence, en période de croissance de l'économie mondiale, le taux de croissance de l'Allemagne dépasse presque toujours celui de la France, sauf accident spécifique. C'est l'époque où les chroniqueurs de tous ordres, en France, louent les mérites du modèle allemand et vilipendent le modèle poussif de la croissance française. C'est l'époque où les experts français vont en Allemagne chercher ''les recettes'' du miracle allemand afin de les importer en France.

Mais le phénomène s'inverse en période de crise économique internationale, phénomène qui s'avère malheureusement plus fréquent qu'autrefois dans une économie mondiale globalisée. Les ressorts de la croissance allemande sont alors fortement perturbés : non seulement l'économie allemande ne peut plus accroître ses parts de marché à l'international, mais elle est même susceptible d'en perdre. Ainsi, en pleine crise de 2009, le commerce mondial s'est contracté de 12 % (et même de 30 % au plus fort de la récession) et, en conséquence, le commerce de l'Allemagne avec ses partenaires a chuté de façon plus violente que celui de la France. Faute de compensation dans les relais de croissance, la demande intérieure allemande ne constituant pas jusqu'ici un levier important, la croissance du pays subit alors une forte inflexion à la baisse, jusqu'à devenir même négative (cas de 2009). Au contraire, dans pareil cas, la croissance française, moins exposée au commerce international, est en grande partie immunisée par cette contraction du commerce mondial ; elle profite alors pleinement du levier prioritaire de sa demande intérieure, qu'elle renforce d'ailleurs dans pareils cas par une politique généreuse de transferts sociaux, voire par des aides économiques, pratiquant le recours aux fameux ''built-in stabilisers'' conçus par les économistes anglo-saxons keynésiens. La France présente, en pareil cas, et sauf accident singulier, un meilleur taux de croissance que l'Allemagne. C'est alors que les chroniqueurs français louent les mérites de la politique des transferts qui sont au cœur du dispositif de la croissance française et que les commentateurs allemands viennent rechercher quelques recettes françaises pour atténuer l'essor du chômage dans leur pays. C'est ce qui s'est passé en pleine crise des subprimes. Mais en réalité, depuis près de cinquante années, quelles que soient les alternatives politiques dans chacun des deux pays (ce qui démontre bien qu'il s'agit d'un problème de fond), c'est ce phénomène récurrent qui rythme l'évolution de la croissance dans les deux pays. Certes, nul ne peut ignorer que la relance de la demande intérieure française est souvent financée par la dette publique, ce qui lance une ombre certaine sur le caractère vertueux du modèle. Les données ci-dessous présentent les taux de croissance de certaines années significatives pour les deux pays concernés :

Pour 2004 : taux de croissance de l'Allemagne de 1,6 % et celui de la France de 2,3 %.
Pour 2005 : taux de croissance de l'Allemagne de 1,8 % et celui de la France de 1,2 %.
Pour 2006 : taux de croissance de l'Allemagne de 2,8 % et celui de la France de 2,2 %.
Pour 2009 : taux de croissance de l'Allemagne de - 4,7 % et de la France de - 2,6 %.
Pour 2010 : taux de croissance de l'Allemagne de 3,6 % et celui de la France de 1,5 %.

L'année 2004 correspond à une mauvaise année pour le commerce international et donc pour l'Allemagne.

L'année 2005, pour l'Allemagne, a constitué un point d'inflexion important, correspondant à la fois aux premiers effets rapides des ''lois Hartz'' sur le marché du travail, et aux premiers effets positifs des colossaux investissements entrepris durant la décennie précédente pour moderniser l'ex-RDA, alors que le commerce international était relancé.

L'année 2009 correspond par contre à ''l'effet crise'', plus sensible en Allemagne, pour les raisons déjà énoncées.

L'année 2010 correspond à la sortie de crise et, pour l'Allemagne, à une reconstitution des stocks.

Certains pourraient penser qu'il s'agit d'un juste retour des choses, la croissance de l'un des deux pays prenant le pas sur celle de l'autre, selon la situation économique mondiale. Cependant, sauf à faire l'hypothèse funeste d'un prolongement inconsidéré de la crise actuelle, ou d'un avenir sombre caractérisé par une succession ininterrompue de crises (crises de ''double dips'' ou de doubles rebonds ou bien de scenario en W cher à l'économiste américain Nouriel Roubini), c'est plutôt l'hypothèse de longues périodes de croissance ponctuées par certaines crises (comme ce fut le cas de la dernière décennie) qui devrait constituer l'hypothèse de base de l'évolution économique. Dans une telle perspective, et toutes choses restant égales par ailleurs, le modèle allemand a toutes les chances de se montrer plus efficace que le modèle français, en générant, en moyenne, sur le long terme, un meilleur taux de croissance, et permettant de résorber rapidement un taux de chômage déjà tombé aux alentours de 7 %, alors que celui de la France n'arrive pas à s'établir au-dessous de 9 %. C'est d'ailleurs dans une telle perspective que certains économistes allemands, peut-être optimistes, ont pronostiqué déjà un taux de chômage de l'ordre de 0 % dans quelques années seulement. Et si c'était vrai ?

Ce manque de synchronisme entre les deux croissances des deux pays n'est pas sans conséquence sur la croissance de la zone euro. En période de croissance mondiale, c'est l'économie allemande qui constitue le vrai moteur de l'économie européenne, qui lui insuffle dynamisme et confiance et l'aide à résorber le chômage. Ainsi, au second trimestre 2010, il a été calculé qu'avec un PIB en hausse de 2,2 % (ce qui justifiait le qualificatif de ''croissance asiatique'', taux équivalant à 8,8 % en rythme annuel), l'économie allemande avait contribué aux deux tiers de l'expansion de la zone euro. En période de récession, l'économie allemande tend au contraire à contracter la croissance européenne, son moteur de croissance basé sur les exportations fonctionnant alors au ralenti. La croissance française, basée sur sa demande intérieure, moins sensible à la conjoncture internationale, prend alors le relais, à un degré moindre cependant, toutes proportions gardées, et joue un rôle de soutien, voire de compensation au niveau de la croissance européenne. Le moteur français tend alors à réduire le repli de la croissance européenne.

Certains pourraient trouver un avantage à cette absence de synchronisation entre les deux modèles de croissance, si on considère le seul intérêt de la croissance européenne. En effet, chacun compenserait à un moment précis du temps la défaillance de l'autre. Cependant, et selon l'institut EUROSTAT, la dynamique allemande ne se propage plus de façon homogène en Europe : elle se répercuterait bien mieux au Nord et à l'Est que dans l'Europe gréco-latine qui n'appartient pas à son hinterland naturel, ce qui repose le problème des deux entités européennes distinctes sous-jacentes à l'Union. Même la France a vu sa part de marché diminuer dans les importations allemandes, puisqu'elle est passée de 12,3 % à 8,1 % en moins de dix ans, alors que les importations allemandes en provenance des ex-pays PECO connaissaient un essor considérable, et que celles émanant des pays émergents augmentaient aussi rapidement, la Chine devenant en 2009 le premier fournisseur de l'Allemagne devant la France. A l'avenir, il est clair que la diffusion de la croissance allemande en Europe et dans le monde posera un autre problème, car elle ne s'opérera plus de façon homogène. L'Allemagne entraînera dans son sillage les nations qui ont épousé son modèle, particulièrement les nations de l'Europe du Nord, et qui, comme elles, ont restauré leur compétitivité. Les pays fortement endettés ne pourront que très peu en profiter, car leurs ressources seront concentrées sur l'apurement de leur endettement. Les pays intermédiaires continueront à vivre sous la menace des marchés, ce qui leur laissera que peu de liberté de manœuvre pour relancer leur croissance, d'autant que la montée des taux d'intérêt à long terme est inévitable. On assistera désormais à une diffusion asymétrique de la croissance allemande, et dans un tel contexte, la France en profitera vraisemblablement moins qu'avant. Certes, il convient de relativiser ces effets, car l'économie allemande n'est pas la locomotive mondiale, car seuls les États-Unis, qui représentent aujourd'hui 20 % du PIB mondial, peuvent prétendre à ce titre, suivis de la Chine, leur nouveau rival.

Mais, si on se concentre à présent sur l'intérêt de chacune des deux nations, c'est bien le modèle allemand qui s'avère le plus efficace sur le long terme, car ses effets positifs sont susceptibles de jouer pleinement pendant de plus longues périodes que ses effets négatifs. Ce n'est pas le cas du modèle français.

3-fondements des deux modèles de croissance :

3.1- Allemagne :

Il est notoire que le modèle économique allemand repose aujourd'hui sur quatre piliers qui sont respectivement le choix délibéré d'une ''économie de l'offre'' (et non celle basée sur la demande), le primat des exportations, une stratégie concertée de proches délocalisations et le recours à un dumping social.

- le recours au principe libéral de la ''théorie de l'offre'' implique, entre autres, une recherche maximale de la compétitivité, dont les fondements résident dans la compression des prix de revient, en particulier celle de la masse salariale des entreprises et des secteurs publics. L'Allemagne a donc mis en œuvre une politique salariale drastique reposant sur les célèbres ''lois Hartz'' promulguées entre 2003 et 2005, à l'époque du gouvernement de l'ex-Chancelier Gerhardt Schröder, lois qui n'ont pas été abrogées depuis. Cette réforme a renforcé la lutte contre le chômage volontaire, supprimé les trappes à inactivité qui incitaient certains membres de la population active à vivre des allocations chômage plutôt que d'accepter un emploi. La mise en place de ces réformes ne s'est pas faite sans heurt. Officiellement, elle avait pour ambition d'adapter le droit (du travail et droit fiscal) allemand à la nouvelle donne économique dans le secteur des services. La ''réforme Hartz'' a été mise en place progressivement, sous la forme de quatre lois, dont la plus importante est la loi ''Hartz IV''. Elle a introduit la flexibilité du travail, l'arrêt de la progression des salaires dans certains secteurs ou leur diminution pure et simple dans beaucoup d'autres, l'intensification des délocalisations dont beaucoup ont été faites avec l'aval du gouvernement au nom de la défense des intérêts industriels du pays, des baisses d'impôts pour les entreprises et même la réduction fiscale de la transmission des entreprises. En matière salariale, si on excepte le cas particulier des secteurs sidérurgique et métallurgique, on a même assisté à une baisse des salaires de l'ordre de 2 à 3 % de 2002 à 2009, ce qui a permis à l'Allemagne de réduire pendant cette période le coût unitaire du travail de 1,8 % environ. C'est ce qu'on a appelé la ''désinflation compétitive'' et, en conséquence, cette période correspond à une diminution des salaires nominaux dans tous les cas, et souvent, des salaires réels. Cette stratégie a été parfois présentée comme une politique de dumping social délibéré, politique orchestrée par le Gouvernement. Mais ce serait oublier que cette stratégie a reçu l'aval des syndicats en échange d'un financement optimal du chômage partiel. Une convergence des stratégies syndicales est d'autant plus facile en Allemagne, qu'il n'y a que trois grandes centrales syndicales contre huit en France. Ceci explique que, pendant la crise récente, le chômage ait augmenté en Allemagne moins vite qu'en Europe, environ quatre fois moins vite que la moyenne européenne. Le ''Kurzarbeit'', ce chômage partiel voulu par les syndicats, a affecté jusqu'à 2,8 % de la population active (en mars 2010 notamment).Tous ces facteurs avaient pour objectif de stimuler l'offre, au nom de la théorie économique. Que de telles lois aient pu être conçues et mises en place par un gouvernement socialiste peut laisser songeur. Elles auront certes entraîné l'effondrement politique du SPD et le retour des conservateurs au pouvoir. Ces derniers auront encore amplifié cette stratégie en créant à leur tour une ''TVA sociale'', dont le principe repose sur le transfert d'une part des charges sociales des entreprises sur le consommateur final, ce qui contribue à alléger d'autant les coûts de production et à augmenter d'autant la compétitivité du ''made in Germany'' au niveau mondial. Ce primat idéologique de l'offre sur la demande aura eu pour corollaire inévitable de comprimer la demande intérieure, déjà affaiblie par un haut taux d'épargne de précaution consécutif au vieillissement de la population et à une mentalité anxiogène généralisée face à l'avenir. La consommation des ménages dans la formation de la croissance allemande aura donc joué constamment un rôle secondaire. Le choix délibéré d'une stratégie de l'offre d'inspiration libérale s'avère être la conséquence directe de la réunification du pays, qui avait, en raison de son coût démesuré, entraîné une perte énorme de compétitivité de l'économie allemande. Juste après la réunification, l'Allemagne était en effet le pays de l'OCDE qui présentait les plus forts prélèvements sur le travail, ce qui renchérissait le coût et le prix des produits allemands. Pour survivre dans un univers de compétition, l'Allemagne a dû radicalement changer son référentiel de coût sous peine de disparaître. C'est pour cela que la réforme fut présentée comme nécessaire et qu'elle fut même appuyée par les syndicats allemands soucieux de préserver l'emploi. Une telle stratégie gouvernementale et un tel consensus social auraient été peu concevables dans les autres pays, surtout dans les pays latins, et auraient été alors qualifiés de régression sociale. Cette stratégie a été au contraire la pièce maîtresse du dispositif de relance de l'économie allemande, stratégie que la Chancelière Angela Merkel voudrait étendre au reste de l'Europe. Mais il ya peu de chances qu'elle y parvienne. Cette stratégie de l'offre a cependant un prix sociétal, tout d'abord en ce qui concerne l'accroissement de la précarité bien plus forte qu'en France, et aussi la situation peu enviable de nombre de retraités. En termes statistiques, la pauvreté s'est étendue en Allemagne comme en témoignent les rapports officiels : près d'une personne sur sept dispose de moins de 60 % du revenu médian, et elle est alors considérée officiellement comme pauvre. Le nombre de pauvres est ainsi passé en dix ans de 8 à 11,5 millions, progression quasi impensable pour un pays qui se targue d'être l'un des plus développés d'Europe, et ce, dans un contexte où le parti libéral FDP vilipende les aides sociales comme étant un des signes de la ''décadence du pays''. En contrepartie, le tissu industriel a été revigoré et les profits des entreprises ont augmenté rapidement. Cette augmentation des profits, conséquence directe de la réduction drastique des coûts, explique le haut taux d'autofinancement actuel des entreprises allemandes, de l'ordre de 80 à 90 %, un des plus élevés du monde, et supérieur de 20 % à la moyenne européenne de ce taux.

- le primat des exportations comme facteur essentiel de la croissance est un autre pilier du modèle allemand. La primauté de ce facteur a été rendue possible par les ''lois Hartz'' destinées à diminuer les coûts de l'industrie allemande et à augmenter, de ce fait, sa compétitivité. Grâce à ces lois, l'Allemagne a réussi à augmenter de 75 % ses exportations, et ce, en période de crise. Il est vrai, qu'outre l'avantage procuré par des coûts modérés, les produits industriels allemands bénéficient d'un ''effet qualité'' remarquable dans des secteurs où certains de ces produits bénéficient d'un véritable oligopole au niveau mondial, et pour lesquels ''l'effet prix'' ne joue pratiquement qu'à la marge : c'est vrai du secteur des machines-outils, de certains types de voitures de luxe, des produits d'optique, des engrais, des produits chimiques et pharmaceutiques, en particulier. On peut parler dans ces secteurs d'une supériorité sectorielle. Dans un tel contexte, les exportations allemandes n'ont aucun mal à constituer le facteur de croissance prioritaire du pays. Certes, les crises économiques internationales ont eu un impact sur ces exportations, notamment en 2008 et en 2009, et il faudra attendre 2012 pour que le niveau des exportations atteigne à nouveau celui d'avant la crise. Mais il faut noter que la résilience du tissu allemand a été grande, malgré l'effondrement du commerce mondial de 12 % environ : le levier des exportations a continué à fonctionner, même si c'est à un degré moindre, et l'Allemagne a pu ainsi limiter la perte de ses emplois et le niveau de son déficit public (3,3 % du PIB en 2009). L'Allemagne retrouvera vite de toute manière les clés de son expansion grâce à ses avantages naturels. Tout se passe comme si le reste du monde ne pouvait plus se passer des produits ''made in Germany'' dans le domaine industriel, à commencer par la Chine, laquelle a continué à importer pendant la crise des voitures de luxe allemandes. L'expansion des exportations n'a pas que des conséquences sur le taux de croissance et sur la diminution du chômage. Elle génère aussi un énorme excédent structurel de la Balance commerciale qui se traduit in fine par d'importants placements à l'étranger. De tels importants placements rendent cependant le pays plus vulnérable aux crises internationales, car ces placements peuvent concerner des pays économiquement fragiles. C'est ainsi que l'Allemagne avait placé une partie de ses excédents en bons de trésor grecs, ce qui peut expliquer son ralliement - certes tardif, mais bien réel - au ''plan de sauvetage grec''. Ce même phénomène s'est reproduit en Irlande. Dans ce dernier cas, l'Allemagne a été le premier pays de l'euro zone à proposer un plan d'aide d'urgence à ce pays, car nombre de banques allemandes y détenaient des placements. Par ailleurs, en se portant au secours de l'Irlande, et en évitant une faillite généralisée de la zone euro qui lui aurait été inévitablement préjudiciable, l'Allemagne a pu même retirer certains avantages de cette situation. En effet, en période de crise, les investisseurs internationaux se rabattent sur les obligations les moins risquées, et, en Europe, ce sont les obligations allemandes qui présentent cette qualité, ce que les spécialistes appellent ''flight to quality''. La crise irlandaise a donc facilité le placement des obligations allemandes, placements qui avaient été rendus nécessaires pour financer les déficits accumulés, et ceci a pu se réaliser à un taux bas. En volant au secours de l'Irlande, l'Allemagne a ainsi facilité le placement de ses propres obligations pour couvrir ses propres déficits.

Il est donc paradoxal que la forte croissance des exportations, qui a des effets positifs immédiats sur la croissance et l'emploi, puisse aussi se traduire par une plus grande vulnérabilité financière au niveau international en raison des excédents qui doivent être absolument placés sur les marchés. C'est le risque que partagent toutefois les autres pays structurellement excédentaires, notamment la Chine. Au cours du G20, qui s'est déroulé en novembre 2010 en Corée du Sud, on a pu voir ainsi l'Allemagne se rapprocher de la Chine qui, elle aussi, présente également de très forts excédents commerciaux, et ce, en vue de constituer un front commun contre les propositions américaines (formulées par son Secrétaire d'État au Trésor, Timothy Geithner), lesquelles visaient à plafonner les excédents des pays excédentaires. Cette alliance inattendue a porté ses fruits, puisque la proposition américaine a été finalement repoussée. Plafonner les excédents commerciaux aurait signifié pour l'Allemagne plafonner sa croissance et augmenter en conséquence son chômage.

- par ailleurs, la croissance allemande a été fortement stimulée par une vigoureuse politique de délocalisation d'entreprises, et ce, depuis 1990, année de la chute du Mur de Berlin, mais cette délocalisation s'est surtout opérée dans l'hinterland proche du pays. Les transferts ont d'ailleurs rarement porté sur le cœur de métier des entreprises, mais sur leurs activités secondaires. Contrairement à la France, pour qui délocalisation rime avec transfert d'emplois vers des pays lointains (africains ou autres), l'Allemagne s'est lancée à l'assaut des ex-pays de l'Est voisins. Par ailleurs, contrairement à la France, ce mouvement n'a pas intéressé que les grandes entreprises, mais aussi les PME qui constituent l'épine dorsale de l'économie allemande. On a donc assisté à un mouvement généralisé, impulsé au plus haut niveau par les dirigeants du patronat, notamment Ludwig Georg Braun, Président de la Chambre de Commerce et d'Industrie allemande. Les facteurs d'attraction de ces pays ''PECO'' étaient nombreux, voire irrésistibles, au premier chef desquels il faut citer la faible rémunération salariale (en 2002 l'heure de travail revenait à 28,56 € en Allemagne, à 5,40 € en Pologne et même à 1,70 €

en Roumanie), sans oublier d'abondantes subventions, un taux d'imposition minimal de charges sociales défiant toute concurrence, et même des mises à disposition gratuites de terrains. Toute cette stratégie s'accompagnait d'une absence totale de scrupule à l'égard du marché de travail allemand, puisqu'une étude du ''cabinet Mac Kinsey'' avait calculé que, pour une PME allemande standard délocalisant sa production, chaque place créée à l'étranger générait un supplément de valeur permettant de créer à son tour 2,5 emplois nouveaux en Allemagne !

- alors que les syndicats allemands dénonçaient une stratégie de dumping social massivement organisée, le gouvernement de Gerhard Schröder, franchement hostile au processus à son début, a fini par se laisser convaincre, accompagnant à son tour le mouvement. Par ailleurs, les risques de telles délocalisations s'avéraient limités : en raison de la proximité des pays où s'effectuait cette délocalisation, le rapatriement de la production sur le sol allemand, en cas de nécessité, s'avérait être une opération facile à piloter. Certes, des délocalisations géographiquement plus lointaines ont eu lieu, notamment vers les pays asiatiques, et spécialement la Chine, mais elles ont été le fait plutôt de grandes entreprises qui avaient fait leur, le célèbre slogan de Heinrich von Pierer, ancien Président du directoire de Siemens, selon lequel « 12 000 ingénieurs chinois coûtaient autant que 2 000 ingénieurs allemands ». La stratégie de délocalisation vers les ex-pays PECO devait cependant s'essouffler progressivement aussi bien pour les grandes entreprises que pour les PME. Dans la période 2002/2005, on a assisté au contraire à un premier reflux du nombre d' entreprises vers l'Allemagne, et ce, pour de multiples raisons : hausse rapide des salaires de base dans les pays de l'Est (alors que pendant cette période la cure d'austérité entreprise sous le gouvernement de Gerhard Schröder avait contribué à diminuer les salaires réels allemands et à augmenter l'avantage concurrentiel des produits allemands), prise de conscience de risques industriels inattendus dans ces pays dépourvus d'esprit entrepreneurial et de tradition de responsabilité, et surtout, constat d'une qualité médiocre pour les produits manufacturés susceptibles de porter préjudice aux produits libellés ''made in Germany''. Si donc le flux de délocalisations s'est progressivement tari, sans s'interrompre complètement, il n'en reste pas moins que pendant une quinzaine d'années environ, les entreprises allemandes ont pleinement profité de ce dumping salarial, amplifiant ainsi la compétitivité des produits qui y étaient manufacturés, et accélérant ainsi l'essor des exportations allemandes pendant toute cette période. Cependant, pour les raisons déjà énoncées, ces effets ne se sont pas manifestés de suite sur la croissance du pays. Mais, comme on l'a dit assez souvent, c'est principalement à cause du système de cogestion (''Mitbestimmung'') que la stratégie de délocalisation s'est essoufflée. En effet, les ''salariés-actionnaires'' allemands ne pouvaient que peser sur le rapatriement de l'outil de production vers l'Allemagne, et ce, même si souvent le cœur du métier était resté en Allemagne. La France n'a jamais trouvé un tel contrepoids quand ses entreprises se sont lancées à leur tour dans une stratégie de délocalisation.

Pour être complet, il faudrait aussi ajouter un quatrième volet à ce modèle de croissance allemand. L'Allemagne a su aussi pleinement profiter de l'élargissement communautaire vers l'Est, pour y exporter sa production, de sorte que cet élargissement a eu un double avantage pour elle : y délocaliser une partie de sa production pour abaisser ses prix de revient, mais aussi y vendre une partie de sa production nationale, notamment sa production industrielle. On comprend que l'Allemagne ait été un partisan acharné de l'extension rapide de l'UE vers l'Est de l'Europe, en faisant accélérer au niveau communautaire les étapes de transition, accélération qui, sur le plan économique, ne pouvait que lui réussir.

3.2- la France :

Le modèle de croissance français est aux antipodes du modèle allemand, car il repose pour l'essentiel sur le primat de la demande intérieure et non sur celui des exportations. On entend essentiellement sous ce vocable de demande intérieure la consommation finale des ménages et des administrations publiques, ainsi que les dépenses d'investissement (FBCF) des secteurs privé et public (plus la formation de stocks dont le niveau peut varier dans le temps). Le rôle de la consommation intérieure sur la croissance française est une relation qui a transcendé jusqu'ici les politiques gouvernementales mises en œuvre par des gouvernements les plus divers qui soient. Contrairement à l'Allemagne, c'est la demande intérieure et non extérieure qui a piloté jusqu'ici la croissance de la France. Les exportations françaises, même si elles jouent un rôle sur la croissance, ne peuvent revendiquer le rôle majeur qu'elles jouent en Allemagne, et d'ailleurs elles apparaissent bien plus vulnérables en temps de crise. A titre d'exemple, malgré tous les efforts gouvernementaux pour promouvoir les exportations, ces dernières ne devraient progresser que de 3 à 4 % en 2011, pourcentage nettement insuffisant pour relancer la croissance.

Le pilotage par la demande intérieure exige une bonne stabilité du pouvoir d'achat des ménages, voire sa progression. Cette condition est assurée à la fois par une généreuse politique de transferts sociaux, bien supérieure à celle existant en Allemagne, mais aussi par une certaine progression des salaires, même si cette dernière a été rendue plus difficile par la crise. Ainsi, alors que, de 2000 à 2009, le coût unitaire du travail en Allemagne a diminué de 1,8 % il s'est accru de 0,8 % en France, aggravant ainsi l'écart en termes de coûts entre les deux pays. Une autre étude de l'OCDE relative au coût de la main-d'œuvre par unité produite montre que, sur une base 100 en 2005, les coûts français qui étaient nettement inférieurs auparavant (80,1 en France contre 86,4 en Allemagne en 1999) sont devenus désormais supérieurs (112,2 contre 108). Si on compare en France la progression des salaires à celle de la productivité, on peut observer qu'à de nombreuses reprises les premiers ont progressé plus vite que cette dernière. C'était encore vrai depuis le début de la décennie. Ce phénomène facilite l'expansion de la demande émanant des ménages, mais il contribue à pénaliser évidemment l'investissement d'entreprise et celui de la recherche (R&D), ce qui se répercute sur la chute de la compétitivité. Il en résulte aussi que l'autofinancement des entreprises françaises est plus faible en France qu'en Allemagne (à peine 70 % pour la France) et encore plus faible qu'au Royaume-Uni (120 %), alors que ce taux varie de 80 à 90 % en Allemagne. Le maintien d'une demande intérieure dynamique, implique souvent, particulièrement en temps de crise, que les ménages aient à puiser dans leur épargne de précaution pour maintenir intacte leur consommation, selon le vieux principe de la théorie de ''l'équivalence ricardienne''. C'est d'ailleurs également pour maintenir ce niveau de consommation que le gouvernement français, malgré les effets de la crise, n'a réduit qu'à la marge, et non de façon massive, les transferts sociaux, et ce, beaucoup moins qu'en Allemagne (avec les ''lois Hartz''), et encore moins qu'au Royaume-Uni (avec les récentes ''lois Cameron''). Jusqu'ici, aucun gouvernement n'a tenté d'affaiblir sensiblement la demande intérieure de peur d'affaiblir parallèlement le taux de croissance du pays. On l'a d'ailleurs bien vu au premier trimestre 2010 : la baisse de la demande intérieure a entrainé alors, par une sorte d'effet mécanique, une chute de croissance d'autant plus importante, qu'elle s'accompagnait d'un affaiblissement des dépenses des administrations, consécutif à la fois aux restrictions budgétaires et à la réduction de leurs ressources (suppression de la taxe professionnelle). Une baisse des salaires réels semblable à ce qui a été opéré en Allemagne avec les ''lois Hartz'' semble improbable en France. Seule pourrait être envisagée une faible décélération de la progression des salaires, voire une éphémère stagnation. C'est ainsi que le salaire par tête pourrait ne progresser que de 1,8 % en 2011 contre 2,3 % en 2010.

Cependant, la pérennité d'un tel modèle basé sur la demande pose problème, car il repose en partie, comme on l'a vu, sur des transferts de revenus importants. Or, une part non négligeable d'entre eux creuse le déficit budgétaire et est donc financée par la dette publique. Ce ne peut pas être un modèle vertueux sur le long terme. Une telle stratégie ne peut donc être extrapolée à l'infini et il s'avère nécessaire de l'infléchir quelque peu si la France a l'ambition de reconstituer une base productive performante visant à redresser la compétitivité des produits fabriqués. Cela passe donc par l'adoption d'une certaine dose de politique de ''l'offre'', mais aussi par la recherche d'un équilibre budgétaire, lequel stipule une meilleure convergence des dépenses publiques et des prélèvements publics entre les deux pays. Ces dépenses représentent aujourd'hui respectivement 48 % pour la France et 39,5 % du PIB pour l'Allemagne, écart qui n'est pas soutenable. Cela ne se fera pas sans peine, car c'est le modèle social historique de la France qui en sera bouleversé. C'est à ce prix qu'une certaine convergence et cohérence avec le modèle de croissance allemand sera rendue possible. Cela ne se fera pas sans heurt.

D'autre part, en matière de délocalisations, la France a eu une politique plus confuse et moins ciblée que l'Allemagne. En effet, les ex-pays PECO n'ont servi de cible que pratiquement pour deux secteurs industriels français : celui de la production automobile (Tchéquie, Roumanie, Slovaquie) et celui de la production électromécanique (Pologne), alors que ces pays ont servi de lieu de délocalisation pour la quasi-totalité des secteurs de l'industrie allemande. La stratégie des entreprises françaises a consisté à préférer des implantations plus lointaines, en terre africaine tout d'abord, où le Maroc est devenu une cible privilégiée (+15 % d'implantations de 2009 à 2010) et bien au-delà (Tunisie, ile Maurice pour le textile, Inde et surtout Chine). La délocalisation dans des pays plus éloignés rend toujours plus délicat et onéreux un rapatriement de production. Alors qu'un important reflux d'entreprises délocalisées s'est manifesté en Allemagne depuis une dizaine d'années, rien de tel n'est apparu en France, ce qui, bien sûr, pénalise le marché de l'emploi national. Bien au contraire, la perte de postes pour cause de délocalisation qui était en moyenne de 12 000 jusqu'à l'an 2000 a augmenté pour atteindre 15 000 depuis 2005, stratégie qui porte préjudice au marché national de l'emploi. Non seulement aucun reflux significatif ne se produit en France, comme c'est pourtant le cas actuel en Allemagne, mais au contraire, on assiste à une accélération des transferts vers des pays lointains, correspondant à des transferts de longue durée au détriment du marché national ; les évolutions de ce phénomène sont donc dissymétriques entre les deux pays. Il ne faut pas s'étonner alors que le taux de chômage ait diminué en Allemagne, en partie grâce au reflux d'entreprises constaté, alors qu'il reste malheureusement stable en France. Par ailleurs, l'absence de cogestion en France ne permet pas aux salariés d'entreprises de peser sur les stratégies managériales et de favoriser les rapatriements. Alors que les pertes d'emplois sont limitées en Allemagne, en partie grâce au reflux massif de PME, l'hémorragie continue à se manifester en France sans aucune perspective d'inversion de tendance.

Enfin, on ne peut passer sous silence le handicap que constitue pour la croissance française le fort déficit de ses comptes publics. Le dernier excédent budgétaire en France date de 1973. En 2009, il a été calculé que sur 2 € de dépenses de l'État, 1 € était emprunté, situation qui n'est pas extrapolable et qui pèse déjà sur le rythme de croissance. Les intérêts de la dette sont déjà supérieurs à l'ensemble des impôts sur le revenu collectés. Même si l'État allemand a accumulé aussi des dettes, en raison de la crise notamment, il s'efforce de les limiter de façon drastique, en insérant dans sa Constitution une nouvelle clause selon laquelle le déficit ne pourra plus dépasser 0,35 % du PIB national à partir de 2016, et en interdisant par ailleurs les Länder d'emprunter à l'avenir. Les Länder se sont ainsi engagés à revenir à un déficit zéro sur trois ans. Jusqu'ici, rien de tel n'a été prévu en France au niveau des Régions, même si le nouveau gouvernement actuel, sous la pression des marchés, a prévu une cure d'austérité dont la virulence sera cependant moins forte qu'en Allemagne. De plus, pour la France, aucune mesure drastique n'a été envisagée jusqu'ici pour les finances publiques locales et régionales dont beaucoup ploient sous le poids de leur endettement. Au contraire, l'Allemagne a d'ores et déjà réussi à résorber la plus grosse part de son déficit structurel (cf. le déficit d'avant la crise) et ses dépenses publiques ne représentent plus que 39,5 % de son PIB (malgré l'énormité des dépenses de la réunification qui se sont élevées à près de 1 300 milliards d'euros, somme non encore totalement amortie) contre 48 % en France. Le différentiel joue au détriment de la France et de sa croissance à long terme.

On voit donc que les modèles de croissance respectifs de l'Allemagne et de la France sont structurellement opposés, faisant appel à des moteurs différents, à des leviers d'action en matière d'économie politique dissemblables, facteurs qui ont formaté diversement les deux économies. Une convergence s'avère pourtant nécessaire et elle prendra du temps. Certains fléchissements lents sont cependant à l'œuvre. La prévalence des crises au niveau international pourrait entraîner une inflexion en Allemagne, en donnant une importance moindre au levier des exportations et en augmentant celui de la demande intérieure que les ''lois Hartz'' ont lourdement affaiblie. Une faible augmentation de la consommation des ménages a été enregistrée déjà en 2010. L'Allemagne pourrait être aussi obligée de favoriser cette inflexion pour une autre raison : celle de l'extension de la pauvreté qui apparaît de moins en moins acceptable dans un pays qui se prévaut d'un haut niveau de développement et qui possède depuis Bismarck une grande tradition sociale. Mais elle pourrait aussi y être obligée si la protestation contre les nations à balance commerciale structurellement excédentaire prenait de l'ampleur dans le monde. Un frémissement de changement de cap semble d'ailleurs s'opérer puisque, dès 2010, il a été patent que la demande intérieure allemande a contribué légèrement à la formation de la croissance nationale. Ceci s'explique par le fait que les salaires, pour la première fois depuis six ans, ont augmenté en 2010 de 1,1 % en termes réels. En conséquence, fin 2010, les importations ont même dépassé les exportations. Si on prend en compte les seules importations, celles-ci ont atteint fin 2010 un niveau jamais égalé depuis 1950, provoquant de ce fait un recul de l'excédent commercial. Sur l'année 2010, la consommation des ménages allemands se serait même accrue de près de 2,6 %, selon les données de l'Office statistique fédéral allemand ''Destatis''. Les Allemands, qui jusqu'ici s'étaient révélés des consommateurs plus que modérés fréquenteraient-ils maintenant plus les magasins et auraient-ils amorcé un cercle vertueux ? Il est trop tôt pour parler d'inversion de tendance. Seul l'avenir le dira.

La France sera appelée aussi à modérer ses transferts sociaux qui alimentent une demande intérieure soutenue, pour la bonne raison qu'une partie de ces transferts sont financés par l'endettement. La pression des marchés financiers pourrait même la contraindre à opérer rapidement cette inflexion. La France est obligée désormais, dans un monde de compétition largement ouvert, de se préoccuper d'améliorer la compétitivité de ses entreprises, de faciliter la réduction de leurs coûts, si elle veut maintenir sa production industrielle et sauvegarder aussi son secteur agricole, tous deux malmenés depuis quelques années au niveau mondial. Une certaine convergence pourrait s'opérer alors au niveau européen entre les deux grandes économies, mais une telle convergence n'est pas gagnée d'avance, car elle impliquera en France une baisse de certaines dépenses publiques à laquelle l'opinion n'est pas préparée, et donc, une reconversion des mentalités. En attendant une telle convergence, possible, mais pas certaine, les deux pays continueront à présenter des modèles de croissance fort différents, voire opposés, ce qui laisse mal augurer d'une politique économique européenne commune dans l'immédiat. Les difficultés sont devant nous si aucun des deux pays n'a la volonté de se remettre en cause pour se rapprocher de l'autre.

4-l'impact des différenciations de modèle de croissance sur les secteurs économiques nationaux :

Il est clair que ces modèles ne peuvent aboutir à créer et à sauvegarder des secteurs économiques identiques. Le modèle allemand qui, historiquement, a privilégié les exportations contribue à la sauvegarde d'un important pôle industriel. Ce sont en effet les exportations de produits industriels qui sont le gage de la pérennité de ce pôle, et compte tenu de l'essor des exportations, ce pôle est appelé à devenir plus important encore. Comme en général, sauf cas particulier, on n'exporte que ce que l'on fabrique, l'essor des exportations induit sur le long terme un accroissement de la production industrielle, laquelle, à son tour, est gage de création d'emplois. C'est d'ailleurs la même stratégie qu'a adoptée la Chine pour sauvegarder ses emplois.

La France se situe dans un contexte tout à fait différent. En ayant axé sa croissance sur la demande intérieure, et principalement sur la consommation des ménages, son modèle ne contribue que fort peu à la sauvegarde des secteurs industriels et par là des emplois de ce secteur. En effet, il est patent qu'avec la globalisation des échanges et la disparition des barrières douanières, la France importe de plus en plus les produits qu'elle consomme, et cela explique notamment le déficit commercial croissant avec la Chine. La France est submergée de produits à bas prix importés des pays du sud (notamment de la Chine et de l'Inde) ou de produits de haute technologie (en provenance du Japon, de Taiwan ou de la Chine). Ces produits importés et revendus par son secteur commercial ne participent pas à l'essor de la production industrielle nationale, mais seulement à celui de son commerce. Certes, une part des produits consommés sur le territoire national est encore fabriquée en France, mais cette part tend à diminuer rapidement. L'activité commerciale du pays dégage certes une valeur ajoutée qui est intégrée dans le PIB, mais cette valeur ajoutée génère essentiellement des emplois commerciaux, dont beaucoup sont par ailleurs de plus en plus précaires. En termes de production industrielle et d'emplois industriels, au niveau national, le modèle français est donc différent du modèle allemand. L'Allemagne possède donc un modèle susceptible de créer plus d'emplois industriels que le modèle français, car il participe à un cycle complet de croissance, depuis le stade de la production jusqu'à celui de la distribution, sans oublier celui de la recherche et du développement liés à toute activité industrielle. Au contraire, le modèle français est de plus en plus centré sur le seul secteur du commerce, et de façon plus générale, sur celui des services. Il est vrai que la France peut se prévaloir, jusqu'ici, d'une importante valeur ajoutée générée par son secteur des services. Mais dans une économie globalisée soumise à une concurrence impitoyable, ce secteur est directement soumis aux forces du marché concurrentiel, et sa pérennité est aléatoire, les services étant par définition plus volatiles que la production industrielle. Il ne présente pas le caractère de pérennité et de résilience sur lequel est basé le modèle allemand dont le socle est dur, car composé de secteurs industriels ayant une situation oligopolistique dans le monde. Leur érosion, si elle se produit, mettra du temps. En effet, jusqu'ici, nombre de produits allemands, et donc, nombre de secteurs industriels de ce pays, ne connaissent pas de véritable concurrence internationale et la demande mondiale les concernant est pratiquement inélastique, c'est-à-dire peu sensible au niveau de prix. Le modèle allemand fonctionne ainsi à plein régime, en impulsant un secteur industriel, source d'emplois, d'investissements, et de recherche appliquée, puis en alimentant un secteur commercial ouvert sur l'extérieur, créateur à son tour de nouveaux investissements et de nouveaux emplois. Face à la concurrence mondiale, le modèle allemand s'avère donc plus efficace et plus porteur, hors période de crise, comme le montrent les taux de croissance de 2010 et le taux prévisionnel de 2011.

Certes, certains économistes ne partagent pas l'idée d'une résilience durable de la croissance allemande et font remarquer que ''les produits qu'elle exporte ont un fort contenu d'importations'' (analyse soutenue par les économistes de Natixis), et ce, du fait des importantes délocalisations opérées. Il est vrai que pendant longtemps certaines composantes du ''made in Germany'' étaient fabriquées hors des frontières allemandes. Mais si cela était vrai en l'an 2000, cela le devient moins aujourd'hui, compte tenu du phénomène de reflux de ces activités (PME principalement). L'affirmation perd donc de sa pertinence avec le temps, même si elle est toujours en partie vraie. La France, au contraire, produit de moins en moins et consomme par ailleurs de plus en plus ce qu'elle n'a pas produit, elle importe donc de plus en plus ce qu'elle consomme. Un tel modèle ne peut qu'amplifier le déséquilibre déjà alarmant de son commerce extérieur, facteur de déséquilibre tout court. La croissance est donc basée seulement sur la seule production industrielle résiduelle (non délocalisée) qui, hors BTP, ne représente plus que 15,6 % de la valeur ajoutée contre 23 % en Allemagne (respectivement 20,6 % et 29,1 % avec BTP), et sur la valeur ajoutée des services, laquelle englobe l'activité de commerce. Le résultat d'un tel modèle pousse à la désertification industrielle, prélude à la désertification tout court. Le phénomène s'est d'ailleurs aggravé récemment avec l'accroissement rapide de l'importation de nombreux produits agricoles, liée au démantèlement progressif de la PAC. Pour alimenter sa croissance, la France est obligée alors de miser sur le seul secteur des services dans lequel elle a su créer près de 120 000 postes nouveaux de 2008 à 2009 pour compenser les pertes dans le secteur industriel, mais comme on l'a vu, les emplois crées dans ce domaine sont de plus en plus précaires.

Les modèles de croissance des deux pays non seulement sont différents, mais ils ne génèrent pas des résultats comparables sur le long terme. Dans l'hypothèse d'une croissance longue et soutenue, le modèle allemand a, pour ainsi dire, un rendement supérieur. On peut cependant lui reprocher de reproduire les rythmes de croissance irréguliers du commerce mondial, lesquels sont étroitement corrélés à ceux de la croissance mondiale. La croissance allemande est donc par définition irrégulière, alors que la croissance française, basée sur la demande intérieure et alimentée par une politique de transferts, présente un profil plus lissé et donc plus stable dans le temps. Mais en matière d'investissements, d'emplois et de recherche, et donc de potentiel de croissance pérenne, le modèle allemand est à coup sûr supérieur et n'obère nullement le niveau d'endettement du pays et donc sa balance des paiements, comme c'est le cas du modèle français dont la consommation intérieure est partiellement financée par l'endettement, particulièrement envers le reste du monde.

5-malgré ses succès, le modèle allemand n'échappe pas aux critiques :

Les excédents commerciaux de la première économie européenne, qui résultent du choix d'une politique délibérée de l'offre, créent des déséquilibres commerciaux, et par là, financiers.

Trop intransigeante en matière de laxisme budgétaire, la première économie européenne se trouve à son tour attaquée pour son modèle économique. En effet, la politique de l'offre sur laquelle repose le modèle allemand privilégie trop les exportations au détriment de la demande intérieure et particulièrement de la consommation domestique. Cette dernière subit les doubles effets négatifs de la désinflation compétitive basée sur une compression des salaires et aussi d'une TVA sociale. Ces facteurs conjugués dépriment sensiblement le pouvoir d'achat des ménages, et donc leur niveau de consommation. Une consommation nationale ainsi sacrifiée ne peut qu'aboutir à réduire sensiblement les importations de biens et de services du pays, phénomène qui réagit à son tour sur les exportations des pays partenaires, notamment sur ses plus importants partenaires commerciaux, dont la France. Il en ressort que les excédents commerciaux de l'Allemagne occasionnent des déficits commerciaux de même montant chez ses partenaires. La France en pâtit donc. Cette dernière, par la voix de sa ministre de l'Économie, Mme Christine Lagarde, n'a pas manqué de rappeler à l'Allemagne son manque de solidarité, ce qui lui a valu une fin de non-recevoir catégorique symbolisée par cette violente déclaration prononcée au milieu de la crise grecque par la Chancelière Angela Merkel : « ce sont les pays faibles qui doivent s'aligner sur les pays les plus performants et non le contraire ». Le problème reste donc entier et non résolu. En la matière, l'Allemagne suit un chemin singulier, un ''Sonderweg'' similaire à celui de la Chine qui se retrouve dans une situation assez semblable face au reste du monde. Il ne faut pas s'étonner que ces deux pays aient fait cause commune lors de la réunion du G20 du 12 novembre 2010 pour repousser les attaques des pays structurellement déficitaires, au premier rang desquels se trouvent les États-Unis, lesquels voulaient absolument plafonner les excédents commerciaux des deux pays. Nul ne sait si le FMI qui est chargé de trouver une solution à ces déséquilibres structurels parviendra à proposer un compromis acceptable pour tous, sinon le désordre monétaire mondial risque de devenir vite ingérable et explosif, opposant alors vraisemblablement les quelques pays commercialement excédentaires et donc créanciers, aux nombreux pays commercialement déficitaires et donc débiteurs. L'enjeu est de taille, il en va de l'unité du monde, mais rien n'indique aujourd'hui que l'Allemagne soit prête à infléchir son ''Sonderweg'' dont elle retire d'abord un confort financier certain, ainsi qu'une aura de gloire dans le monde. De plus, compte tenu du poids de l'économie allemande dans l'UE, l'Allemagne, grâce à ses excédents, contribue aussi à consolider une forte valorisation de l'euro, jugée trop importante par ses partenaires, phénomène dont elle s'accommode fort bien. Le grand économiste allemand, Heiner Flassbeck, ancien vice-ministre des Finances, a déjà fustigé l'attitude de son pays dans ce domaine, annonçant un avis de tempête au niveau de l'euro zone et de l'Union si ce problème n'était pas résolu. Il suffirait, en Europe tout du moins, que l'Allemagne veuille bien consommer plus en libérant des ressources nouvelles de pouvoir d'achat pour ses ménages (permettant de ce fait d'accroître les exportations de ses partenaires et donc leur croissance respective) et diminuer d'autant le volume de ses propres exportations. Mais le veut-elle vraiment ?

On peut poser le problème d'une autre manière : le miracle de compétitivité allemand alimenté par l'essor de ses exportations ne pourrait exister si ses partenaires, à commencer par ses partenaires de la zone euro, n'avaient pas développé de leur côté, un modèle de croissance basé sur l'expansion de la demande. C'est en effet la consommation de tous ses partenaires, à commencer par celle de la France, qui soutient et nourrit en grande partie la croissance allemande. Sans cette politique de soutien à la demande interne mise sur pied par ses partenaires, l'Allemagne ne pourrait plus exporter vers eux autant qu'aujourd'hui, et sa croissance s'en trouverait affectée. Il y a, en conséquence, une contradiction majeure dans le discours allemand consistant à exhorter ses partenaires à imiter son modèle de compétitivité qui, s'il était vraiment imité partout, se traduirait ipso facto, par une diminution de la consommation de ses partenaires, et donc par une diminution des exportations allemandes vers ces pays, sans parler de risques de guerre économique supplémentaires inévitables entre tous ces nouveaux pays devenus tous exportateurs. Cette contradiction n'a jamais été tranchée.

CHAPITRE III

LA POMME DE DISCORDE DE L'EURO

« Nous défendons un euro fort de toutes nos forces. »

(La Chancelière Angela Merkel en visite en Arabie Saoudite)

« Que les choses soient claires : nous sommes profondément attachés à l'euro parce que l'euro c'est l'Europe. Notre détermination est totale, Allemands et Français. »

(Président Sarkozy à Fribourg le 10/12/2010)

« L'euro étant surévalué par rapport au dollar, les industries françaises sont pénalisées par rapport à tous les pays dont la monnaie est liée au dollar. »

(Jean-Jacques Rosa, économiste, cité le 10/06/11 par le ''Figaro Magazine'')

1-les deux pays ont profité et profitent en fait de la devise commune :

En pleine crise européenne, lors du 13e Conseil des ministres franco-allemand de Fribourg, les deux chefs d'État respectifs de l'Allemagne et de la France ont éprouvé le besoin de manifester leur solide attachement à l'euro, dont les deux pays ont su profiter depuis sa création, comme on va le voir, et contrairement à ce qui est souvent avancé. Où est donc le problème en définitive ? Le problème vient non pas de l'existence de l'euro, mais plutôt de son cours eu égard aux devises de nos principaux partenaires, au premier chef, eu égard au dollar. C'est en fait le niveau du cours de l'euro qui constitue une mésentente entre les deux pays et non l'existence même de la devise commune.

L'euro a en fait servi puissamment les intérêts de l'Allemagne et de la France, mais ce, de façon différenciée, chacun d'eux en ayant retiré des avantages spécifiques. Cependant, la querelle vient du fait que l'Allemagne est viscéralement et historiquement attachée à un euro fort, car, dans la psychologie allemande, l'euro est l'héritier direct du puissant deutsche mark, alors que la France lui préfèrerait sans contexte un euro plus faible, lui permettant d'améliorer sensiblement sa balance commerciale structurellement déficitaire. Or, jusqu'à maintenant, ce dialogue de sourds n'a débouché sur aucun compromis. La crise récurrente de l'euro sur les marchés mondiaux, qui fait l'objet d'une stratégie d'attaque ciblée et organisée depuis au moins deux ans de la part de la spéculation anglo-saxonne, pourrait bien être à l'origine d'une crise qui pourrait emporter la devise commune. Seul un accord franco-allemand sur une valeur équitable de l'euro, acceptable pour les deux économies, pourrait empêcher une telle crise dévastatrice. On en est loin.

L'Allemagne et la France ont bien profité toutes deux de la devise commune : mais à qui profite-t-elle le plus ?

La France, à l'époque du franc, a toujours eu recours à la politique de la dévaluation de sa monnaie, comme le fit la quasi-totalité des autres pays européens du pourtour méditerranéen. Incapable de pouvoir générer sur le long terme des gains de productivité significatifs - même si sur de courtes périodes, dans des moments de sursaut national, elle a su dégager des marges de manœuvre suffisantes - la France a été forcée de recourir sans cesse à la dévaluation pour maintenir une certaine compétitivité de ses produits sur les marchés mondiaux, une telle compétitivité étant alors purement artificielle. Une telle stratégie, comme la science économique le démontre, entraîne rapidement la création de tensions inflationnistes (inflation dite importée) qui neutralisent les effets premiers de la dévaluation, ce qui rend alors nécessaire de nouvelles dévaluations. Ainsi, avant la création de l'euro, l'histoire économique de la France a été ponctuée par une succession ininterrompue de dévaluations. La sensible parité du franc et du mark d'après-guerre s'est ainsi transformée, au fil du temps, en une relation de valeur de l'ordre de 1à 3 en faveur du mark, relation qui prévalait avant la création de la devise commune. Nul doute que, dans de telles conditions, la France, caractérisée par une insuffisante productivité de son appareil industriel, a pleinement bénéficié de la devise commune européenne, en mettant définitivement un terme à la spirale suicidaire de la dévaluation dite compétitive, qui aboutit à la dégradation des termes de l'échange d'un pays, et donc à son appauvrissement. Cette spirale se serait prolongée à coup sûr en l'absence de devise commune. A l'époque des tensions sur les niveaux de prix des matières premières et des ressources énergétiques, l'économie française a pu ainsi s'abriter derrière la cuirasse d'un euro fort en limitant l'inflation importée. En s'adossant à un euro fort, l'économie française profite ainsi directement de la meilleure productivité des appareils productifs d'autres pays de la zone euro, dont en particulier celle de l'Allemagne. En conséquence, l'Allemagne, grâce à ses performances, en maintenant un euro fort, a permis d'éviter à la France la voie du déclin à moyen terme. En revanche, dans le cadre de la nouvelle zone euro, en l'absence de monnaie nationale, l'insuffisance relative de productivité d'un pays, eu égard aux autres pays de la zone, se paye par une détérioration de sa balance commerciale et une croissance moins vigoureuse. C'est le cas de la France. Seule une politique de cercle vertueux d'amélioration de la productivité et d'assainissement des finances publiques pourrait lui permettre de retrouver un sentier de croissance pérenne et d'accepter alors un euro fort. C'est cet effort que doit accomplir la France. Sans devise commune, la France aurait continué le long processus des dévaluations sans fin qui mène un jour à l'effacement d'un pays. L'existence de l'euro a été pour elle un moyen de ne plus retomber dans cette dépendance. De plus, si on se projette cette fois dans l'avenir, un retrait de la zone euro, que certains appellent de leurs vœux, signifierait pour une France criblée de dettes (publiques et privées) et dotée de ce fait d'une nouvelle devise nationale fragilisée, l'impossibilité de remboursement de son endettement, et, par conséquent, une descente aux enfers. La France a gagné d'être dans la zone euro et elle y gagnera d'y rester. Seul se pose dans les faits le problème de la valeur optimale de cette devise commune.

Pour l'Allemagne, le problème est tout autre. Avant la création de l'euro, le mark avait atteint une valeur élevée sur les marchés de change mondiaux. La force de son économie, sa balance commerciale excédentaire, le montant de ses ressources financières (avant la réunification tout du moins), la mettait à l'abri de toute crise économique. Ses armes pérennes étaient sa productivité élevée, la qualité de ses produits, son absence d'inflation et la confiance que son économie inspirait au monde. Le mark était devenu une valeur refuge dans un monde déjà traversé par des convulsions. D'ailleurs, la majorité de ses citoyens s'opposait alors à l'abandon du deutsche mark envié et respecté dans le monde. Il fallut le charisme et la foi en l'Europe de l'ex-Chancelier

Helmut Kohl pour imposer à son peuple le nouvel euro. Même, la dénomination d'écu, aux accents trop négatifs pour la psychologie allemande, fut savamment écartée. L'euro fut créé contre la volonté du peuple allemand pourrait-on dire aujourd'hui. Mais alors, quel fut l'intérêt de l'euro pour l'économie allemande dans un tel contexte ? Il est en fait énorme et trop méconnu. Pour bien le comprendre, il faut se rappeler qu'environ la moitié des exportations allemandes se font jusqu'ici vers la zone euro, dont vers des économies insensibles aux fluctuations de l'euro sur les marchés des changes, que sa valeur augmente ou diminue. Ces économies sont devenues captives de l'euro fort. Or, les produits allemands parce qu'ils sont de bonne qualité sont relativement chers, mais les pays économiquement plus faibles de la zone ne peuvent plus se protéger comme avant en ayant recours à des dévaluations. En effet, en absence de monnaie commune, ces mêmes pays auraient pu, en dévaluant leur devise, limiter les importations de produits allemands en les rendant artificiellement plus onéreux, alors que les exportations de leurs produits vers l'Allemagne en auraient été facilitées, car écoulées à un niveau de prix moindre. Ces pays sont donc aujourd'hui condamnés à avoir vis-à-vis de l'Allemagne une balance commerciale déficitaire, et en conséquence, l'Allemagne est condamnée à avoir à leur égard une balance excédentaire, ce qui pour elle est un avantage, d'autant plus que ses produits exportés y affrontent peu de concurrence en raison de leur spécificité, car ils bénéficient presque d'une situation d'oligopole. Sans l'euro, l'Allemagne ne pourrait pas exporter autant de produits vers ces pays, car ces derniers se seraient défendus un jour ou l'autre en dévaluant leur monnaie. L'Allemagne bénéficie donc d'un avantage pérenne dans le contexte actuel. Qui plus est, quand l'euro a pour quelque temps sensiblement faibli sur les marchés des changes, suite aux crises des économies dites périphériques, l'Allemagne a pu profiter aussi de cette baisse pour accroître ses exportations hors de l'Europe, ce qui a provoqué un rebond de croissance en Allemagne. Ainsi donc, au plus profond de la crise grecque, alors que de nombreux médias et politiciens allemands s'acharnaient violemment contre les citoyens grecs, l'Allemagne, premier exportateur européen, profitait de la chute de l'euro pour accroître fortement ses exportations vers le reste du monde. Ainsi le ''mauvais élève'' est-il venu involontairement aider le ''vertueux maître d'école allemand''. En l'absence d'euro, ce processus aurait été impossible, car le mark se serait alors apprécié au fil du temps du fait des excédents commerciaux pérennes de l'Allemagne, rendant automatiquement plus onéreux les produits allemands exportés dans le monde et donc vers l'Europe. Il en aurait résulté une chute des exportations allemandes et une perte de croissance. En bref, l'euro, même à un cours élevé, est moins cher que l'ancien mark pour l'Allemagne, et c'est tout bénéfice pour ses exportations et sa croissance. Grâce à l'euro, l'Allemagne bénéficie d'une balance commerciale fortement excédentaire et d'une confortable réserve de liquidités, sans que ses partenaires de la zone euro puissent défendre leurs intérêts en recourant à une dépréciation monétaire, puisque leur monnaie nationale a disparu. Ainsi, aujourd'hui, aux excédents commerciaux allemands structurels, correspondent désormais les déficits commerciaux structurels de nombre de ses partenaires de la zone, dont la France. L'Allemagne ne peut abandonner un euro qui lui rapporte autant. S'il est patent que les deux pays ont profité et profitent encore de l'euro, la question de savoir qui profite le plus de l'euro est difficile à trancher. L'euro a profité aux deux pays.

2-les différends sur la valeur optimale de la devise commune :

L'euro a été créé en 1999 et mis en circulation sous sa forme fiduciaire (pièces et billets) en 2002.

Les deux pays ont donc profité et profitent toujours de l'euro, même si les raisons de cet attachement ne sont pas identiques. La France a été très enthousiaste lors de la création de l'euro en 1999, l'Allemagne beaucoup moins, car l'euro symbolisait pour elle la mort du deutsche mark qui régnait en maître auparavant, non seulement en Europe, mais aussi sur le monde. Il a fallu la persuasion d'un Helmut Kohl pour forcer la main aux citoyens allemands. Un conflit larvé oppose pourtant les deux pays depuis le début. La valeur de l'euro est en effet loin d'être neutre sur chacune des deux économies, car elle a des conséquences sur les capacités respectives des deux pays à exporter. En effet, beaucoup d'économistes s'accordent sur le fait que la surévaluation de l'euro est d'environ 20 %, dans un monde où la BCE continue à privilégier la lutte contre l'inflation, quand les autres pays ont comme priorité la lutte contre la déflation et le chômage. Cette surévaluation pose problème, mais en des termes différents pour chaque pays.

L'euro, à ses débuts, le 4 janvier 1999, valait 1,1680 USD. La France, dont l'aptitude à exporter a toujours posé problème, avait accepté cette parité. Quand le cours de l'euro tomba à 0,8252 USD, le 26 octobre 2000, puis connut pour la première fois la parité avec le dollar le 23 février 2000, la France avait toutes les raisons d'être satisfaite, car cette parité représentait une aubaine pour ses exportations. Suite à la crise des subprimes, le cours de la devise commune dépassa au premier semestre 2008 le niveau de 1,50 USD, pour atteindre même son pic maximum le 15 juillet 2008, à un niveau de 1,6038 USD. La France, contrairement à l'Allemagne, mais comme les autres pays de l'Europe du Sud, commença alors à manifester un très fort mécontentement, car un tel taux pénalisait fortement ses exportations hors de l'Union, d'autant plus, qu'à de rares exceptions, la plupart de ses produits exportés ne présentent pas de spécificités notoires et se retrouve en compétition avec des produits identiques exportés par d'autres pays, notamment émergents. Cette situation n'est pas celle de l'Allemagne. L'Allemagne, bien au contraire, ne fut pas offusquée par ces cours élevés de l'euro, car ses exportations, plutôt spécifiques, et de haut de gamme, étaient peu sensibles, par définition, à une augmentation réelle des prix de vente. La controverse entre les deux pays fit rage, tandis que se créa en France un courant anti-euro qui prétendait redonner à la France son indépendance monétaire. Cette controverse s'estompa quand la devise commune, durant l'automne 2008, chuta à un niveau de cours plus conforme aux intérêts de l'économie française. Mais la controverse repartit de plus belle, en décembre 2008, quand la devise commune retrouva des cours proches de 1,50 USD (1,4659 USD le 18 décembre 2008). Puis, à nouveau, au premier semestre 2010, du fait des fortes incertitudes sur la conjoncture européenne, le cours oscilla entre 1,37 et 1,25 USD, niveaux nettement plus acceptables pour les intérêts de la France. Cependant, vers la fin de l'année 2010, le cours de l'euro a eu tendance à s'apprécier à nouveau, du fait des incertitudes sur l'économie américaine (cours de 1,404 USD, le 7 novembre 2010 par exemple), relançant les polémiques en France. Fin mai 2011, le cours de l'euro avait franchi à nouveau le cap de 1,440 USD. Notons au passage que c'est plus l'état de l'économie américaine que celui de l'économie européenne qui déclenche ces variations : quand l'économie américaine donne des signes de reprise, le niveau du cours de l'euro tend à s'abaisser (par exemple en février 2011, le cours était proche de 1,37 USD) et inversement dans le cas contraire. Or c'est ce cas contraire qui est le plus fréquent.

Ces évolutions intempestives, et le débat qu'elles suscitent en France, en y renforçant le courant hostile à la devise commune, ne sont pas à sous-estimer, car elles déstabilisent en permanence ce qu'on a appelé l'axe franco-allemand. En effet, faute de productivité suffisante, et du fait de l'importance des charges sociales pesant sur ses coûts, la France ne peut accepter durablement un cours de la devise commune trop élevé, c'est-à-dire un cours supérieur à environ 1,35 USD. Pour l'économie française, un cours proche de la parité du départ, ou, à tout du moins, compris entre 1,10 et 1,25 USD, lui conviendrait ; sinon, le risque existe que son secteur industriel périclite à jamais, surtout en raison des rapports commerciaux de la France avec les pays liés à la zone dollar, trop avantagés dans le contexte d'une sous-évaluation chronique du dollar. Or, le secteur industriel français est déjà mal en point. Une politique d'accroissement de productivité est certes possible, voire nécessaire, mais elle nécessite une stratégie de long terme, et une mobilisation de sommes considérables, ce que la crise actuelle ne permet pas de faire, sauf à s'endetter encore plus. A titre d'exemple, EADS a toujours prétendu qu'un renchérissement de l'euro à l'égard du dollar de l'ordre de 10 % engendrait une perte de ses bénéfices de 1 milliard d'euros. Le groupe Dassault se plaint pareillement que si ses Rafales ne se vendent pas à l'étranger, c'est parce que leur prix exprimé en dollar s'avère être de 30 % plus onéreux du fait du cours trop élevé de l'euro. Pour la France, la conséquence d'un euro trop cher, surtout face au dollar, serait donc une diminution de ses exportations, un démantèlement progressif de son tissu industriel et aussi une accélération des stratégies de délocalisations, tendance qui s'est amplifiée déjà. Certains envisagent pour l'avenir de la France, dans pareilles hypothèses, un paysage d'apocalypse, celui d'une France désindustrialisée allant à la dérive. Cependant, il convient de ne pas exagérer non plus les effets d'une baisse importante du cours de l'euro sur la croissance française. Certes, il est admis qu'une chute de 10 % de son cours puisse augmenter de l'ordre de 5 points les exportations en volume de la France, ce qui correspondrait seulement d'ailleurs à une augmentation de l'ordre de 0,9 % de son PIB sur deux ans.

Mais, à cet effet mécanique, il y aurait lieu de soustraire déjà l'impact inévitable du surenchérissement des importations, lequel ne peut que contracter la demande émanant des ménages. Tous paramètres confondus, l'impact final sur le PIB de la France ne serait que de l'ordre de 0,25 point dans pareil cas, selon les spécialistes.

L'Allemagne, au contraire, ne partage pas l'idée que l'euro soit fortement surévalué, même si, dans le cas extrême du cours qui avait dépassé le niveau de 1,50 USD (et atteint même le seuil de 1,60 USD), de grandes entreprises allemandes, comme Chrysler, avaient fait état de leur exaspération devant le renchérissement inattendu de leurs produits exportés. Mais quand le cours de la devise commune redescend au-dessous de 1,50 USD, pour se maintenir proche de 1,40 USD, l'Allemagne, contrairement à la France, ne manifeste pas de grandes inquiétudes. Les raisons en sont nombreuses.

Tout d'abord, comme on l'a vu, les exportations allemandes sont constituées pour l'essentiel par des produits industriels spécialisés qui, au niveau mondial, profitent jusqu'ici, tout du moins, d'une situation de quasi-oligopole. A cette situation de spécificité, s'ajoute le fait que les produits ''made in Germany'' sont d'une haute qualité, et donc très appréciés. Les deux phénomènes combinés font que la demande internationale pour ces produits est en grande partie inélastique au prix de vente pratiqué, et donc peu sensible à une hausse relative du cours de l'euro. Seuls des cours pérennes supérieurs à 1,50 USD pourraient déstabiliser la vente de ces produits. On se retrouve, dans ce domaine, dans une situation différente de celle de la France.

Une autre explication, d'ordre psychologique, est aussi à retenir, liée, elle, à la période d'hyperinflation d'avant-guerre. En effet, les citoyens allemands ont toujours vécu, depuis 1923, dans la hantise d'un retour de l'hyperinflation et gardent toujours en mémoire l'existence de ce billet de deux milliards de marks, édité en 1923, qu'ils considèrent être représentatif de l'une des pages les plus sombres de leur histoire. En conséquence, est né dans le subconscient allemand un attachement viscéral à une devise forte, une devise protectrice, qui fut incarnée pendant les décennies d'après-guerre par la toute-puissance du deutsche mark. Les Allemands n'ont d'ailleurs accepté de se défaire du mark que parce que l'euro qu'on leur promettait devait être à son tour conçu à l'image du mark, à savoir demeurer une devise forte, respectée au niveau international et suffisamment favorable à leurs intérêts.

A ces raisons pérennes, s'ajoute une autre explication liée à la structure géographique des exportations. Comme on l'a vu, près de la moitié des exportations allemandes concerne des pays de la zone euro, dont la demande est aussi libellée en euro, et qui, par conséquent, est insensible aux variations de la devise commune, même si le cours de cette dernière augmente. C'est bien ce qui se passe. Donc, près de 50 % des exportations allemandes sont ainsi sécurisées, même en cas d'augmentation intempestive du cours de l'euro. Ajoutons que ces pays de la zone euro importateurs de produits allemands ne peuvent moduler ni leurs importations en provenance de l'Allemagne, ni leurs exportations à destination de l'Allemagne, car ils ne peuvent plus dévaluer leurs monnaies, comme ils le faisaient auparavant. A l'égard de l'Allemagne, ils constituent ainsi des partenaires captifs, situation qui profite avant tout à l'Allemagne. L'autre moitié des exportations allemandes concerne les pays hors zone euro. Les prix de vente (en monnaie nationale), hors zone euro, fluctuent alors en fonction du cours de l'euro, mais joue alors, dans de tels cas, le critère de spécificité et de haute qualité des produits allemands exportés qui leur confère une sorte de situation d'oligopole. En conséquence, la demande de ces produits est pratiquement inélastique aux prix. On l'a vu en pleine crise, avec la progression des exportations d'automobiles de luxe vers les pays émergents, la Chine notamment. Même en cas de hausse du cours de l'euro, les exportations allemandes hors de la zone euro sont ainsi assez peu exposées, et pour qu'une chute de ces exportations se produise, il faudrait que le cours de l'euro dépasse de façon pérenne le cours de 1,50 USD. Ainsi, les exportations allemandes sont relativement insensibles à la hausse relative du cours de l'euro, et c'est pourquoi un niveau élevé de l'euro ne pose pas un problème majeur à l'Allemagne, du moins jusqu'ici. Par ailleurs, comme on l'a vu, lorsque le cours de la devise commune chute temporairement, les exportations allemandes hors zone euro savent profiter aussi de la baisse du cours, comme ce fut le cas pendant la crise grecque, mais, cela ne saurait contredire l'attachement viscéral de la grande majorité allemande à un euro fort, héritier du puissant et redouté deutsche mark. Une monnaie digne ne peut être qu'une monnaie forte dans le subconscient des citoyens allemands, et si le cours de l'euro devait chuter de façon pérenne, nul doute qu'en Allemagne serait relancée la polémique constante d'un retour au mark, retour qui continue à être très populaire dans certains milieux.

Enfin, comme on l'a vu, même si l'euro devait rester à un niveau élevé, il se situerait à un niveau moindre que celui de l'ancien deutsche mark, ou que celui du futur deutsche mark dans l'hypothèse où la zone euro n'existerait plus. Les sommets qu'avait atteints l'ancien deutsche mark, en raison des excédents de devises trop importants du pays, portaient en eux le risque d'une contraction du potentiel de croissance allemand. En effet, malgré la situation d'oligopole déjà décrite et l'attrait des produits ''made in Germany'', il existe un cours plafond fatidique au-dessus duquel les ventes de produits allemands commencent à diminuer. En ce sens, l'euro convient beaucoup mieux aux stratégies de conquête commerciale de l'Allemagne. L'euro est, pour les acheteurs hors zone euro, moins cher que l'ancien mark, et moins cher qu'un futur mark si l'Allemagne rompait avec la devise commune. C'est donc tout bénéfice pour l'Allemagne.

Dans un tel contexte d'intérêts aussi divergents comment l'Allemagne et la France pourraient-elles s'entendre ?

Certes, si le cours de l'euro pouvait évoluer dans une fourchette réduite allant de 1,10 à 1,35 USD, les deux pays y trouveraient leur compte. Mais l'Europe n'a pas la maîtrise de la valeur de sa monnaie, qui dépend de l'appréciation des marchés et de la politique monétaire de ses partenaires, et cette situation n'a rien de rassurant quand on connaît la stratégie de la Reserve Fédérale américaine qui a tout intérêt à pousser l'euro à la hausse (contrepartie d'un dollar à la baisse). En effet, pour faire repartir l'économie américaine, les USA ont volontairement alimenté l'inflation mondiale en injectant déjà 2 300 milliards d'USD, créés ex nihilo, provoquant, entre autres, la hausse des prix des matières premières et énergétiques. L'économiste financier Édouard Tétreau a pu parler d'un dollar fou à cet égard, car, en raison du statut du dollar, monnaie de réserve, c'est le reste du monde qui subit l'inflation. En conséquence, il n'appartient, ni à la France, ni à l'Allemagne, de fixer un cours raisonnable et acceptable de l'euro puisque la valeur de l'euro est déterminée hors de l'Europe, avant tout par les marchés et ses partenaires. Cependant, dans ce contexte, la FED (Réserve fédérale des États-Unis), et la BCE (Banque Centrale Européenne) peuvent, toutes deux, influencer par leur politique de taux d'intérêt respective le cours des changes des deux devises, en encourageant ou en dissuadant les investisseurs étrangers de placer leurs avoirs dans une de ces deux devises. Mais, en principe, ces organismes indépendants des États suivent une stratégie autonome fixée par leur Cahier de charges et les analyses de leurs experts. Or, dans les deux cas, on observe depuis un certain temps la poursuite d'une politique de taux d'intérêt bas, à des moments voisins de zéro, de sorte que les influences des deux organismes se neutralisent, eu égard à ce critère, même si une timide remontée des taux est perceptible en Europe. Cependant, la FED mène une politique plus ambitieuse que la BCE, car, statutairement, la FED doit s'attacher à limiter la hausse des taux d'intérêt longs pour favoriser la croissance, ce que ne peut faire la BCE qui, statutairement, ne s'intéresse qu'à la maîtrise de l'inflation. Mais surtout, la FED pratique désormais une politique de ''quantitative easing'', consistant à acheter des titres obligataires du Trésor et d'organismes publics américains pour faire redémarrer l'économie américaine. Ces achats (75 milliards de dollars par mois dans un premier temps) sont effectués grâce à l'émission de billets qui augmente le volume de monnaie en circulation - ce qui, à moyen terme, ne peut qu'alimenter de fortes tendances inflationnistes mondiales - tout en favorisant des taux longs bas favorables à l'économie. Ainsi, la FED a créé, depuis septembre 2008 seulement, deux fois plus de monnaie que depuis sa création en 1913. On peut parler à cet égard de création monétaire de masse. Une telle stratégie avait pour but d'alimenter le marché immobilier, mais elle devait aussi permettre aux entreprises américaines de se financer dans de meilleures conditions, ce qui devrait entraîner une défiance du reste du monde eu égard au dollar et contribuer à une baisse ''organisée'' de ce dernier. Selon ce schéma, les investisseurs non américains seraient incités à favoriser des placements en euros, ce qui devrait faire augmenter le cours de ce dernier eu égard au dollar. Mais il y a encore une autre cause qui joue en faveur de la baisse tendancielle du dollar. En effet, une part de ces nouvelles liquidités ne restent plus sur les marchés américains, mais servent à alimenter la spéculation sur de nombreux pays émergents. Cette situation devrait impliquer une baisse du dollar (accroissement des ventes du billet vert) en contrepartie d'une augmentation du cours des devises des pays cibles (achat de leurs devises), lesquels sont obligés de prendre des mesures correctrices pour se protéger. Il y a des chances de toute façon que la planche à billets américaine fonctionne en continu jusqu'aux prochaines élections présidentielles. La zone euro en subira les conséquences, car l'euro sera condamné à se maintenir à un cours élevé, et la France, comme d'autres pays de la zone euro, n'a donc pas fini de s'inquiéter d'une telle valorisation de la devise commune. Un euro faible n'est pas pour demain. Dans un tel contexte, l'économie française déjà fragilisée pourra-t-elle résister longtemps ?

Heureusement que trois autres phénomènes vont venir tempérer cette tendance :

- les effets des crises liées aux risques de défaut des pays économiquement faibles de la zone euro, suite à leur endettement excessif : déjà, la crise grecque avait fait chuter le cours de l'euro à 1,20 USD, celle de l'Irlande l'a fait chuter à 1,30 USD. Que se passera-t-il si les spéculateurs après le Portugal, s'attaquent à l'Espagne, la Belgique, l'Italie, cibles désormais programmées des spéculateurs anglo-saxons?

- si la chute du dollar est momentanément favorable à l'économie américaine et stimule ainsi ses exportations, une trop forte chute ne l'aiderait pourtant pas à terme, car elle empêcherait alors que sa monnaie, ''fabriquée'' grâce au recours intensif à la planche à billets, trouve facilement preneur dans le monde des investisseurs internationaux. À partir d'un certain seuil atteint par le cours du dollar, les États-Unis auront besoin que la valeur de l'euro diminue, et ce, afin de détourner une partie des placements du reste du monde de la zone euro vers la zone dollar, comme l'a montré l'économiste financier Edmond Tetreau dans son récent ouvrage intitulé ''20 000 milliards de dollars'' (Éditions Grasset).

- à ces deux remarques, il faudrait ajouter aussi le fait que l'euro ne peut se substituer totalement au dollar et est condamné à vivre dans son ombre du fait de l'absence de politique monétaire extérieure européenne; de ce fait, le ''reste du monde'' reste dans l'obligation, jusqu'ici, d'acheter du dollar, ce qui contribue à le soutenir.

Ainsi, la querelle franco-allemande sur le cours optimal de l'euro pourrait trouver un peu de répit, et les variations de la devise commune pourraient ainsi être amorties par le jeu différencié de tous ces paramètres permettant de limiter, un tant soit peu, les antagonismes des deux parties.

De plus, une trop grande chute du cours de l'euro pourrait ne pas être avantageuse et pourrait nuire à son tour à chacune des deux économies, par le biais des taux d'intérêt à long terme. La défiance qu'une trop forte chute du cours de la devise commune pourrait entraîner chez les investisseurs internationaux non européens génèrerait une vente massive de titres libellés en euros, provoquant automatiquement une hausse des taux d'intérêt à long terme, et un effet contre-productif sur la croissance. Cette conséquence n'est pas à négliger, quand on sait que ces investisseurs détiennent d'ores et déjà près de 11 000 milliards de titres libellés en euro. La dépréciation monétaire ne joue plus d'ailleurs fortement sur la croissance, comme ce fut le cas dans les années 90 au cours desquelles toute dépréciation, voire dévaluation d'une devise, s'accompagnait d'une baisse volontariste des taux d'intérêt de la part des États concernés afin de relancer la croissance nationale. Dans le contexte actuel de la zone euro, une dépréciation de la devise commune serait susceptible d'entraîner, bien au contraire, une augmentation des taux d'intérêt et d'avoir un effet négatif sur la croissance. Les contextes historiques ont beaucoup changé. Les deux pays ont donc plus de points d'intérêt communs qu'on pourrait l'imaginer en ce qui concerne le maintien de l'euro, même si une monnaie commune ne peut empêcher des divergences, voire peut même les encourager, dans la mesure où chaque pays tend à se spécialiser dans les secteurs où il est le meilleur.

3-les tentatives de repli de l'Allemagne depuis le début de la crise économique :

Depuis le début de cette longue crise, certaines attitudes, postures ou déclarations de l'Allemagne ont pu donner à penser que la solidarité financière entre les membres de l'Union était révolue, et que l'Allemagne faisait passer désormais ses propres intérêts avant ceux de l'Union. Il est vrai que les exemples ne manquent pas à cet égard, comme on va le voir.

3.1- l'Allemagne s'était déjà retrouvée seule, face à ses partenaires européens occidentaux pendant la crise des subprimes :

La grande crise mondiale a été l'objet de dissensions importantes, et d'une forte singularité de la position allemande. On a pu parler alors d'une Europe minimaliste. Déjà, en ce qui concerne la crise du système financier, alors que l'Europe était frappée lourdement dès le second semestre 2008, aucun consensus n'a émergé du Sommet de Nice de 2008, organisé sous présidence française : l'Allemagne, la France, la Grande-Bretagne et l'Italie, réunis le 04/10 /2008, n'ont pas réussi à se mettre d'accord sur un fonds de secours commun, mais seulement sur une démarche concertée, une sorte de ''boîte à outils'' commune que chaque pays devait utiliser selon ses besoins, avec ses propres ressources. Les États n'ont réussi à promouvoir qu'un engagement minimum, appelant seulement les responsables bancaires à respecter un code de bonne conduite, tout en prônant un sauvetage par pays, selon le principe du ''chacun-pour-soi'' imposé par l'Allemagne. Comme on le sait, il n'existe pas non plus de Trésor européen, semblable au Trésor américain, susceptible de racheter les dettes et les créances douteuses du secteur bancaire au niveau européen, et la BCE (Banque centrale européenne), n'a pu faire preuve d'aucune autorité en la matière, pas plus qu'en matière de définition de règles prudentielles. Cette responsabilité a théoriquement échappé totalement aux Pères fondateurs de la BCE. Un changement de statuts et des missions de la BCE s'avérait pourtant nécessaire pour qu'une solution européenne puisse être envisagée visant à éviter la répétition d'autres crises financières. L'Allemagne n'a jamais voulu d'une telle réforme.

Par ailleurs, alors qu'il devenait patent, dès novembre 2008, que l'économie réelle était touchée à son tour dans toute l'Europe, et que de nombreux pays allaient entrer en récession, la Commission, à l'instar des États-Unis, de la Chine et du Japon, a alors décidé de mettre en œuvre un plan de relance de l'économie. Ce plan de 200 milliards d'euros (soit 1,5 % du PIB de l'UE), présenté fin novembre 2008 par la Commission, s'est avéré n'être qu'une autre ''boîte à outils''. La majeure partie de ce plan (soit 170 milliards d'euros, représentant près de 75 % du plan global) devait provenir des budgets nationaux, et il s'est avéré être en fait une simple compilation de plans déjà mis en œuvre, ou prêts à être mis en œuvre, dans chaque pays. La part purement européenne de la relance ne devait représenter pas plus que 15 % du plan global, et encore, faut-il préciser que ce financement devait être constitué pour moitié, par la récupération de fonds budgétaires non dépensés, et pour l'autre moitié, par des prêts ciblés accordés par la Banque européenne d'investissement (BEI). L'Allemagne n'a jamais voulu faire plus. On a donc eu affaire à un simulacre de plan de soutien au niveau européen. Le budget européen qui ne représente qu'un point du PIB global de l'Union s'est avéré ainsi incapable de relancer l'économie européenne par ses propres moyens. Par ailleurs, l'Allemagne a refusé de jouer pendant longtemps le moteur de la relance, s'en tenant au début à une dépense de l'ordre de 32 milliards d'euros sur deux ans (ce qui ne représentait en fait que 12 milliards d'engagements nouveaux par rapport à ceux déjà pris au début de la crise). Il faudra attendre le début de 2009 pour qu'un second plan, de l'ordre de 50 milliards d'euros, soit adopté. Les perspectives de récession ont même ravivé, début novembre 2008, les frictions entre la France et l'Allemagne, cette dernière s'opposant à un vrai gouvernement de ''l'Eurogroupe des chefs d'État''. Il n'y a pas eu en fait de vraie solidarité au sein de la zone euro. Les pays affaiblis de la zone euro ont été longtemps livrés à eux-mêmes. Il a fallu que se pose le risque d'effondrement de l'économie grecque, pour que l'Allemagne sorte de sa réserve et de la doctrine du ''chacun-pour-soi'' pour proposer enfin son aide financière.

Enfin, dès juin 2009, alors que de faibles lueurs de reprise se faisaient jour, l'Allemagne, abandonnant les pratiques keynésiennes qu'elle avait timidement adoptées, n'a pas hésité à s'en prendre déjà aux déficits budgétaires inconsidérés des autres partenaires (dont la Grande-Bretagne, l'Espagne et la France), en les rappelant à l'orthodoxie, témoignant ainsi d'un manque de solidarité européenne évident et d'un mépris total des théories keynésiennes. Elle s'en est même prise à la stratégie de la BCE, accusée de suivisme à l'égard de la FED, en prétextant que l'abondance de liquidités, générée par des taux directeurs très bas, menaçait de créer de nouvelles bulles. L'orthodoxie monétaire absolue de l'Allemagne s'est alors avérée peu compatible avec les stratégies financières de ses principaux partenaires.

C'est donc avec juste raison que l'ancien premier Ministre belge, Guy Verhofstadt a pu affirmer « que l'Europe avait fait montre d'une absence totale de stratégie communautaire et de coordination et qu'elle n'avait pas été capable d'instaurer un Europlan ». L'Allemagne a été largement responsable de cette situation.

3.2-l'Allemagne face à ses partenaires européens orientaux pendant la crise des subprimes :

Durant la crise mondiale qui a secoué l'Europe, dès la fin 2008, on a pu assister à un antagonisme croissant entre les économies des pays de l'Europe de l'Ouest et celles des pays de l'Est. Les monnaies européennes échappant à la zone euro, déjà fragilisées, ont été violemment attaquées sur les marchés mondiaux. Certains y ont vu le fruit d'une stratégie américaine délibérée visant à affaiblir la position mondiale de l'Europe. Des monnaies comme le zloty ont vu leur valeur s'effondrer de plus de 50 % en quelques mois. La crise a frappé, de façon inégale, tous ces pays, mais aussi les pays considérés parmi les plus libéraux. De façon globale, tous les anciens ''pays PECO'' qui avaient bâti leur croissance sur le simple jeu de leurs avantages comparatifs (dumping salarial, dumping fiscal, notamment) en important la plus grosse part de leur capital ont été dans l'incapacité de faire front à la crise mondiale. Trois raisons essentielles expliquent cette situation :

- leur forte dépendance vis-à-vis des pays occidentaux : leur croissance avait été basée sur une main-d'œuvre bon marché, mise au service exclusif d'investisseurs occidentaux, détenteurs des capitaux investis dans ces pays. Dès que ces investisseurs se sont retirés, le système s'est effondré.

- ces pays ont trop compté sur les financements apportés par les banques étrangères, notamment autrichiennes, et ont accepté des prêts en devises fortes qu'ils ont été incapables de rembourser.

- plus du quart des actifs des banques de ces pays se sont avérés toxiques.

Le système bancaire des pays de l'Est s'en est trouvé terriblement affaibli, au point que la Banque Mondiale et le FMI ont demandé aux institutions communautaires de porter secours à l'ensemble de ces pays. Ils en ont estimé alors le coût à 120 milliards d'euros. Déjà, au cours du dernier trimestre 2008, le plan de sauvetage du système bancaire européen avait été réservé aux pays occidentaux, les systèmes bancaires d'Europe orientale ayant été relégués en seconde zone. Devant la bourrasque monétaire, la BERD (Banque européenne pour la Reconstruction et le Développement) avait préparé un fonds de soutien de 150 milliards de dollars pour soulager le système bancaire défaillant des pays de l'Est, mais il s'est avéré insuffisant. Ces pays ont alors essayé d'obtenir une aide communautaire, le 01/03/2009, mais les dirigeants européens, au premier chef la Chancelière Angela Merkel, ont rejeté l'idée d'un grand plan de soutien à l'Europe de l'Est. La Hongrie a même évoqué à cette occasion l'existence d'un "nouveau rideau de fer'', et, a profité du sommet extraordinaire des 27 pays de l'UE pour exiger un grand programme de soutien aux nouveaux douze pays membres (entrés dans l'UE depuis 2004). Mais sa demande a été rejetée. Devant ces réticences, c'est le FMI qui fut chargé d'accorder une aide urgente à ces pays, à la place de l'UE. L'Allemagne portait en grande partie la responsabilité de cette situation.

3.3-les autres refus de l'Allemagne d'accroître la solidarité au sein de l'Union :

Plusieurs exemples peuvent être retenus :

- contrairement à toute attente, l'Allemagne s'est refusée à toute augmentation du budget de l'Union, contrairement à ses positions historiques sur ce sujet. Une telle attitude singulière implique que le déploiement harmonieux de nouvelles politiques européennes ne pourra être satisfait entièrement, notamment pour les politiques définies par le Traité de Lisbonne auxquelles l'Allemagne avait adhéré.

- contrairement à sa diplomatie traditionnelle, l'Allemagne n'a pas hésité, en pleine crise grecque, à humilier ses partenaires économiquement plus faibles de l'Union. A cet effet, la Chancelière allemande n'a pas manqué d'apostropher les autres partenaires en déclarant « qu'il revenait aux pays faibles à adopter les méthodes des pays forts et non le contraire. » Mis à part les Pays-Bas, l'ensemble des autres pays de la zone euro étaient vraisemblablement visés, et pas seulement la Grèce. A la même époque (février 2010), le tabloïd allemand ''Bild Zeitung'' n'hésitait pas à humilier la Grèce avec des titres provocateurs, du type : « Vous voulez notre cash ? Donnez-nous vite Corfou et l'Acropole ». D'ailleurs, depuis, de longues plages privées sont devenues allemandes. En d'autres temps, de telles humiliations auraient dégénéré en crise diplomatique. Mais, à travers la Grèce, c'est toute la zone euro qui était en toute vraisemblance visée par de telles provocations. L'Allemagne d'Angela Merkel a inévitablement dérapé à cette occasion, et cette résurgence de nationalisme excessif laissera des traces à l'avenir. Le ''bon élève économique'' s'est transformé en donneur de leçons puis en provocateur. Cela a eu pour conséquence de regrouper, dans un premier temps, les autres pays de la zone euro pour préparer, à la demande de la France, un premier plan de sauvetage de la Grèce, appelé ''plan de stabilisation grec'', auquel se ralliera, dans un second temps, la Chancelière, pour sortir ainsi de la solitude profonde dans laquelle son attitude intransigeante l'avait enfermée.

- contrairement à toute attente, l'Allemagne, en pleine crise de la dette grecque, s'est refusée à la création d'un emprunt européen qui, souscrit à des taux avantageux, eu égard aux taux des emprunts imposés aux pays affaiblis de l'euro zone, aurait pu alléger les charges financières de ces derniers. L'Allemagne s'est à nouveau prononcée contre ce principe de solidarité quand ce projet a été présenté sous une autre forme, conjointement par le Luxembourg et l'Italie, en décembre 2010. Devant le refus catégorique allemand, la Chancelière a été taxée « d'antieuropéenne » par le Président de l'Eurogroupe, Jean Claude Junker.

- contrairement à toute attente, l'Allemagne s'est prononcée constamment contre la constitution d'une communauté d'énergie européenne, et donc contre la création d'un vaste marché intérieur énergétique qui aurait ainsi permis de mieux assurer les approvisionnements de l'ensemble des pays de l'Union et de leur offrir des prix d'achat plus attractifs en fédérant leurs besoins. L'Allemagne a poursuivi, à cet effet, une stratégie unilatérale de rapprochement avec la Russie, auprès de laquelle elle souhaite sécuriser ses accès aux sources d'énergie et aux matières premières vitales pour son industrie.

- contrairement à la tradition pro européenne de l'Allemagne, et contrairement à toute attente, l'Arrêt de la Cour Constitutionnelle de Karlsruhe est venu remettre en question la primauté du droit européen sur le droit allemand, ce qui explique l'expression d'une véritable réticence de la part de l'instance juridique suprême envers la poursuite de l'intégration européenne. Ainsi, la Cour a estimé qu'après la ratification du Traité de Lisbonne, tout transfert de souveraineté à l'Union du périmètre réservé (sécurité, droit, procédure pénale, recettes et dépenses budgétaires, famille, culture, éducation, domaine social et libertés publiques), devait désormais exiger une modification de la Constitution et donc un référendum.

Ces décisions sont en fait troublantes quand on les compare avec l'engagement européen, pratiquement sans faute, qu'avait pu manifester incontestablement l'Allemagne jusqu'au début des années 2000. Progressivement, sous la mandature de l'ex-Chancelier Gerhard Schröder, mais plus encore aujourd'hui sous celle de la Chancelière Angela Merkel, on a assisté à une inflexion de la politique allemande qui s'avère être plus centrée sur les intérêts propres de la nation. Une telle inflexion contribue sans conteste à fragiliser la foi des autres partenaires en la construction européenne, et, de ce fait, à fragiliser l'Union tout entière. On a cru voir dans cette attitude un encouragement à une politique du ''chacun-pour-soi'', dont l'Allemagne profiterait en premier. Certains ont été même plus loin en imaginant que l'Allemagne nourrissait la secrète ambition de se désolidariser de l'euro et de l'Union, pour embrasser une stratégie de rapprochement avec la Russie et la Chine, stratégie qualifiée de ''tropisme oriental''.

Ces commentaires sont vraisemblablement excessifs, même si l'inflexion de la stratégie européenne allemande est bien réelle. Il convient de ne pas oublier que certaines postures ont été dictées sous la pression d'intérêts électoraux, dans le cadre d'une coalition gouvernementale chaotique et peu crédible, et face à des échéances électorales régionales incertaines, voire dramatiques. Il ne faut jamais oublier non plus que, dans le passé, il avait été demandé beaucoup sur le plan financier à l'Allemagne, et que, pendant longtemps, elle a été le seul membre présentant une contribution nette positive envers le budget de l'Union. Pourtant, malgré ces raidissements récents, et une certaine ambigüité de son comportement, l'Allemagne a su rester fidèle, à sa manière, à la plupart de ses idéaux européens. L'abandon de l'euro par l'Allemagne et un repli sur l'ancien mark relèvent de l'utopie, car, comme on l'a vu, l'Allemagne a su indéniablement tirer profit de la devise commune en augmentant sans cesse ses exportations. D'ailleurs, à cet égard, Peter Bofinger, qui est un des conseillers économiques du gouvernement allemand, a pu déclarer au Wall Street Journal : « Si une bonne fée venait et nous redonnait le deutsche mark, il s'apprécierait immédiatement de 20 %, et tous les gains de compétitivité que nous avons engrangés en dix ans s'évanouiraient d'un seul coup. » L'intérêt égoïste de l'Allemagne n'est donc pas de quitter l'euro, son intérêt est au contraire de le défendre, et de ce fait, de défendre les acquis communautaires.

4- les tentatives de médiation de la France à l'égard de l'Allemagne :

La France, fragilisée économiquement, n'a jamais voulu exprimer de désapprobation franche envers cette inflexion récente de la politique allemande, et elle a toujours essayé de se rapprocher de son partenaire, en faisant valoir, certes, des différenciations, mais des différenciations mineures. C'est ce qui a permis au couple ''franco-allemand'' de subsister. Certains ont critiqué ce suivisme, parfois qualifié de faiblesse. Ainsi, en ce qui concerne l'éventualité de la création d'un emprunt européen, la France qui y était favorable au début, a fini par épouser le point de vue allemand, et même à le défendre avec force lors du 13e Conseil des ministres franco-allemands. Cela ne signifie pas pourtant qu'il n'existe pas de divergences sérieuses entre les deux pays, mais le couple franco-allemand tient encore bon.

Ce sont en fait les leçons ''à l'emporte-pièce'' qui passent le plus mal, car l'Allemagne se montre souvent trop intransigeante et dogmatique. C'est d'ailleurs souvent plus la forme que le fond qui est en cause, mais dans un monde exaspéré par les crises, la forme compte presque autant que le fond. Ainsi, la Chancelière, lors du récent sommet européen de novembre 2010, a affolé à nouveau ses partenaires et les marchés, en exprimant son souhait que les créanciers privés participent désormais aux défaillances des dettes souveraines, avec le risque majeur de détourner les investisseurs des titres européens, au moment même où une grosse part des dettes des grands pays de l'Union arrivaient à échéance. Sur le fond, elle n'avait pas tort, car les investisseurs internationaux n'ont cessé de tirer profit des faiblesses économiques de certains pays européens, en augmentant notamment les taux d'intérêt des emprunts accordés, en rendant ainsi ces pays encore plus fragiles, puis, lorsque la situation de banqueroute nationale se rapproche proche, en les abandonnant alors au bon vouloir des autres pays de l'Union. Seulement, de telles déclarations n'ont fait qu'exaspérer les marchés qui ont redoublé d'ardeur dans leurs attaques spéculatives. Une erreur de communication avait été commise. Dans ce contexte, l'ex-premier Ministre irlandais, Brian Cowen, a eu beau jeu d'accuser l'Allemagne d'être en partie à l'origine des malheurs irlandais, tandis que le premier ministre grec a surenchéri en accusant l'Allemagne d'entraîner les pays faibles de la zone euro vers une banqueroute en leur imposant une politique déflationniste. En effet, pour beaucoup d'autres pays, la politique de rigueur à caractère déflationniste que l'Allemagne veut exporter à tout prix passe mal : politiques monétaires renforcées au sein de la zone euro, surveillance accrue des finances publiques des États, menaces de sanctions en cas de dérives, austérité imposée à tous les pays surendettés, conditions draconiennes à respecter pour les nouvelles aides aux États. De même, en janvier 2011, quand le Commissaire européen aux affaires économiques, Oli Rehn, a voulu étendre la portée et la taille des mécanismes de secours de la zone euro, il s'est heurté à l'intransigeance de la Chancelière allemande qui, après la crise irlandaise, ne voyait aucune raison d'augmenter les ressources de ce dispositif.

La France a essayé, face à une Allemagne intransigeante, de jouer souvent le rôle de médiateur par rapport aux autres pays de l'Union, sans froisser directement l'Allemagne. Ainsi, le Fonds de stabilisation créé au printemps 2010 pour régler la crise grecque ne devait durer que trois ans. Après avoir boudé la création de ce fonds, l'Allemagne a voulu, au contraire, se montrer compréhensive en exigeant la pérennisation de ce Fonds, mais à la condition, qu'à partir de 2013, les créanciers ayant prêté à des banques ou des États incapables de rembourser soient mis automatiquement à contribution. Cette exigence a été réitérée par l'Allemagne, en juin 2011, à l'égard des nouveaux déboires financiers de la Grèce. De telles propositions limitent, bien sûr, le besoin de financement des autres États européens, mais avant tout l'exposition des finances allemandes et favorise donc ses intérêts. A l'origine, la proposition est mal passée et a suscité de nombreuses protestations de la part des autres membres de l'Union. La France est alors intervenue pour proposer sa médiation, sans brusquer l'Allemagne : les sanctions seraient appliquées au cas par cas et seulement sur les emprunts émis à compter de 2013. C'est cette version qui fut retenue par les États. Elle empêchait que les spéculateurs ne cèdent massivement, suite à un affolement des marchés, la quasi-totalité des titres détenus sur les États fragiles de la zone, ce qui aurait intensifié la crise au lieu de la calmer. On voit que l'Allemagne a souvent besoin de la France pour faire passer ses messages, quitte à ce qu'ils soient assouplis.

De même, la France et l'Allemagne, se sont retrouvées unies pour repousser conjointement la proposition de création d'une structure d'obligations européennes garanties par les États, proposition formulée conjointement par le ministre italien des Finances, Mr Tremonti, et le président de l'euro zone, Mr Junker, dont le but était de permettre aux États affaiblis de la zone de se financer dans de bien meilleures conditions que sur les marchés internationaux. Or, pour l'Allemagne et la France, les taux de ces emprunts auraient été dans tous les cas supérieurs aux taux consentis actuellement aux deux pays qui bénéficient de la meilleure note ''AAA''. Les deux pays auraient donc du, dans pareils cas, financer le différentiel de taux à leur détriment, d'où leur refus conjoint.

Sur les graves questions de l'Union, les deux pays sont moins opposés que ce que certains ont pu prétendre, notamment sur la lutte contre les produits financiers dérivés, l'élaboration d'indicateurs pour les balances commerciales et sur l'évaluation des stocks de matières premières agricoles.

Cependant, sur le fond, c'est-à-dire sur l'instauration d'une rigueur forte dans la gestion des finances publiques, la France a et aura du mal à suivre son partenaire, comme maints autres pays. L'illustration en est donnée par la préparation du budget français de 2011. La baisse du déficit prévisionnel présenté provient essentiellement du rebond cyclique de l'impôt des sociétés et de la hausse des prélèvements obligatoires et non d'une forte réduction des dépenses publiques. Certains économistes évaluent la réduction structurelle du déficit à seulement 0,75 % du PIB, ce qui rend pratiquement impossible un retour à un déficit budgétaire de 3 % en 2013. C'est que la France a peur que l'application du modèle allemand entraîne une révolte sociale de grande ampleur. La Grande-Bretagne qui s'est engagée brutalement dans cette voie commence aussi à faire face à un cortège de violentes protestations insoupçonnées au départ. L'application du modèle économique allemand en Europe pourrait mener l'Europe vers une révolte sociale généralisée. Déjà le cortège des ''indignés'' se manifeste dans de nombreuses capitales. En fait, le miracle allemand, malgré les déclarations de victoire des grands apôtres du libéralisme, et l'affichage de ses ''brillants résultats macroéconomiques'', masque un malaise endémique, une extension de la pauvreté, mesurée par tous les instituts, y compris par les Nations Unies, une flexibilité très grande du marché de l'emploi où la notion de salaire minimum officiel n'existe pas, une stagnation structurelle du pouvoir d'achat, voire une régression à certain moments, des niveaux de salaires horaires dans certaines activités inacceptables, des réductions drastiques de certaines couvertures sociales, un emploi temporaire (''Kurzarbeit'') en croissance permanente. Il n'y a pour s'en convaincre qu'à lire la nouvelle plateforme électorale du parti des ''Verts'' allemands créditée de plus de 20 % des voix pour les prochaines élections : la situation sociale actuelle de l'Allemagne de la Chancelière Angela Merkel et son plan de rigueur, qualifié d'injustice nationale, y sont décrits au vitriol. Miracle ou cauchemar allemand ? L'eurodéputé Daniel Cohn-Bendit a pu dire récemment au sujet de cette situation : « ce modèle est ressenti par les Allemands comme profondément injuste. L'écart entre les plus riches et les pauvres ne cesse de se creuser, alors que les grandes institutions bancaires et industrielles ne cessent de dominer. »

Le modèle de croissance allemand basé sur la théorie de l'offre qui est aujourd'hui présenté en exemple au sein de l'Union peut-il être recopié tel quel dans les autres pays de l'Union ou doit-il être amendé ? Invite-t-il à un sacrifice salutaire pour les peuples de l'Union ou son caractère déflationniste en termes de consommation privée et publique équivaut-il à un suicide collectif ? Ces questions doivent trouver des réponses appropriées pour chaque pays, en fonction de leur spécificité, de leur culture, de leur histoire, de leur caractère anthropologique. Le suivisme aveugle du modèle allemand n'a pas de sens. D'autre part, dans certains pays économiquement faibles de l'Union, où le secteur industriel a pratiquement disparu, où il n'existe pratiquement plus rien à exporter, car on n'y produit plus rien, le modèle de croissance basé sur l'offre a-t-il vraiment un sens, sauf peut-être l'offre de services touristiques ? La France, qui pendant des décennies, a développé un modèle basé sur la demande, ne peut s'orienter complètement vers le modèle allemand, sans se renier. Elle peut certes adopter certains aspects positifs de la politique de l'offre, notamment en matière fiscale et de transfert de certaines charges, mais elle ne pourra procéder qu'à des ajustements lents en matière de coût salarial, pour éviter toute révolte sociale. Elle ne pourra abandonner complètement son modèle économique de croissance basé sur la demande intimement lié à son histoire économique et sociale depuis des décennies. Déjà, en signant le ''Pacte de stabilité'' en mars 2011, liant désormais l'évolution des salaires à celle de la productivité, et mettant fin au système d'indexation des salaires sur les prix, la France a pris un risque social et, à cette occasion, on lui a reproché d'avoir signé ''un pacte allemand'', même si ce pacte a été adopté par le Conseil européen. L'Allemagne, de son côté, sera contrainte de lâcher du lest sur sa politique salariale et les prémisses de ce changement sont déjà à l'œuvre dans nombre de secteurs où la révolte syndicale gronde. La demande ne pourra plus être le parent pauvre de son futur modèle de croissance, elle sera aussi prise en considération. Les deux modèles de croissance peuvent certes se rapprocher, mais ils ne peuvent devenir identiques. Serait-ce même souhaitable que les deux pays adoptent des modèles économiques strictement identiques alors que leurs structures anthropologiques sont si différentes ? Il est souhaitable seulement que leurs économies se rapprochent dans un premier temps.

5-malgré des modèles de croissance différents, les dangers nouveaux que fait peser sur l'Europe la crise mondiale devraient rapprocher les deux nations :

En effet, le monde est devenu instable et incertain, menacé par la possibilité de krachs sur obligations d'État, et donc sur des dettes souveraines. En 2009, la banque française, Société Générale, avait d'ailleurs publié un rapport dont un des scénarios prévoyait l'effondrement global du système financier international. Dans ce contexte mondial morose, l'Europe est en particulier doublement menacée par la guerre des monnaies et la crise des dettes souveraines.

Tout d'abord, le dollar s'affaiblit depuis que la planche à billets fonctionne aux États-Unis, échappant, par définition, à tout contrôle international, le volume de billets émis ne reposant plus sur des critères scientifiques, mais strictement politiques, ce qui explique l'aversion américaine à l'égard des règles strictes de régulation. Pourtant, l'euro ne peut se substituer complètement au dollar du fait de l'absence de politique monétaire extérieure. Il est devenu, à la fin de la crise actuelle, une véritable variable d'ajustement des nouveaux rapports économiques internationaux, même s'il est reconnu comme la devise la plus forte du monde à la fin de 2010.

La crise des dettes souveraines mine de plus l'unité de la zone euro et le fondement même de l'Union Européenne. Certains pensent que pourrait se réaliser la prévision du grand économiste monétariste américain, Milton Friedman, selon lequel, faute d'union politique, dès qu'un risque majeur subviendrait en Europe, l'euro disparaîtrait. Certains ont déjà prévu cet éclatement de la zone euro avec des conséquences possibles : la création de sous-zones monétaires plus homogènes, ou le retour aux monnaies nationales d'antan. D'autres font remarquer comment les pays de l'Union qui n'ont pas adhéré à l'euro peuvent plus facilement affronter les crises économiques, en usant de la flexibilité de leur monnaie nationale. La forte dépréciation de la livre sterling, de l'ordre de 20 %, savamment orchestrée par les récents gouvernements britanniques (travailliste, puis conservateur), a fortement stimulé la relance de la croissance britannique. Le zloty polonais a aussi suivi cette voie, avec une dépréciation de près de 20 %, ce qui, en 2010, a permis à l'économie polonaise d'atteindre une croissance de l'ordre de 4 %. Cependant, il est difficile pour les États naufragés de la zone euro, d'abandonner la devise unique et de retourner en arrière. Retourner en arrière signifierait retourner à leur ancienne monnaie nationale qui a disparu. Il leur faudrait la recréer entièrement et lui affecter une valeur inférieure à celle de l'euro pour accroître la compétitivité de leurs produits. Or, s'agissant de pays affaiblis, ces pays sont aussi lourdement endettés en euro. Ils devraient alors rembourser, avec leurs nouvelles ressources financières reposant sur une monnaie nationale affaiblie, des dettes libellées en une devise forte. Ils n'y arriveront pas, sauf au prix de sacrifices encore plus grands que les sacrifices qui leur sont actuellement imposés, comme l'a fort bien démontré Simon Hayley, Professeur au ''Cass Business School'' de Londres. Tous ces pays affaiblis sont donc condamnés à rester amarrés à l'euro. En ce qui concerne la France en particulier, la sortie de l'euro serait une catastrophe, à commencer pour les classes moyennes. Selon les experts, en prenant pour base une dette nationale de 1 800 milliards d'euros et un taux d'intérêt de 3 %, la charge de la dette de la France est déjà de l'ordre de 45 milliards €/an, correspondant à la plus importante rubrique budgétaire du pays. Selon ces experts, si la France quittait l'euro, il est clair qu'elle devrait faire face à des taux d'intérêt de temps de crise, similaires à ceux payés aujourd'hui par la Grèce ou l'Irlande, donc de l'ordre de 10 %, au moins. Alors, dans un tel contexte, la France aurait à faire face à une augmentation annuelle des seules charges d'intérêts qui atteindraient près de 100 milliards d'euros. Ce véritable trou noir ne pourrait être comblé que par un nouveau saut dans l'inconnu ou par une nouvelle ponction fiscale brutale d'un même montant, laquelle pourrait induire, si elle était financée par les seuls ménages, une multiplication par trois de l'IRPP (impôt sur le revenu). C'est une mission impossible.

D'une façon plus analytique et détaillée, la sortie de l'euro pour la France signifierait, après une dévaluation de la nouvelle devise nationale de l'ordre de 20 à 30 % :

- une inflation importée qui neutraliserait vite les premiers effets artificiels de la dévaluation. Si les grandes entreprises du CAC 40 pourraient y faire face, grâce à une leurs énormes ressources financières, et continuer donc à exporter, les PME/PMI, fortement dépendantes de nombreux produits importés et aussi des produits énergétiques importés dont les prix s'accroitraient, verraient très vite leur prix de revient augmenter, et seraient très vite laminées par la vague inflationniste. Une augmentation des exportations consécutive à une dévaluation du franc retrouvé constitue donc un mythe.
- le système financier ne pourrait résister à un tel raz de marée, car il ne pourrait plus emprunter à l'étranger devenu méfiant et serait pourtant condamné à rembourser les colossales dettes nationales libellées en euro avec une monnaie dévaluée. La note de la dette nationale serait vite dégradée en BBB. De plus, même si les banques pouvaient continuer à emprunter encore en euros, elles seraient obligées de répercuter sur leurs clients les nouvelles conditions draconiennes de leurs emprunts et donc de leurs taux d'intérêt élevés, induisant alors une réduction des projets d'investissement des entreprises et une réduction de la consommation des ménages, donc une réduction de la croissance.

- les tendances inflationnistes lamineraient à leur tour le revenu des ménages et affaibliraient beaucoup leur pouvoir d'achat, ce qui ferait fléchir la consommation intérieure et donc la croissance nationale.
- last but not least, cette mesure induirait une fuite durable des capitaux, des cerveaux et des entreprises.

Pour la France, une sortie de l'euro serait dramatique. Ce serait aussi le cas pour l'Allemagne, mais pour des raisons opposées, liées au surenchérissement de leur monnaie nationale retrouvée.

Ces considérations de simple sagesse n'ont pas empêché Hans-Olaf Henkel, ancien Président du patronat allemand, de prophétiser, dans son ouvrage à vocation populiste ''Save our money'' un euro à deux vitesses, un sous la coupe de l'Allemagne (qui réunirait des pays comme l'Autriche, les Pays-Bas, le Luxembourg et la Finlande) respectueux du pacte de stabilité et de l'équilibre des finances publiques, un autre sous la coupe de la France (réunissant l'Espagne, le Portugal, la Grèce, l'Italie et peut-être la Belgique). Ces derniers pays seraient condamnés, faute d'une suffisante rigueur, à une suite de dévaluations compétitives. Cette vision simpliste a été vigoureusement condamnée par le ministre allemand des Finances, Wolfgang Schäuble, car elle ouvrirait les portes à la désintégration de l'Europe. La vision de Hans-Olaf Henkel repose sur l'idée simple que, pour l'Allemagne, les risques de financement de nouvelles crises internes à l'Euroland seraient ainsi écartés, mais cette vision ignore le fait que l'Allemagne perdrait alors la facilité que l'euro lui procure pour exporter dans cette zone. Les pays condamnés au dépérissement de leur monnaie se protégeraient alors d'une trop forte importation de produits allemands en dévaluant leurs monnaies. Que deviendraient alors les exportations allemandes dans ce contexte ? Si on faisait un vrai bilan des propositions de Hans-Olaf Henkel, connu pour son grand libéralisme et son penchant populiste, il n'est pas sûr que ce bilan soit positif pour l'Allemagne, et c'est le ministre fédéral des Finances qui a vraisemblablement raison. Mais les idées populistes sont toujours promises à un succès indéniable, et nul doute que ces idées font leur chemin en Allemagne. D'ailleurs, suite à ce livre, selon un sondage de la TV publique allemande, 36 % des Allemands souhaiteraient sortir de l'euro pour retrouver leur mark d'antan : d'ailleurs, il convient de rappeler que 13,45 milliards de coupures libellées en mark, soit près de 7 milliards d'euros, n'ont toujours pas été échangées depuis l'introduction de la monnaie unique en 2002. Mais on a vu aussi qu'un mark nouveau, qui serait inévitablement surévalué, constituerait un boulet pour les exportations allemandes. Le salut de l'Allemagne ne passe pas par là.

Par ailleurs, selon le FMI (Fonds monétaire International) qui à plusieurs reprises avait évoqué la possibilité d'un krach sur obligations d'État, les institutions européennes ne seraient pas à la hauteur pour gérer les crises de l'euro et des dettes souveraines. Pour relancer la croissance au niveau de l'Europe, il faudrait, toujours selon le FMI, créer un marché unique de l'emploi et une autorité budgétaire centralisée. La France et l'Allemagne pourraient s'atteler ensemble à ce chantier. Tout ceci reste à faire, et ce ne se fera pas sans mal. La gravité de la situation a été bien résumée de façon lapidaire par le président du Conseil européen, Herman Van Rompuy, quand il a affirmé : « l'euro joue sa survie ».

Les spéculateurs qui ont en ligne de mire la valeur actuelle de l'euro, lequel mine les ambitions hégémoniques de l'Amérique, veulent le faire chuter à son niveau de parité d'origine. Pour ce faire, ils ont échafaudé un plan d'attaque séquentiel contre ces ''États insouciants'' connus sous l'acronyme de ''PIGS'' : déjà la Grèce, l'Irlande et le Portugal ont été attaqués. Les prochains États susceptibles de l'être sont connus d'avance: l'Espagne, la Belgique, puis peut-être l'Italie, et après, pourquoi pas, la France. Les experts financiers font remarquer que si la notation financière de la France est toujours excellente, cela vient du fait que les marchés cotent le couple franco-allemand et non la France prise individuellement. L'économiste américain Nouriel Roubini qui avait déjà prévu l'éclatement de la bulle de crédit (''subprimes'') préconise d'ores et déjà que les pays naufragés, les ''PIGS'', se détachent de la zone euro, retournent à leur monnaie d'origine pour pouvoir relancer leur croissance en jouant de l'arme de la dévaluation. Chacun sait qu'il s'agit là de politiques à court terme, la dévaluation entraînant la dévaluation, et à la fin du processus, une forte dégradation des termes de l'échange. Aujourd'hui, certes, ces pays n'ont plus rien à exporter et sont voués au dépérissement, à devenir ce que le grand économiste français François Perroux appelait ''des nations apparentes''. La France, qui n'a pas su générer d'excédent budgétaire depuis 1973, pourrait être attaquée elle aussi, alors que sa dette souveraine, financée à 70 % par l'étranger, reste de ce fait une cible privilégiée de la spéculation. Nouriel Roubini a pu d'ailleurs dire récemment que « pour certains aspects essentiels, la France n'apparaît pas être en meilleur état que les pays de la périphérie.» D'ailleurs, la stratégie de ''rigueur tranquille'' prônée par le nouveau Gouvernement Fillon a du mal à convaincre à l'étranger, en raison de la baisse relativement faible des dépenses publiques (environ - 0,75 % du PIB pour le budget 2011) et de l'accroissement du déficit de la balance des paiements courants qui devrait dépasser les 3 % du PIB durant les trois prochaines années.

Certes, jusqu'ici, le FESF (Fonds européen de stabilisation financière) et l'aide consentie par le FMI ont permis de faire face à la crise irlandaise. Mais si la spéculation devait ensuite s'attaquer à l'Espagne, cette réserve ne serait pas suffisante et un nouvel outil de défense devrait être trouvé. D'ores et déjà, le consensus consistant à faire appel désormais aux créanciers constitue une arme dissuasive, mais sera-t-elle suffisante face aux périls? Comme le FESF doit s'éteindre en 2013, il va falloir penser à le remplacer et envisager les moyens pour faire face à de nouvelles crises, ou bien créer une Agence européenne du Trésor émettant des obligations communautaires au bénéfice des États européens fragilisés.

Dans un tel contexte semé de dangers, une alliance entre la France et l'Allemagne apparaît plus que jamais nécessaire, et il est peu probable que, dans de telles conditions, chacun ait intérêt à jouer sa propre partition. Certes, certains ont imaginé, comme l'éditorialiste Gideon Rachman, que l'Allemagne puisse se raidir et porter un coup fatal à l'euro, faute de ne pas être entendue et suivie. Cette hypothèse est pourtant peu probable. La perception d'un danger commun devrait effacer les divergences et rapprocher les deux partenaires en vue de faire front commun, car ils ont tous deux beaucoup à perdre d'une crise grave de l'euro.

En effet, les deux pays sont lourdement endettés. On pense souvent que l'Allemagne l'est beaucoup moins que la France. Or, si l'Allemagne affiche une dette publique voisine de 85 % du PIB, inférieure à celle de la France, cette dette s'élève quand même à 270 % de son PIB, si on prend en compte toutes les dépenses de santé liées au vieillissement de la population. Elle est alors supérieure à celle de la France. Déjà, bien avant la crise, en 2004, pour faire face aux déficits de leurs finances publiques, les deux États s'étaient unis pour réclamer un assouplissement du Pacte européen de stabilité, ce qu'ils avaient obtenu. Aujourd'hui, les deux pays, du fait de leur dette souveraine, sont très exposés à la spéculation internationale, dans la mesure où la majorité de leur dette respective est libellée dans une devise autre que l'euro. Dans un contexte de croissance, cette particularité pouvait représenter un atout, dans la mesure où le financement des déficits publics pouvait s'opérer grâce à une épargne étrangère, permettant de préserver ainsi l'épargne nationale et ses finalités intérieures. Mais, en période de crise, une telle structure de la dette représente une faiblesse, car elle rend les pays dépendants du reste du monde et donc les expose à la spéculation internationale. Le niveau absolu de l'endettement est certes un critère défavorable, mais la structure de la dette l'est tout autant. Ainsi, le Japon dont le montant de la dette souveraine est bien supérieur à celui de l'Allemagne et de la France reste peu exposé à la spéculation, puisque sa dette, pour l'essentiel, est libellée en yen. Sa dette, même très élevée, s'avère donc résiliente. En ce sens, les faiblesses respectives de l'Allemagne et de la France, quant au niveau de leur dette d'une part, et de leur structure défavorable d'autre part, constituent un facteur de rapprochement, en vue de trouver une parade commune contre la spéculation.

Déjà, la France, tout en y apportant des aménagements, s'est vite ralliée à la proposition de l'Allemagne afin de faire partiellement financer les risques de défaut des banques ou des États par les créanciers. En période de crise, les deux pays se retrouvent ainsi vite du même côté. Par exemple, ils ont bénéficié tous deux indirectement de la crise irlandaise, car, face à de graves incertitudes, les investisseurs se rabattent toujours sur les titres obligataires les moins risqués. Cette situation a ainsi rendu plus facile, le placement de nouveaux titres pour l'Allemagne et la France.

De même, en terme de maturité, les deux pays doivent faire face à des remboursements massifs de leurs dettes à court terme, et ce, dès 2011, année où l'Allemagne devra rembourser un peu plus de 300 milliards d'euros, tandis que la France aura à rembourser, de son coté, un peu moins de 300 milliards. Face à ce qui est appelé ''le mur de la dette'', les deux pays se doivent d'adopter une stratégie concertée. Les échéances de 2013 et de 2015 impliqueront, à leur tour, pour les deux pays, des montants proches de 150 milliards d'euros. Puis viendront des échéances de l'ordre de 70 milliards d'euros pour les années 2017 et 2019. Une des pistes communes pour la défense des intérêts des deux pays pourrait consister à allonger les échéances. D'autres pistes sont aussi envisageables, mais pour pouvoir être efficaces, elles ont besoin d'être concertées.

Face à la crise potentielle de l'euro et à la détermination des spéculateurs, le sort des deux nations est intimement lié. Leur risque majeur commun provient d'ailleurs de la dépréciation du dollar générée par le recours intensif de la planche à billets qui pourrait renforcer beaucoup trop la compétitivité des produits américains et poser un vrai problème aux exportations allemandes dans certains secteurs, et dans une mesure moindre, mais non négligeable, aux exportations françaises. Si le secteur industriel français, déjà bien mal en point, est de ce fait moins exposé que le secteur industriel allemand, la France, en tant que grand exportateur agricole pourrait alors subir un contrecoup plus fort que celui de l'Allemagne dans ce dernier secteur. A tout prendre, les deux économies seraient en danger. Ce danger serait encore plus grand, si la dévaluation du dollar s'accompagnait d'un défaut, même partiel, sur la dette américaine, laquelle, selon le financier Edouard Tetreau, pourrait avoisiner 20 000 milliards de dollars en 2020. Alors, là, il s'agirait d'une crise systémique qui obligerait l'Allemagne et la France à se rapprocher encore plus et à œuvrer de concert, car les deux économies s'avèrent être lourdement exposées à l'égard de l'économie nord-américaine. Au cours de l'année 2010, les deux pays, face aux dangers des débordements engendrés par la spéculation des marchés, ont d'ailleurs réussi à mettre en place, de façon rapide, des stratégies communes, par rapport aux atermoiements qui avaient caractérisé la crise grecque, à savoir :

- une solidarité financière, inventée certes dans la précipitation dans le cadre de la gestion de la crise grecque, avec création d'un fonds européen de stabilisation doté de 750 milliards d'euros permettant de dissuader les marchés d'attaquer l'euro. Selon Axel Weber, ex-Président de la Bundesbank, ce fonds pourrait être augmenté, si nécessaire. D'ores et déjà, ce fonds devrait permettre de juguler les crises grecque, irlandaise, et en partie portugaise.

- une entente pour mettre un terme à la crise irlandaise, avec la collaboration du FMI.

- une nouvelle stratégie appelant les marchés financiers au financement du redressement des comptes publics, du fait de la responsabilité incontestable de ses marchés dans la crise actuelle. Cette stratégie plus agressive eu égard à la spéculation des marchés internationaux représente une avancée spectaculaire de la part d'une Allemagne rigoriste, qui, dans le passé, s'était montrée plus conservatrice. Les marchés ont en effet profité amplement de la crise des ''PIGS'' en leur faisant payer toujours plus cher leurs emprunts, accroissant ainsi leur vulnérabilité, quitte à les amener à l'état de faillite. Une fois cet état atteint, ces créanciers se retirent alors, en ayant profité de la situation dégradée du pays. Les remettre dans le jeu, leur faire assumer un risque n'est que justice, d'autant que, grâce à l'euro qui leur inspirait confiance, ils ont prêté sans compter pendant une décennie, sans être très attentif à la solvabilité de leurs débiteurs, lesquels ont été entraînés, avec cet argent facile, à pratiquer une gestion insensée de ces liquidités : accroissement des déficits publics pour la Grèce et le Portugal, spéculation sur le marché immobilier en Espagne et en Irlande à l'origine de bulles immobilières. Les créanciers, en cas de nouvelle crise, devront désormais accepter le rééchelonnement des dettes et une baisse des taux. La menace posée par un grand nombre de dangers communs constitue vraisemblablement le meilleur ciment des rapports franco-allemands. Sans menace commune, les deux pays auraient tendance à se disputer. Grâce aux menaces qui se précisent, ils se rapprochent pour faire front commun. Faut-il souhaiter alors de nouvelles menaces planétaires ? Pourtant, il reste à concrétiser dans le domaine financier, en convainquant les autres partenaires de l'Union, certaines mesures indispensables, notamment :

- la création d'un budget fédéral capable de doper la productivité et l'emploi.

- la mise en place d'une vigoureuse politique de change européenne, initiative que le Conseil européen et la BCE devraient pouvoir lancer ensemble : mais, si l'Allemagne et la France ne s'emparent pas ensemble de ce projet, il y a peu de chances qu'il soit pris en compte par le Conseil ou la BCE. Ainsi l'euro cesserait d'être la variable d'ajustement des turbulences mondiales, il pourrait alors limiter considérablement ses variations erratiques pour le plus grand bien des citoyens et des entreprises, et il ne serait plus une devise qui obéirait aux desiderata de la Chine et des États-Unis. Jusqu'ici, l'Union n'a eu qu'un rôle passif sur les marchés des changes, alors que la guerre des monnaies fait rage, débouchant sur des dévaluations compétitives et de nouvelles menaces, favorisant la hausse des matières premières et des produits énergétiques (le prix du baril de pétrole est repassé au-dessus de 80 $ pour atteindre les 115 $ en mai 2011). Cette forte instabilité monétaire montre que les réformes internationales organisées depuis 2008 sont nettement insuffisantes. C'est dans ce nouveau cadre qu'une nouvelle politique de change européenne s'impose.

- des dispositions visant à limiter la hausse intempestive des taux d'intérêt sur les emprunts d'État, en général à 10 ans, imposées par les marchés aux pays les plus faibles de l'eurozone, ce qui n'a cessé d'aggraver la situation de ces pays, jusqu'à les étrangler financièrement : ainsi les taux des emprunts d'État de l'Irlande se sont envolés en pleine crise irlandaise, allant jusqu'à présenter un écart de 600 points de base avec les taux allemands.

- la pérennisation d'un Fonds européen de stabilisation financière anticrise (FESF) à la hauteur des risques et des enjeux : un mécanise permanent de soutien doit être mis en place en 2013, que l'Allemagne voudrait voir évoluer vers un FMI européen indépendant des États, lequel aurait une capacité de refinancement illimité, constituant une institution parallèle à la BCE, mais que la France voudrait bien voir sous la coupe des États. Ce fonds, doté initialement de 250 milliards d'euros, devrait voir sa capacité passer à 440 milliards, pour atteindre 500 milliards dans le cadre du mécanisme permanent de stabilité (MES) qui devrait voir le jour mi-2013. Un tel mécanisme devrait faciliter la tâche des pays les plus endettés émettant des obligations pour restructurer leur dette et pouvoir même intervenir sur les marchés primaires des obligations souveraines.

- la crédibilisation de la devise commune qui fait l'objet dans l'eurozone d'une défiance généralisée (sauf aux Pays-Bas) selon le récent sondage entrepris par le ''German Marshall Fund'' durant l'été 2010 : 53 % des Allemands et 60 % des Français considéreraient l'euro comme un facteur négatif, et ce, pour des raisons différentes dans chaque pays. Ces opinions sur l'euro témoignent en fait d'un manque de volonté de plus en plus grand de vouloir ''vivre ensemble'', d'une méconnaissance du rôle protecteur de l'euro et aussi d'un manque d'intérêt général pour la cause européenne. En fait, il est passé sous silence que, dans la période récente, la zone euro a créé plus d'emplois que dans la zone dollar. Toutefois, cette perte de crédibilité contraste avec les satisfécits que se délivrent les autorités monétaires. « Il n'ya pas crise de confiance en l'euro, mais seulement crise des finances publiques de quelques pays » a pu ainsi proclamer le président de la Bundesbank, Axel Weber. Ce hiatus entre les élites politiques ou institutionnelles et le peuple tend à devenir dangereux, s'il n'y est pas vite remédié. Il rappelle les défiances, divisions et affrontements que Machiavel avait si bien décrits dans son chef d'œuvre littéraire ''Le Prince'', lesquels aboutissent inéluctablement au dépérissement des structures et des organisations humaines. Le temps nous est compté. La France et l'Allemagne, unies, doivent s'attaquer ensemble à ces défis, mais elles ne peuvent s'y attaquer que si elles restent unies.

CHAPITRE IV

LA STRATÉGIE DE COMPÉTITIVITÉ FAIT-ELLE DE L'ALLEMAGNE UN ÉTAT PRÉDATEUR ?

« Mindestlöhne [...] sind in allen hoch entwickelten Ländern die gängige Praxis. Es gibt nach wie vor keine überzeugenden Gründe für einen deutschen Sonderweg in dieser Frage. »

Peter Bofinger - Wirtschaftsweiser im Jahresgutachten des Rates 2009.

« Les salaires minima constituent dans tous les pays hautement développés une pratique courante. Il n'y a aujourd'hui, pas plus que dans le passé, aucune raison convaincante pour que l'Allemagne suive dans ce domaine un chemin particulier.»

Peter Bofinger - Économiste, expert auprès du Gouvernement en 2009.

Les crises économiques sont propices au déchaînement des passions, lesquelles sont plus facilement contenues en période de stabilité. C'est parce que la crise née aux États-Unis a déferlé sur l'Europe, mettant en péril la souveraineté économique de plusieurs États, que certains économistes se sont emparés du débat pour essayer de démontrer que le modèle de compétitivité allemand reposait sur des éléments anti sociaux, qui, sur le long terme, pourraient déstabiliser la paix sociale, et qui, s'il était pris comme modèle par tous, pourrait se retourner contre la croissance de ses partenaires. Il est vrai que ce modèle de compétitivité maximale est en grande partie basé sur la compression des coûts salariaux nationaux, et donc sur une certaine stagnation du pouvoir d'achat de la population, stagnation génératrice à son tour d'un certain malaise social et d'une certaine pauvreté qui s'étendent de plus en plus dans les couches sociales défavorisées du pays. La question mérite d'être posée. Pourtant, à l'opposé, la compétitivité de la France est en berne, malgré les 57 milliards d'euros de subventions accordés par l'État à son économie, auxquels viennent s'ajouter 8 milliards d'aides européennes.

L'Allemagne est-elle donc à double titre un État prédateur, que certains, avec un brin d'exagération, n'ont même pas hésité de qualifier de dangereux? Tout d'abord, le modèle vise-t-il à établir les performances économiques les plus hautes tout en assurant le bonheur du peuple, ou, au contraire, comme certains le prétendent, ces hautes performances économiques ne sont- elles établies qu'au détriment du bien-être social et sociétal ? Par ailleurs, un tel modèle favorise-t-il la croissance des partenaires, ou, au contraire, a-t-il un rôle d'inhibition sur leur croissance ? Ce sont les fondements de ces thèmes qui sont à étudier pour pouvoir qualifier ou non le pays d'un État prédateur

1-l'État allemand est-il un État prédateur ?

Il ne fait aujourd'hui aucun doute que l'Allemagne, tout comme la Chine, est en train de développer une stratégie de maximisation de sa compétitivité économique au niveau mondial, visant à la conquête toujours plus grande de marchés internationaux pour s'assurer des excédents commerciaux toujours plus importants, symboles incontestables de pouvoir et de puissance au niveau mondial. A cet égard, l'Allemagne a été parfois qualifiée de ''la Chine de l'Europe''. Cependant, ces deux pays qui ont les mêmes objectifs n'empruntent pas la même voie pour y parvenir. La Chine a développé, à cet effet, une stratégie de sous-évaluation compétitive de sa devise, le yuan, tandis que l'Allemagne a développé sa compétitivité sur la base d'un cours de l'euro élevé, supérieur à sa parité d'origine (le cours a même dépassé par moment celui de 1,50 USD). Cependant, les deux nations se retrouvent sur un point important : leur stratégie respective condamne leur demande intérieure à rester une variable secondaire et à exercer en conséquence une pression sur la consommation des ménages. En effet, dans les deux cas, la stratégie qui est menée implique une compression volontariste des salaires, et de façon générale, des revenus.

Que l'Allemagne soit tournée à nouveau ''vers le grand large'', et donc vers des pays extérieurs à l'Union, n'est pas nouveau. Déjà, entre les deux guerres, l'Allemagne avait développé une économie basée en grande partie sur le commerce international, dont le port de Hambourg, avec ses nombreuses agences commerciales et officines d'intelligence économique était la tête de pont. Déjà, à cette époque, l'offensive commerciale allemande dans le monde ne s'embarrassait pas de principes, et selon les circonstances, l'arme monétaire ou l'arme douanière, ou même l'espionnage, servait à satisfaire les intérêts commerciaux de l'Allemagne. On sait où cela a mené. Les débuts de la République fédérale allemande, après la laborieuse phase de reconstruction, jusqu'aux années 60, ont été caractérisés aussi par une forte et vigoureuse reprise des exportations, mais sur une base plus saine, et dans le respect des règles du commerce international et de la compétition : prix et qualité ont été alors les critères essentiels qui ont permis l'expansion des exportations allemandes, expansion qui a généré d'énormes excédents commerciaux et renchéri progressivement la valeur du mark. La réunification de l'Allemagne a ensuite, dans les années 90, coïncidé avec des difficultés économiques majeures, dont beaucoup avaient été sous-estimées dans l'euphorie psychologique de la réunification : notamment, endettement massif de l'État et des administrations publiques pour financer les investissements colossaux en Allemagne de l'Est, tendances inflationnistes liées à la surévaluation du mark-est et à sa parité officielle bien qu'artificielle fixée par le gouvernement de l'ex-Chancelier Helmut Kohl, augmentation des salaires et des coûts, et perte de compétitive générale. Cela a correspondu à une période noire de l'histoire récente de l'Allemagne et à un déficit de croissance. D'ailleurs, à cette époque, la croissance française a été en moyenne supérieure d'un point à celle de l'Allemagne. Puis, l'Allemagne s'est redressée à nouveau, surtout après l'entrée en vigueur des mesures draconiennes connues sous le nom de ''lois Hartz'', au cours de la mandature de l'ex-Chancelier Gerhard Schröder, dont l'objectif a été de créer une stratégie de compétitivité économique pérenne, en exerçant une forte pression sur les coûts, en vue de redynamiser les exportations allemandes, de relancer la croissance et de réduire le sous-emploi. Cette machine conçue pour conquérir des marchés extérieurs a été une machine diabolique, puisqu'elle a impliqué et implique toujours deux corollaires :

- une pression salariale forte, contribuant à contracter le pouvoir d'achat des ménages et donc la demande intérieure, demeurée atone depuis lors : les Allemands ont donc connu une stagnation de leurs revenus et, en conséquence, de leur pouvoir d'achat, ce qui a, entre autres, déclenché une progression de la pauvreté (cf. index du coefficient IHD calculé par les Nations Unies, déjà commenté). On a pu parler à cet égard d'une stratégie prédatrice interne au pays.

- une aggravation des difficultés de nombre des partenaires européens de l'Allemagne, dont la France et la Grande-Bretagne, dans le cadre de leurs politiques d'exportation vers l'Allemagne, en raison précisément du caractère atone de la demande intérieure qui prévalait dans le pays. En définitive, la stratégie de compétitivité allemande s'est retournée contre ses partenaires principaux, et donc, contre leur croissance, en raison de la contraction de leurs exportations vers l'Allemagne. Il y a lieu de parler à cet égard d'une stratégie prédatrice extérieure. Certes, depuis l'été 2010, la demande intérieure allemande a faiblement progressé, ce qui ne peut modifier toutefois la tendance de fond. Une hirondelle ne fait pas le printemps. En fait, l'Allemagne n'a été que peu réceptive à ces reproches provenant de ses grands partenaires européens, reproches qui furent pourtant relayés par le Secrétaire américain au Trésor, Timothy Geithner, le 27 mai 2010, à Berlin. L'Allemagne, sûre de son modèle, n'a que très peu apprécié ces remontrances. Alors que les États-Unis, lors du sommet du G20 tenu en Corée, ont essayé d'enrayer cette stratégie, dont ils ressentent aussi les effets négatifs, en essayant d'imposer des plafonds aux excédents commerciaux, l'Allemagne s'est alors rapprochée de la Chine, qui se trouve dans la même situation, pour leur opposer une fin de non-recevoir. La tentative d'encadrement des excédents commerciaux allemands - tout comme ceux de la Chine - a donc volé en éclats. La machine infernale à dominer les marchés mondiaux tout en pénalisant les exportations de ses partenaires vers le marché allemand poursuit donc son cours. Cette stratégie provoque un malaise de plus en plus grand en Europe. Pis encore, on aurait pu s'attendre à une décélération de cet effet en raison de la crise mondiale ; elle ne s'est pas produite, ou très peu, car la machine à fabriquer des excédents a aussi fonctionné en période de crise, en raison même de la spécificité des produits allemands exportés.

2-état des lieux de la compétitivité allemande et de la compétitivité française :

Un des index les plus appropriés pour mesurer la compétitivité est celui publié chaque année par le ''Forum économique mondial''. Ce classement utilise des critères variés tels que la qualité des institutions, l'environnement macroéconomique, le secteur de la santé, le système éducatif du premier degré (primaire), la qualité de l'enseignement supérieur et de la formation, les efficacités respectives des marchés du travail, des finances, et des biens, les avancées technologiques, ainsi que les divers aspects de complexification du monde des affaires et de l'innovation. De façon générale, les statistiques ne comptent que pour 20 % dans la constitution de l'index, les 80 % restants étant fournis par des sondages appropriés qui, bien sûr, peuvent avoir un aspect subjectif. Sur ces bases, pour la période 2010-2011, le classement des 139 pays comparés en matière de compétitivité globale aboutit à classer la Suisse en 1re position avec 5,63 points; l'Allemagne apparaît dans le classement en 5e position, avec 5,39 points, tandis que la France apparaît seulement en 15e position avec 5,13 points.

Même si un tel classement fondé plus sur des sondages que des statistiques avérées peut apparaître contestable, il n'empêche qu'il est considéré comme un des meilleurs classements dans le monde des affaires. Selon ce sondage, un écart existe donc entre l'Allemagne et la France, au profit de l'Allemagne. Si l'Allemagne maintient sa position par rapport à l'année précédente (rang n°5) et que la France gagne pendant ce temps une place dans le classement (rang n° 15 au lieu de n°16), il n'en reste pas moins qu'une dizaine de positions sépare toujours les deux pays dans le palmarès. Globalement, l'Allemagne est donc mieux placée que la France en matière de compétitivité. Une analyse plus fine indique cependant quels sont les points forts et faibles de chacun des deux pays.

En particulier, pour la rubrique ''besoins de base'', l'Allemagne obtient la note de 5,9 alors que la France obtient celle de 5,7. Cet écart s'explique par les notes suivantes pour les sous-rubriques concernées : supériorité allemande évidente pour la sous-rubrique institutionnelle (5,5 contre 5,0) pour celle des infrastructures (6,4 contre 6,2), celle de l'environnement macroéconomique (5,3 contre 5,0), mais légère supériorité française en matière d'éducation de base (6,3 en Allemagne, 6,4 en France).

Les notes qui correspondent à la rubrique ''coefficient d'amélioration de l'efficience économique'' sont par contre équivalentes dans les deux pays, et égales à 5,1. La supériorité allemande s'exerce particulièrement dans les sous-rubriques ''marché des biens'' (5,0 contre 4,7), santé (6,0 contre 5,8) et la taille du marché (6,0 contre 5,8), tandis que la France l'emporte dans les autres sous-rubriques : ''éducation supérieure et formation'' (France 5,4 ; Allemagne 5,3), ''marché du travail'' (France 4,5 ; Allemagne 4,4), ''marché financier'' (France 5,0 ; Allemagne 4,6) et, ce qui est plus surprenant, en matière ''d'avance technologique'' (France 5,5, Allemagne 5,4).

Enfin, pour la rubrique ''innovation et facteurs de progrès'', l'Allemagne l'emporte à nouveau sur la France (5,5 contre 4,8) avec de meilleures notes pour les sous-rubriques ''affaires'' (5,8 contre 5,2) et '' innovation'' (5,2 contre 4,5).

L'analyse montre que dans le domaine des besoins dits de base, l'Allemagne est toujours mieux placée que la France, sauf dans le domaine de la santé et de l'éducation, ce qui renvoie à la politique drastique de réduction des dépenses publiques allemandes, notamment dans ces deux domaines, et ce, depuis l'époque du Chancelier Gerhard Schröder.

Dans le domaine des coefficients dits d'accroissement de l'efficience économique, les deux pays sont au contraire à quasi-égalité, avec une supériorité allemande pour l'efficacité des marchés de biens et la taille des marchés, tandis que la France l'emporte en matière d'enseignement supérieur et de formation, de l'efficacité du marché de l'emploi, du développement du marché financier et en matière de technologie.

Mais dans le domaine qualifié ''d'innovation et de progrès'' autant dans celui du ''secteur des affaires'' que dans celui de l'innovation, l'Allemagne reprend à nouveau le dessus.

C'est donc pour l'essentiel, dans les domaines du ''climat des relations sociales'' et dans celui de la ''capacité à innover'', que le retard de la France reste à combler. Notons aussi que pour le marché du travail, jugé insuffisamment flexible pour les deux pays, l'Allemagne et la France restent mal notées, à des niveaux sensiblement identiques de part et d'autre.

3-les raisons de la supériorité allemande en matière de compétitivité : les leçons de l'Allemagne :

Outre le fait que les modèles de croissance économique des deux pays sont radicalement opposés, reposant chacun sur un moteur différencié qui rend chacune des économies plus ou moins dépendante des variations de la conjoncture mondiale, l'Allemagne, dans le cadre de son modèle basé sur une politique de l'offre, a pu accroître sa compétitivité mondiale grâce à des politiques bien spécifiques aux caractéristiques suivantes :

3.1- une recherche effrénée de la qualité de la production, avant tout industrielle :

Cette politique de qualité industrielle n'est pas nouvelle, mais aujourd'hui, elle a gagné ses marques de noblesse et elle est reconnue par tous au niveau mondial. Face à la concurrence, d'autres pays fabriquant des produits plus banalisés, l'Allemagne s'est imposée par la spécificité de ses produits et par leur qualité éprouvée. Cette stratégie permet à l'Allemagne de faire face à un euro fort, car, pour de nombreux clients étrangers, la qualité allemande n'a pas de prix, et donc l'achat de ces produits est largement insensible au niveau de prix pratiqués, d'autant que l'Allemagne jouit de plus d'un certain oligopole de production dans des domaines-clé tels que l'électro technologie, le travail des métaux, la construction mécanique, la machine-outil, l'automobile de luxe, la mécanique de précision, l'optique, les produits chimiques pharmaceutiques et phytosanitaires, pour ne citer que les plus connus et reconnus. Sur ces produits, la concurrence étrangère n'a pas beaucoup d'emprise, y compris celle qui provient des pays émergents.

La situation de la France est bien différente, car, mis à part quelques secteurs de pointe, ses exportations sont constituées de produits de plus en plus banalisés, et, en conséquence, elle est confrontée de plus en plus à la concurrence des pays émergents. Pour de tels produits banalisés, l'effet prix joue un rôle fondamental, et il est rarement à l'avantage de la France. Étant donné que cette concurrence est alimentée par des coûts de bas niveau, les exportateurs français doivent rogner sans cesse sur leurs marges pour continuer à vendre, facteur qui réduit d'autant leurs bénéfices. Par ailleurs, contrairement à l'Allemagne, en raison du rôle primordial de l'effet prix pour ces produits, les exportateurs français sont très sensibles à une forte valorisation de l'euro, phénomène qui joue beaucoup moins pour les exportateurs allemands. La France est donc sensible au durcissement de la politique monétaire européenne.

3.2-un taux de profit de plus en plus important pour les entreprises allemandes, contrairement à la situation française:

Alors que les taux de profit dans les deux pays étaient sensiblement identiques avant l'an 2000, puisqu'ils représentaient en 1999 près de 9 % de chaque PIB, l'écart s'est creusé de plus en plus, en particulier du fait du poids inégal des charges sociales pesant sur les entreprises de chacun des deux pays, mais aussi à cause d'une progression différenciée des salaires, et d'un effet ''qualité'' inégal. Fin 2007, avant la crise, le taux de profit des entreprises allemandes avait ainsi atteint 10 % du PIB allemand, alors que celui des entreprises françaises ne représentait plus que 5 % du PIB français. Cet écart sensible a des conséquences directes sur les investissements des entreprises des deux pays. Ainsi, les meilleurs taux de profit allemands ont permis une augmentation des capacités d'autofinancement des entreprises et facilité l'expansion des investissements sans recourir au crédit, donc à moindre coût, ce qui, en conséquence, a permis de relancer la compétitivité des entreprises allemandes dans le monde. Une politique de recherche appliquée audacieuse est aussi facilitée par ce cycle vertueux au niveau des entreprises, et il ne faut pas s'étonner alors que le nombre de brevets déposés chaque année par l'Allemagne soit supérieur à celui des brevets déposés par la France. D'ailleurs, il convient d'ajouter que l'Allemagne s'est faite en plus le symbole de l'alliance de la recherche privée et de la recherche publique. C'est au contraire le phénomène opposé qui prévaut en France ; de plus, pour les entreprises françaises, de moindres profits, toutes proportions gardées, se traduisent inexorablement par une limitation souvent inquiétante des capacités d'autofinancement ; elles en sont alors réduites à limiter leurs projets d'investissement (que ces projets soient de rentabilité ou de capacité), et donc leur voilure, ou contraintes souvent à recourir à des financements de projets par emprunt, ce qui péjore leurs coûts et donc nécessairement leur compétitivité. Ainsi se creuse inexorablement un écart de compétitivité entre les deux pays.

3.3- un tissu de PME/PMI allemandes performantes :

Ces PME/PMI constituent le bras armé de l'industrie allemande, et sont bien aguerries sur les marchés de l'exportation pour lesquels elles ont accumulé, au fil des ans, une grande expérience ; elles font preuve dans leur domaine respectif de grandes ambitions. Elles constituent, compte tenu de leur poids, le socle de l'industrie allemande actuelle. Ainsi, alors que la plus grosse part des exportations françaises repose sur quelques ''champions nationaux'' (ressortant pour la plupart du panel des entreprises du CAC 40 ou du SBF 120), et, à tout le moins, sur un nombre restreint de secteurs industriels, l'Allemagne, bien au contraire, peut aligner un nombre impressionnant de PME/PMI, autant sur le marché domestique que sur le marché international.

Toute entreprise qui a un chiffre d'affaires inférieur à 50 millions d'euros et un personnel inférieur à 500 personnes est qualifiée en Allemagne de PME/PMI. Près de 3 500 000 PME/PMI allemandes, représentant en tout plus de 99 % des sociétés allemandes, et détenant 70 % de tous les actifs d'entreprises du pays, sont actives. Dans cette masse, 10 400 constituent des entreprises de taille intermédiaires ou ETI, appelées le ''Mittelstand''. Elles constituent le vrai poumon de l'économie allemande, et elles jouent même un rôle irremplaçable dans la formation professionnelle, puisqu'elles contribuent à former, à elles seules, 80 % des apprentis du pays. Depuis 1970, elles portent le nom de ''colonne vertébrale de l'économie allemande''. Parmi ces PME/PMI, petites ou moyennes, 400 000 sont actives à l'étranger et contribuent donc à l'exportation des produits allemands : on estime que 98 % des exportations allemandes proviennent des PME/PMI. Elles ne sont d'ailleurs pas présentes dans le seul secteur industriel, mais aussi dans celui des services et du commerce. Leur poids se répartit ainsi : 49 % dans le secteur des services, 31 % dans celui de la production et 20 % dans celui du commerce. Elles sont donc de plus en plus intégrées dans le nouveau partage mondial du travail. C'est donc grâce à ce réseau de PME/PMI que l'économie allemande est présente dans le monde et qu'elle a conquis le titre de second pays exportateur, juste derrière la Chine, qui lui a ravi la première place depuis quelques mois seulement.

Ces entreprises ont traversé avec succès la plupart des crises, y compris les plus récentes, car elles possèdent de nombreux atouts qui constituent de vrais facteurs de croissance.

Tout d'abord, elles sont, en moyenne de taille plus grande que les PME/PMI françaises et dégagent donc un chiffre d'affaires supérieur, générateur de profits plus élevés. En moyenne, le chiffre d'affaires dégagé par une PME/PMI française est près de 23 % inférieur à celui des PME/PMI allemandes. Elles ont aussi développé des stratégies de niche, dans des secteurs spécifiques de mono produit ou de mono technique, voire de mono service, dont elles arrivent, avec le temps, à prendre le leadership au niveau mondial. Contrairement aux PME/PMI françaises qui se veulent plus polyvalentes, ces entreprises allemandes ont le culte de la spécialité et de la qualité. Par exemple, l'entreprise de portes Dorma a réussi à s'imposer dans le monde pour l'équipement des portes des gratte-ciels. On retrouve ces PME/PMI dans de nombreux secteurs, comme l'électronique, la mécanique, les nanotechnologies, le solaire, le travail des métaux, la construction mécanique, l'automobile, la mécanique de précision et bien sûr dans le secteur des services.

Elles ont su constituer de solides partenariats avec leurs clients, domestiques ou étrangers et arrivent, en général, à autofinancer leurs dépenses de R&D (recherche et développement), ce dont ne sont pas capables les PME/PMI françaises, en général. Des partenariats de recherche avec l'État existent aussi.

Elles ont aussi constitué de puissants liens avec le secteur bancaire local, où elles peuvent se financer en cas de besoin. Bien au contraire, les PME/PMI françaises, plus petites et aux bénéfices plus limités, rencontrent des difficultés pour se financer, car le système bancaire français, jusqu'ici, ignore souvent les PME/PMI : les banques ont pris l'habitude d'aider d'abord les grandes entreprises, ce qui diminue leurs risques.

L'État fédéral, conscient du rôle fondamental que jouent ces entreprises, a mis à leur disposition un système d'aides ciblées, malgré le fait que ces entreprises bien gérées et dégageant un bon taux d'autofinancement aient un besoin limité d'aides. Ces aides ont été prévues cependant par une loi fédérale relative au soutien du ''Mittelstand''. Malgré cela, toutes ces entreprises demeurent assez allergiques aux aides. En France, au contraire, les PME/PMI avant les récentes mesures fiscales relatives à la réduction de l'ISF (impôt sur la fortune) ont fait l'objet de peu d'attention de la part de l'État, lequel a toujours été enclin à aider par priorité les grandes entreprises.

Grâce à leurs bénéfices, les PME/PMI allemandes participent aussi activement à la politique de l'investissement du pays, ce qui les rapproche, à ce titre, des grands groupes industriels.

Enfin, ces PME/PMI sont peu dépendantes des oscillations boursières et des bourrasques financières : en effet, elles constituent essentiellement des structures familiales, gérées historiquement par les mêmes familles, où ingénieurs et techniciens sont traditionnellement fort nombreux, jusqu'ici tout du moins. L'auto organisation et l'autofinancement constituent leur maître mot et garantissent leur indépendance.

La France, bien au contraire, se caractérise par un tissu de PME/PMI bien plus restreint : on en compte, toutes tailles confondues, 250 000 dans le secteur industriel et 900 000 dans le domaine des services, loin des 3 500 000 PME/PMI allemandes. La plupart de ces entreprises sont de petite taille. Mais dans cette masse, seules 4 200 sont des entreprises de taille intermédiaire (ETI), contre 10 400 en Allemagne. La différence est saisissante. Même dans le secteur des services, les effectifs salariés moyens sont moins importants que ceux des PME/PMI allemandes du même secteur. Le déficit des PME/ PMI par secteur est très important en France. Rien que dans l'industrie mécanique, les experts s'accordent sur le point qu'il manque près de 1 000 PME/PMI en France. Globalement, on estime qu'il manque entre 2000 et 3000 ETI en France. Le nombre des PME/PMI est donc insuffisant en France, mais leur taille l'est aussi, car elles constituent le plus souvent une microstructure de 1 à 9 salariés seulement.

En général, elles ne développent pas de stratégies de niche comme c'est le cas en Allemagne, mais elles s'avèrent être plutôt polyvalentes, ou bien elles se constituent en sous-traitants ou fournisseurs des grands pôles industriels français dont elles deviennent dépendantes, pour le meilleur et pour le pire. Elles ne possèdent donc pas, dans ce dernier cas tout du moins, la grande liberté de stratégie des PME/PMI allemandes. Le fait qu'elles soient le plus souvent polyvalentes ne leur permet pas d'ailleurs de dominer techniquement un marché, ce que permet seulement une stratégie de niche. Par ailleurs, la stratégie de qualité de ces entreprises françaises, malgré certains progrès récents, n'a jamais atteint celle des PME/PMI allemandes.

Leurs débouchés sont le plus souvent nationaux, voire régionaux ou locaux : seulement près de 3 à 4 % d'entre elles sont tournées vers l'exportation, ce qui constitue une différence fondamentale avec l'Allemagne.

Ces PME/ PMI ne constituent pas, par ailleurs, la cible privilégiée des banques, en matière de crédit, ce qui ne facilite nullement leur expansion et leurs investissements, les banques ayant pris l'habitude de donner priorité aux grands groupes industriels pour lesquels les risques sont mieux circonscrits. Leurs besoins financiers non couverts sont en conséquence fréquents.

Elles ont été écartées jusqu'ici du marché des offres publiques, qui, dans les faits, ne profite qu'aux grands groupes. Cette situation ne stimule donc pas leur croissance qui ne peut être que modérée.

En résumé, les PME/PMI des deux pays sont, sans nul doute, très différentes, et ne produisent pas les mêmes effets sur leur économie respective, en terme de valeur ajoutée et donc de croissance, en terme d'emploi, en terme de recherche appliquée, en terme de commerce extérieur. Une grande part de la compétitivité de l'économie allemande réside dans cet immense réseau maillé de PME/PMI qui constitue le véritable moteur de la croissance du pays et le fer de lance des exportations. Elles constituent donc sans nul doute le socle de la compétitivité de l'économie allemande.

Il est patent que le nombre de PME/PMI françaises est insuffisant, eu égard à l'Allemagne, et eu égard aux nécessités de la croissance actuelle. Il est patent aussi que les PME/PMI françaises n'ont pas en général atteint une taille optimale pour être économiquement efficaces et aptes à exporter : il existe en effet un lien entre taille d'entreprise et propension à exporter.

Il est enfin patent, qu'à taille égale, une PME/PMI allemande exporte plus qu'une PME/PMI française, ce qui dénote des différences de culture et de traditions notoires : l'entrepreneur allemand est naturellement tourné vers l'extérieur du pays, alors que l'entrepreneur français est lui tourné vers l'intérieur.

La France est donc, en matière de compétitivité, eu égard à l'Allemagne, dans une situation d'infériorité notoire. Son déficit de PME/PMI, et surtout d'ETI, explique, à lui seul, une part importante du différentiel de compétitivité. De plus, quand les PME/PMI françaises exportent, elles ont rarement une stratégie de niche. En exportant des produits de plus en plus banalisés sur des marchés de plus en plus saturés, ces entreprises françaises sont de plus en plus forcées de se battre sur le niveau de prix consenti, face à des concurrents venant de pays émergents et pouvant naturellement offrir des prix plus compétitifs. Cette situation implique, pour les PME/PMI françaises exportatrices, un écrêtement permanent des marges et donc une contraction de leur rentabilité, situation inverse de celle qui prévaut pour les PME/ PMI exportatrices allemandes. En effet, les entreprises allemandes, privilégiant des marchés de niches et profitant du haut niveau de qualité de leurs produits, se permettent d'imposer leurs prix qui sont rarement discutés, et ce, même dans le cas d'un euro surévalué.

La France se doit, pour augmenter sa compétitivité, de s'inspirer du modèle allemand du ''Mittelstand'', et d'incorporer dans sa future stratégie relative aux ETI, trois leviers qui font cruellement défaut aux PME/ PMI françaises actuelles: innovation, investissement et exportation.

Globalement cependant, le nombre d'entreprises françaises, toutes tailles confondues, s'avère être supérieur à celui existant en Allemagne, du fait de la surabondance des auto-entrepreneurs et des entreprises de moins de cinq salariés. Ces dernières entreprises ne sont pas des PME/PMI, et dans son ensemble, il est patent que la France souffre, eu égard à l'Allemagne, d'un déficit de vraies ETI. Ce qui compte en fait, ce n'est pas le nombre d'entreprises enregistrées au Registre du Commerce, c'est le pourcentage des ETI (Entreprises de taille intermédiaire) par rapport au nombre total d'entreprises. Tant que la France n'aura pas atteint ce pourcentage optimal, ce qui passe non seulement par la création de nouvelles PME/PMI, mais aussi par l'évolution de nombreuses PME/PMI existantes en ETI, la France, en matière de compétitivité, ne pourra pas rattraper l'Allemagne qui constitue un modèle unique dans ce domaine. Tant que ce nombre optimal d'ETI ne sera pas atteint, la France ne pourra pas non plus rattraper son retard en matière d'innovation et d'exportation, même si certains progrès récents ont été réalisés, tels que la mise à disposition des ETI françaises de l'INPI (Institut national de la propriété individuelle) et la création d'un ''crédit recherche'' en matière fiscale. Il s'avère, en France, que le Plan ''Cap Export'' lancé en 2005 est amplement insuffisant. On ne saurait s'étonner alors que la France accuse un retard alarmant en ce qui concerne non seulement la pénétration du marché chinois, mais aussi, celui, plus proche, des États membres de l'Union. Tout ceci mérite réflexion, dans un contexte où les entreprises françaises, petites, moyennes et grandes, se targuent de posséder pourtant un réseau de près de 30 000 établissements à l'étranger, occupant pas loin de 5,5 millions de personnes ! Mais les PME/PMI françaises y sont peu représentées. Certes, la France peut se targuer de ne pas être aussi en retard dans le secteur des services et d'appartenir dans ce domaine au peloton des quatre premiers exportateurs mondiaux, mais une fois de plus, les PME/PMI françaises contribuent peu à l'établissement d'un tel classement. Il manque absolument à l'économie française un fort réseau de PME/PMI innovantes, d'abord dans le domaine industriel, mais aussi dans le domaine des services. C'est parce que l'économie allemande peut s'appuyer sur un tel réseau qu'elle prospère dans le monde. Deux preuves suffiront à étayer ce diagnostic :

- pendant la crise que nous traversons, tous les pays industriels ont perdu des parts de marché, sauf l'Allemagne. Ainsi, malgré la crise, dans le domaine particulier de la construction automobile, où les grands constructeurs cohabitent avec de nombreuses ETI, la production allemande est passée de 5,2 à 5,4 millions de véhicules, celle de la France est passée de 3,2 à 2 millions.

- grâce aux ETI, l'expansionnisme du commerce allemand est devenu tel, que l'Allemagne est même devenue désormais le premier investisseur étranger en France, à la place des États-Unis. Or, les USA y détenaient la première place depuis la fin de la Seconde Guerre mondiale.

Pour retrouver une grande part de sa crédibilité économique, une véritable promotion des ETI doit être entreprise en France pour stimuler à la fois la croissance et les exportations. Cela implique en partie, mais en partie seulement, le rôle de l'État, tant il est vrai, qu'en France, rien de fondamental ne peut s'opérer sans son concours : cela passe par un soutien à l'innovation, une aide au financement, une meilleure accessibilité aux crédits bancaires, une simplification des procédures administratives et juridiques, une meilleure maîtrise des langues étrangères dans le monde du travail, un meilleur soutien des Chambres de Commerce en matière de formation, une culture d'intelligence économique devenue indispensable dans un monde instable et dangereux, et surtout, l'éclosion d'un nouvel état d'esprit entrepreneurial tourné désormais vers la conquête des marchés extérieurs.

Cependant, il ne faudrait pas conclure que tout est négatif en France. Au contraire, des lueurs d'espoir viennent d'apparaître. Selon l'enquête récente effectuée en 2009 par le groupe d'assurance-crédit ''Euler Hermès'' portant sur 700 000 entreprises, il s'avère qu'en pleine crise, les PME/PMI françaises, bien qu'insuffisantes en nombre, ont maintenu, dans presque tous les secteurs (sauf ceux liés à l'automobile et dans ceux du bois et du papier), un haut taux de rentabilité avec des retours sur investissements compris entre 10 et 15 %. La clé de ces performances inattendues provient du recours massif à l'intérim, et donc la recherche d'une forte flexibilité du travail, domaine dans lequel la France n'avait jamais été très en pointe jusqu'ici. Sans méconnaître que cette flexibilité accrue pose de nouveaux problèmes sociaux, il faut reconnaître aussi que le retard structurel des ETI françaises, eu égard à l'Allemagne, est en train de se résorber quelque peu, même si beaucoup reste à faire.

Enfin, il faut noter que certaines réformes structurelles favorables aux ETI viennent d'être entreprises en France, comme le ''crédit d'impôt recherche'', susceptible de relancer le processus de recherche et de développement (dont le mécanisme a été malheureusement altéré), la disparition de la taxe professionnelle, les pôles de compétitivité, la réforme universitaire, le grand emprunt, mais leurs effets ne se feront sentir qu'à moyen terme. La France rattrape lentement son retard en matière de dépôt de brevets, puisqu'elle est au 8e rang mondial alors que l'Allemagne pointe au 5e rang, car cette dernière y consacre une part plus importante de son PIB (2,6 % contre 2,1 % en France). Mais une analyse plus fine montre que, dans les secteurs porteurs d'avenir, le retard français sur l'Allemagne est encore considérable. Ainsi, en matière de brevets en biotechnologies déposés entre 2001 et 2005 dans le monde, seuls 4,6 % sont français, mais 11,2 % sont allemands. En matière d'énergie solaire, la France n'a déposé pendant cette période que 147 brevets, quand l'Allemagne en déposait 1 221. Sur ces marchés porteurs, où les PME/PMI jouent un rôle majeur, le retard de la France devient plus que préoccupant.

La France vient aussi de modifier sa législation poussiéreuse sur la création d'entreprise, avec notamment la création du statut d'auto-entrepreneur, mais l'Allemagne l'avait déjà devancée depuis plusieurs années. Une des ''lois Hartz'' y était consacrée (création des ''Ich-AG''), loi qui fut ensuite abandonnée, car trop onéreuse. Seule satisfaction pour la France : selon l'indice ''des facilités à mener des activités commerciales dans le monde'' publié par la Banque Mondiale, la France serait arrivée au second rang des pays pris en compte dans cette étude, juste après les États-Unis, mais devant l'Allemagne : le temps légal pour créer une entreprise serait de 7 jours en France, de 6 jours aux États-Unis, mais de 15 en Allemagne. La France est en train de changer, mais trop lentement.

3.4-la compétitivité allemande par la modération des coûts : les dures prescriptions du célèbre ''Agenda 2010'' :

Il s'agit d'un autre aspect important de la compétitivité allemande, et non des moindres. Alors que les coûts allemands avaient considérablement augmenté dans les années qui ont suivi la réunification allemande, notamment en matière salariale, une politique radicale de désinflation compétitive, dont l'aspect brutal en matière sociale a été souvent souligné, a été mis en place sous les auspices de l'ex-Chancelier Gerhard Schröder. Ces mesures impopulaires furent une initiative du SPD, et cela mérite d'être souligné, mais l'essentiel de ces mesures a été reconduit par la Chancelière Angela Merkel. Parmi toutes ces mesures draconiennes, celles appelées ''lois Hartz'' sont les plus importantes.

Ces mesures, introduites par Peter Hartz, ancien directeur des Ressources humaines de Volskwagen, se sont étalées sur la période 2003-2005 et ont eu pour but de modifier en profondeur le Code social allemand (''Sozial Gesetzbuch''), notamment son chapitre II (SGB II), en réformant le marché du travail dans un sens d'une plus grande flexibilité, en vue de créer les conditions d'une nouvelle compétitivité pour l'économie allemande. Comme on le sait, cette compétitivité avait été mise à mal depuis la réunification du pays. Sur un plan éthique, ces principes de ''fordern und fördern '' (soit ''exiger et encourager'') ont fait passer l'Allemagne du principe d'une ''justice égalitaire'' à celui d'une ''justice équitable'', tout en préservant au maximum la cohérence et l'efficacité du modèle économique reposant sur la théorie de l'offre. L'ambition affichée dès l'année 2002 était de diminuer par deux, en l'espace de quatre ans, le nombre de chômeurs qui était alors de quatre millions. Pour y parvenir, les ''lois Hartz'' ont voulu inciter les chômeurs à reprendre un emploi en durcissant les conditions d'indemnisation, en facilitant les conditions de cumul de l'aide sociale et des revenus d'activité, pour mettre fin au chômage volontaire et au phénomène des ''trappes à inactivité''. Mais aussi, parmi les objectifs moins avoués, il y avait celui d'un meilleur contrôle de la vie des ayants droit, ainsi que celui de la création d'un vaste secteur tertiaire occupant des salariés peu qualifiés et peu payés, mais permettant d'absorber la grande masse des chômeurs. L'ensemble de ces mesures devait aboutir à abaisser considérablement le coût salarial, dans un pays où déjà la notion officielle de SMIC n'existait pas. Ces lois fondamentales adoptées sous un gouvernement SPD ont été reprises ensuite parle gouvernement de coalition ''rouge-noir'' puis par la nouvelle coalition CDU/CSU/FDP du gouvernement actuel d'Angela Merkel.

La loi Hartz I, qui a pris effet le 01/01/2003, a eu pour but de simplifier les procédures d'embauche dans un sens plus libéral, d'inciter les demandeurs d'emploi à souscrire à des formations professionnelles, et à créer des missions de travail temporaire avec des conseillers personnels.

La loi Hartz II, qui a aussi pris effet le 01/01/2003, a complété le processus précédent en créant la notion devenue célèbre de ''mini job'' (contrat de travail de type précaire à court terme) et celle de ''midi job''(donnant droit à un salaire compris entre 400 € et 800 € par mois) tout en incitant les demandeurs d'emploi à créer leurs entreprises individuelles (''Ich-AG'') grâce à des subventions appropriées, et en octroyant même des crédits à taux d'intérêt modérés aux PME/PMI qui embaucheraient des chômeurs .

La loi Hartz III, qui a pris effet le 01/01/2004, a eu pour objet de restructurer les agences pour l'emploi et de créer des ''Job centers'' au plan local pour mieux encadrer les demandeurs d'emploi.

La loi Hartz IV, qui a pris effet à compter du 01/01/2005, a été la plus radicale et a constitué le cœur de la réforme, en réduisant les indemnités versées aux chômeurs de longue durée qui refuseraient d'accepter des emplois en dessous de leur qualification. De tels chômeurs pouvaient être embauchés à des niveaux de salaires inférieurs à ceux des conventions collectives (pouvant aller jusqu'à 1 € l'heure); la loi prévoyait aussi que les allocations de chômage puissent être diminuées au cas où les ascendants ou descendants posséderaient des ressources suffisantes. Cette loi prévoyait que les allocations chômage soient versées seulement pendant 12 mois et non plus 32 mois, période après laquelle le chômeur de longue durée n'aurait droit qu'à une simple aide sociale, proche du RMI français, aide d'ailleurs modulable en fonction des autres conditions de revenus et de patrimoine de l'intéressé.

Ainsi, une personne seule était habilitée à recevoir une aide mensuelle de 359 euros par mois, à condition d'accepter les offres d'emploi proposées par les agences spécialisées, offres allant jusqu'à des travaux d'utilité publique facturés 1 € l'heure.

De telles décisions radicales visant à restructurer non seulement le monde du travail, mais aussi les rapports sociaux, ont reçu un accueil mitigé : accueillies avec enthousiasme par les milieux patronaux et une grande partie de la classe politique, elles ont déchaîné des manifestations parmi les salariés (manifestations hebdomadaires semblables aux ''Montags demo'' ou manifestation du lundi, à l'époque des années 80 en RDA). Au bout d'un certain temps, ces lois ont fini par ''entrer dans les mœurs'' et elles constituent désormais la base des relations sociales, et même le socle sur lequel est bâti le système économique allemand. Doit-on parler d'un miracle allemand, ou bien, comme certains le prétendent haut et fort, d'une sorte de sacrifice national ? Vraisemblablement des deux. Pour le patronat, ces ''lois Hartz'' sont le fondement même de la compétitivité et de la croissance actuelles du pays. Pour une partie du peuple résigné, ces lois marquent le début d'une longue période de sacrifices qui a plongé dans la pauvreté et la précarité près de 15 % de la population, selon Eurostat. Ainsi près de 7 millions de personnes, dont 1,7 million d'enfants, dépendent désormais des lois ''Hartz IV''. Même le Tribunal des Affaires sociales de Kassel a été forcé d'intervenir, estimant que les prestations accordées aux enfants étaient sous-évaluées et devaient être reconsidérées. De son côté, le Tribunal constitutionnel fédéral de Karlsruhe est allé jusqu'à proclamer que certaines dispositions de la loi Hartz IV étaient incompatibles avec l'article 1 de la Loi fondamentale garantissant le ''droit à une existence digne'' en ce qui concerne les conditions des enfants de parents sans emploi ou de familles monoparentales. Quant à la Cour de Justice européenne, elle a annulé certaines parties de la loi qui autorisant l'emploi de chômeurs de plus de 52 ans en CDD illimités.

Il est difficile d'affirmer que ces lois ont été un franc succès si on en juge aux résultats. Ses effets n'ont pas été immédiats. Tout d'abord, l'Institut de Recherche sur le Travail de Nuremberg a montré que ces lois n'avaient pas résolu le problème du chômage de longue durée. Quatre années après la promulgation de la première ''loi Hartz'', soit en 2006, le chômage initial (environ 4 millions de chômeurs) n'avait pas été diminué de moitié, mais avait au contraire augmenté (4,5 millions de chômeurs). Il est vrai que, depuis, il a sensiblement diminué (taux de chômage de 7,4 % en février 2011), ce qui dénote quand même un retard notoire des effets attendus.

Le coût de la réforme s'est révélé plus élevé et plus vaste que prévu, provoquant une augmentation des dépenses sociales. En 2006, le projet de ''Ich-AG'' a été d'ailleurs abandonné, car trop onéreux. Enfin et surtout, selon les mots mêmes de Kurt Beck, Secrétaire général du parti SPD, ces lois ont donné naissance à la création de ''couches inférieures'' au sein de la société, couches culturellement sans avenir. Une sorte de prolétariat, version moderne, est ainsi née.

Dans ce contexte de lutte acharnée pour la compétitivité, comment a réagi la France ? Pour l'essentiel, les commentateurs français ont surtout relevé le caractère agressif et antisocial des ''lois Hartz'', allant jusqu'à démontrer que le système de croissance allemand basé sur la théorie de l'offre était un système antisocial, exigeant, faisant payer au peuple, et particulièrement aux plus humbles, un prix excessif et disproportionné. Les ''lois Hartz'', si elles avaient été appliquées en l'état en France, comme dans tout autre pays latin, auraient inévitablement dégénéré en une confrontation sociale majeure qui aurait déstabilisé le pays. Les structures anthropologiques, mentales et culturelles d'un pays constituent des paramètres fondamentaux qu'on ne saurait bafouer. Elles peuvent certes évoluer, mais comme tout élément structurel, lentement et sur le long terme. Néanmoins, la France, au cours des cinq dernières années, a essayé d'emprunter, avec des succès mitigés, certains éléments du modèle allemand, sans démonter cependant le socle de son modèle de croissance basé sur la demande. Ainsi, le contrat ''nouvelle embauche'', imaginé sous le gouvernement de Dominique de Villepin, s'inspirait déjà des deux premières ''lois Hartz''. La contestation sociale qu'il a soulevée a obligé le gouvernement d'alors d'abroger la loi, pourtant votée par le Parlement. Sous les gouvernements Fillon qui ont suivi, la création du Pôle Emploi représente une initiative proche des ''Job Centers'' que la loi Hartz IV avait créés en Allemagne. La création de la fonction d'auto-entrepreneur, dont la France se glorifie en ce moment, a été aussi largement inspirée par la création du système allemand des ''Ich-AG'', prévu dans la ''loi Hartz II'', mais abandonné depuis. Le RMS (revenu minimum d'insertion), récemment mis en œuvre en France, s'inspire aussi largement d'une partie, mais d'une partie seulement, de la ''loi Hartz IV''. Ainsi, par petites touches successives et indépendantes, la France, depuis ces cinq dernières années, a essayé de se rapprocher de certaines dispositions des ''lois Hartz'', sans toutefois oser constituer un corps de doctrine global et homogène, semblable à celui en vigueur en Allemagne. Aucun gouvernement français, quel qu'il soit, ne pourra jamais, sous peine de révoltes sociales, imposer un tel corps de doctrine si étranger à la culture française dominante. Il ne pourra que ''grappiller'' certaines dispositions du modèle doctrinal allemand, en essayant d'adapter certains de ces éléments, parmi les moins provocateurs. Un rapprochement dans le domaine fiscal est ainsi à l'étude. Il pourrait aboutir en partie. Mais le système de croissance français reste viscéralement un modèle basé sur la demande. Le risque d'une rupture totale du modèle français est trop élevé : ce serait celui d'une confrontation sociale virulente, sans comparaison avec celle qui a prévalu en Allemagne. Les deux peuples sont viscéralement et anthropologiquement différents. Pourtant, la France devra, par des méthodes propres et appropriées à son histoire, consentir à se dépasser pour rétablir une compétitivité écornée à l'heure de la mondialisation, afin de retrouver la maîtrise de son propre destin. Le plus dur reste à faire.

3.5-la pression sur les coûts renforcée par la l'inexistence officielle d'un salaire minimum national :

En Allemagne, on estime que près de 7 millions de citoyens ''sont pauvres tout en travaillant'', alors que dans beaucoup d'autres pays, les citoyens sont ''pauvres parce qu'ils ne travaillent pas''. Cette association salaire/pauvreté est un des paradoxes de l'économie allemande moderne. C'est une autre caractéristique de la vie sociale allemande, et loin des plus reluisantes, pour tout observateur étranger. Alors que la plupart des membres de l'Union - 20 pays sur 27 - ont accepté l'introduction d'un salaire minimum légal dans leur économie, l'économie allemande méconnait toujours officiellement ce concept. En fait, cette absence de salaire minimum officiel (c'est-à-dire défini et imposé par une loi fédérale) est liée à la longue tradition historique allemande de salaires librement négociés dans chaque branche, entre employeurs et syndicats, sans intervention de l'État fédéral. La raison de cette hostilité est claire, et elle est cohérente avec le modèle allemand basé sur la théorie de l'offre, modèle par essence libéral. Dans ce contexte, tout salaire minimum est considéré comme un ''sur paiement'' d'une prestation consistant à accroître indument - d'un point de vue économique- le salaire des travailleurs les moins qualifiés, et donc à surestimer le coût du travail eu égard à la prestation accomplie. Il est paradoxal, pour un citoyen français, que certains syndicats allemands (notamment AG Metal) se soient longtemps prononcés contre l'introduction d'un salaire minimum, non pas pour les considérations économiques susvisées, mais uniquement du fait qu'une telle généralisation allait à l'encontre de l'utilité de la fonction syndicale qui est avant tout de négocier. D'autres (''Verdi'') se sont montrés plus conciliants. Tout ceci explique aisément que, sous l'empire des ''lois Hartz'', particulièrement de la loi ''Hartz IV'', des salaires horaires de l'ordre de 1 €/heure, fort nombreux dans certaines professions (par exemple, dans la coiffure, notamment dans l'ex-RDA), aient été considérés comme légaux et donc acceptables. La tentative d'introduire un salaire minimum dans le secteur postal (dans une fourchette allant de 8 € à 9,80 € l'heure) a été un échec cuisant, car le principe même de la loi a été dévié, l'ancien monopole (Deutsche Post) l'ayant utilisé pour tenter d'évincer ses concurrents potentiels qui ne pouvaient absorber immédiatement un tel salaire dans leur prix de revient. En effet, pour certains d'entre eux, l'introduction d'un salaire minimum dans une activité de main d'œuvre renchérissait leurs coûts de 30 % et les mettait ainsi hors du champ concurrentiel. C'est pour cela que le Tribunal de Berlin a rejeté cette introduction de salaire minimum dans le secteur postal à la demande des concurrents potentiels de la Deutsche Post. Ce faisant, c'est la notion de salaire minimum qui a été aussi mise en cause par ce jugement.

La question a un peu évolué depuis quelque temps. Une loi de 1996, connue sous le nom de ''Arbeitsnehmer-Entsende Gesetz'', avait déjà interdit que les négociations bilatérales par branche aboutissent à la fixation d'un salaire indécent. Le parti SPD, s'écartant des principes des ''lois Hartz'' qu'il avait pourtant contribué à faire adopter, prône désormais l'introduction d'un salaire minimum consensuel, donc négocié (''Mindestlohn'') pour chaque branche, avec des variantes sensibles, ce qui le différencierait du SMIC français. De même, le parti des ''Verts'' est aussi en faveur de l'introduction d'un salaire minimum spécifique dans chaque branche, avec un niveau différencié par branche. Le mot d'ordre syndical est devenu : « pas de salaire horaire inférieur à 8,50 € de l'heure dans chaque branche. » Certaines branches riches en main-d'œuvre ont déjà conclu bilatéralement un accord de salaire minimum, avec, dans certains cas, un niveau de salaire horaire supérieur à 8,5 € l'heure. Mais seuls quelques secteurs (surveillance, nettoyage industriel, BTP, secteurs de la peinture, du ramassage des ordures, des soins à la personne, personnel ferroviaire, etc.) ont introduit un tel dispositif. Ce dernier est donc loin d'être généralisé. Le patronat reste toujours convaincu que c'est une stratégie suicidaire, alors que des pays libéraux, comme le Royaume-Uni ou les États-Unis, l'ont déjà adopté, et que selon une étude approfondie de l'Université de Berkeley - que le patronat allemand se refuse à avaliser- le salaire minimum n'a pas du tout contribué depuis 16 ans à affaiblir, ni la compétitivité, ni la flexibilité américaine. La coalition gouvernementale actuelle est aussi contre une telle généralisation, affirmant que l'augmentation de la charge salariale qui en résulterait au niveau de l'économie entraînerait une hécatombe d'emplois. Les instituts économiques allemands sont aussi sur cette même longueur d'onde : l'institut IFO de Munich prévoit dans une telle perspective la destruction de 1,9 million d'emplois, tandis que l'institut IW de Cologne, plus pessimiste, va même jusqu'à prévoir une perte de 4 millions d'emplois.

Il est facile de comprendre alors que, de 1995 à 2006, la masse salariale allemande n'ait progressé que de 9,5 % en Allemagne, alors que, pendant ce temps, elle a progressé de 49 % en France. En 2008, 18 % de la population allemande travaillaient, tous secteurs confondus, pour un salaire horaire inférieur de 7,50 € l'heure; 1,9 million d'Allemands gagnaient moins de 5 € l'heure, certains même, dans l'ex-Allemagne de l'Est, ne gagnaient pas 3 € l'heure, selon l'Institut de recherche IAQ. Avec les ''lois Hartz", la part des employés gagnant moins de 7,50 € l'heure a augmenté, dont 2/3 de femmes, selon une étude de l'Université de Duisbourg (''Institut pour le Travail et la qualification''). Pour les petits emplois, la part des personnes qui gagnaient un salaire horaire de 7,50 € l'heure était de l'ordre de 75 %, selon cet Institut. On comprend qu'avec de telles conditions, les marges des entreprises aient eu tendance à s'accroître rapidement au cours des dernières années.

Le niveau du salaire est devenu ainsi au cours des ans une donnée stratégique pour l'économie allemande. Certains grands groupes, comme Daimler Benz, ont même négocié des réductions effectives de salaires de 14 %, en théorie pour sauver l'emploi. Les groupes Opel, Siemens et Volkswagen ont aussi pratiqué des réductions conséquentes de salaires pendant la grande crise. Tout ceci a conforté la compétitivité allemande.

Dans un tel contexte, et jusqu'à maintenant, si on ne prend en compte que l'intérêt des entreprises, l'absence généralisée d'un salaire minimum officiel pour toutes les branches constitue un avantage essentiel pour la compétitivité allemande. De plus, quand ce salaire existe dans une branche donnée, il est inférieur à celui existant en France. Cet avantage est encore plus redoutable quand on pense qu'il n'existe pas, en Allemagne, un nombre d'heures de travail maximum légal fixé par l'État, tout reposant sur les conventions de branche. Dans un tel contexte de dumping social, la France se trouve désarmée. Sa seule défense a été depuis peu d'abolir les ''coups de pouce'' annuels qui étaient autrefois gracieusement octroyés pour fixer le niveau nominal du SMIC et de s'en tenir à une simple revalorisation calée sur l'inflation. Maigre compensation ! Dominique Strauss Kahn, en tant qu'ex-Directeur général du FMI, ne pouvait avoir tort lorsqu'il affirmait récemment que l'Europe communautaire devait avant tout homogénéiser son marché du travail, ce qui passe par une harmonisation des lois sociales en vigueur dans chaque pays. L'Allemagne risquerait alors de perdre en partie cet avantage de compétitivité décisif, d'autant que les grands syndicats allemands, contrairement à leur position en 2006, réclament désormais l'introduction d'un salaire minimum dans toutes les branches. Il est clair que, jusqu'ici, une part de la compétitivité allemande a été fondée sur le dumping social.

3.5-l'introduction d'une TVA sociale est venue renforcer la compétitivité allemande :

Créée au Danemark dès 1987, la TVA sociale a été introduite, dès 2007, en Allemagne. Elle consiste à affecter une partie du produit de la TVA à la couverture de la protection sociale, ce qui induit, soit une baisse des cotisations sociales des entreprises, soit évite qu'elles n'augmentent davantage. Cette stratégie part du principe que l'augmentation des cotisations sociales entraine une baisse de la compétitivité nationale, donc une perte de croissance à moyen terme, préjudiciable à tous. Le financement de la protection sociale par un prélèvement de cotisations sociales tend à renchérir automatiquement la production nationale par rapport aux biens importés, alors que la protection ne profite pas seulement aux salariés, mais à tous les consommateurs. Un tel concept de TVA sociale permet de frapper tous les produits consommés, qu'ils soient fabriqués dans le pays ou importés, et de ce fait, les produits importés participent donc aussi à la couverture de la protection sociale nationale. Cette thèse a toujours un grand écho dans les pays libéraux. C'est pour cela que, lors de la campagne électorale de 2007, la coalition CDU/CSU en avait fait une mesure phare qui fut appliquée dès que la coalition est arrivée au pouvoir. Ainsi, le 01/01/2007, le taux principal de TVA qui était de 16 % est passé à 19 %. L'inflation qui en a suivi a été modérée et a été estimée à 1 %, car elle a été absorbée au même moment par la baisse des produits énergétiques, sinon, elle aurait été environ de 1,5 %. Les entrepreneurs n'ont pas d'ailleurs répercuté sur leurs prix la totalité de l'augmentation de la TVA. La raison en est simple. Face à une consommation tendanciellement atone, ils n'avaient nullement intérêt à la faire chuter, ce qui explique la modération de la hausse des prix pratiquée. Ce gain de 2 % de TVA a été affecté pour 1/3 à la réduction des charges sociales, et donc des prix de revient, et pour 2/3 à la réduction des déficits publics fédéraux, deux facteurs qui, de façon autonome, concourent à l'amélioration de la productivité. Tout en se montrant neutre en matière de financement de la sécurité sociale, la TVA, appelée sociale, aurait, selon les milieux gouvernementaux, contribué à l'amélioration du marché de l'emploi grâce à une meilleure compétitivité de l'économie.

La France se trouve, dans ce domaine, dans un contexte politique très différent. Déjà, le concept de TVA sociale y est considéré comme une thérapie libérale allant à l'encontre de la consommation des ménages, et donc comme une mesure peu populaire. Mais de plus, techniquement, les marges de manœuvre pour une progression de la TVA y sont étroites, car le taux principal de TVA y est déjà de 19,5 %. Par ailleurs, contrairement à ce qui s'est passé en Allemagne, on peut craindre que toute augmentation sensible de la TVA n'induise un processus inflationniste. En effet, face à une consommation des ménages dynamique, les entreprises pourraient avoir intérêt à répercuter la totalité de la hausse sur les prix de vente, sans en prendre une partie à leur charge, comme cela s'est fait en Allemagne. De ce fait, la stratégie de TVA sociale y apparaît au prime abord plus risquée. Face à l'Allemagne qui, tout comme le Danemark auparavant, a utilisé la TVA sociale comme une arme de guerre économique pour augmenter sa compétitivité, la France se trouve, dans ce contexte, plus démunie.

Sur un autre front, celui des charges sociales, alors que l'Allemagne a réussi à transférer en dix ans bon nombre de charges sociales représentant pas loin de 1,2 % du PIB des entreprises vers la fiscalité supportée par les citoyens, la France a suivi un chemin inverse, pour un montant de l'ordre de 0,4 % de son PIB, générant ainsi un différentiel de 1,6 % de PIB qui pèse lourdement sur la compétitivité des coûts français. Louis Gallois, Président exécutif d'EADS a récemment mis cette anomalie en exergue. De plus, les salaires des cadres allemands s'avèrent plus compétitifs en raison d'une plus forte dégressivité des charges sociales en fonction des revenus.

3.6-le recours massif au travail partiel comme facteur de compétitivité :

Le recours au temps partiel (''Kurzarbeit'') est devenu inconsidéré dans l'Allemagne d'aujourd'hui. En temps de crise, de nombreuses entreprises ont eu recours à cette pratique plutôt qu'au licenciement. Il s'agit d'une stratégie mise en œuvre entre l'État, le patronat et les syndicats, stratégie qui n'est pas neutre pour les finances publiques, puisqu'elle a déjà coûté près de 3 milliards d'euros à l'État. Les syndicats qui ont donné leur accord à une telle stratégie y ont trouvé aussi leur compte, puisqu'elle permettait de limiter ainsi le chômage, les salariés restant toujours intégrés au sein de la même entreprise. Cependant, une telle stratégie a aussi considérablement favorisé les entreprises elles-mêmes. En réduisant les heures travaillées, les entreprises ont diminué aussi leur masse salariale, et donc leur coût ; mais, par la même occasion, en maintenant leurs salariés dans l'entreprise, ces dernières ont économisé les coûts de formation que ces entreprises auraient assumés si, après avoir licencié massivement du personnel pendant la crise, elles en avaient réembauché après la crise, pour faire face à la nouvelle croissance. Or, c'est ce qui s'est passé en France, où le recours au temps partiel a été beaucoup moins utilisé. On a pu calculer ainsi que le travail partiel représentait 2,8 % de la population active allemande, ce qui, toutes proportions gardées, correspond à une population quatre fois plus importante qu'en France. Ainsi, tout en pesant à la baisse sur les statistiques de chômage, la stratégie de temps partiel a permis à l'économie allemande d'améliorer sa compétitivité, en économisant, lors de la reprise actuelle, des coûts non négligeables de formation et d'intégration de nouveaux salariés.

3.7-la recherche d'une plus grande compétitivité par une évolution des principes de gestion des entreprises :

Le modèle rhénan que certains, comme Henrik Uterwedde, économiste de l'Institut franco-allemand de Ludwigsburg, ont même appelé ''capitalisme coopératif'', a été fortement malmené ces dernières années par les milieux patronaux allemands eux-mêmes. Alors que grâce au système de cogestion (''Mitbestimmung''), l'Allemagne avait réussi à construire un système de gestion paritaire reposant sur la participation des salariés aux grandes décisions de l'entreprise, et donc sur une gestion par consensus, la crise a contribué à ébranler le système qui passait pour être dans le monde un modèle de stabilité.

En effet, jusqu'en 2007, la cogestion avait été adoptée par 767 sociétés. Pour les seules entreprises de 500 à 2000 salariés, le conseil de surveillance est composé par un tiers de représentants du personnel ; pour les entreprises de plus de 2 000 salariés, cet organe étant par contre composé à parité de représentants des salariés et des actionnaires. Dans une situation de blocage, le président dispose alors d'un droit de vote double. Ce système a relativement bien fonctionné jusqu'à la crise, et il était même envié par beaucoup de pays, à l'exclusion des pays anglo-saxons. Mais la crise a entamé ce bel équilibre qui correspondait à ce que l'on a appelé le modèle rhénan ou encore l'économie sociale de marché. Ainsi, en période de crise, la participation des syndicats aux décisions des entreprises a été plutôt efficace, évitant le plus souvent le recours à la grève et favorisant la paix sociale. A titre d'exemple, l'entreprise de production d'énergie ''EnBW'' (troisième groupe de ce secteur) a vu passer ses effectifs, de 2003 à 2004, de 40 000 à 20 000 salariés sans aucun licenciement, avec l'accord des syndicats. Un tel processus serait impensable en France. Ainsi, d'une certaine manière, en préservant la paix sociale en temps de crise, le système de cogestion a œuvré à la préservation de la compétitivité allemande, eu égard au système français jugé trop conflictuel par les Allemands.

Mais le patronat a exigé toujours plus de résultats tangibles au niveau des entreprises et il a vu dans le maintien de la cogestion, sur le long terme, et non seulement en période de crise, un handicap majeur en matière de compétitivité, en raison de son fort caractère contraignant. Il a été même jusqu'à parler d'anachronisme allemand, dans un monde de globalisation rapide obligeant toujours à plus de réactivité. Il a d'ailleurs été aidé dans ce travail de sape par l'adoption du statut de société de droit européen et par sa transcription en droit allemand, travail qui a mit en exergue l'isolement juridique des entreprises allemandes en Europe et dans le monde et, en conséquence, leur difficulté à pouvoir affronter victorieusement les processus de fusion-acquisitions, fer de lance du capitalisme actuel. Le patronat a aussi profité de l'affaiblissement du syndicalisme allemand qui s'est manifesté à la suite du processus rapide de la mondialisation, et surtout à la suite des difficultés industrielles consécutives à la réunification allemande. Déjà, en 2003, contrairement à la tradition de consensus, les syndicats n'avaient pas réussi à obtenir de compromis dans les grèves dures qui s'étaient étendues au sein d'IG Metal dans les Länder de la défunte RDA.

C'est dans ce contexte favorable à ses intérêts que, dès 2006, la Fédération des employeurs allemands (BDA) et la Fédération de l'industrie allemande (BDI) ont commencé à plaider, non pas pour l'abrogation brutale de la cogestion, mais pour un système optionnel plus souple, donnant plus de droits aux actionnaires, première étape avant une réforme pure et simple. Le

Président du BDI de l'époque, Mr Rogowski, est allé jusqu'à affirmer que « la cogestion était une grande erreur de l'histoire. » Il justifiait son point de vue par le fait que ce système représentait une perte de temps, obligeant à rechercher constamment des compromis entre patronat et salariés. Il pensait aussi que c'était un désavantage compétitif eu égard aux concurrents étrangers, anglo-saxons notamment, défavorisant ainsi les groupes allemands dans le cadre des stratégies de fusion. Même si certains grands groupes allemands (comme Daimler Chrysler, Allianz, Porsche ou EnBW) n'ont pas épousé cette thèse, cette dernière a eu un grand retentissement au sein du patronat allemand. C'est alors qu'on a vu surgir un projet d'accord libre par lequel le patronat et le personnel devaient eux-mêmes décider dans quelle mesure la cogestion devait être appliquée et si elle devait avoir lieu au sein du conseil de surveillance, ou à l'extérieur (comité d'entreprise). Alors, en l'absence d'accord, la cogestion au tiers aurait pu être organisée, ou bien une certaine influence aurait pu être consentie aux salariés par l'intermédiaire d'un conseil consultatif. Pour l'essentiel, le but du patronat était de se rapprocher désormais du modèle de gestion anglo-saxon dans lequel le pouvoir est exclusivement confié aux actionnaires.

Cependant, et contraire à toute attente, certains jugements récents ont rendu possible l'établissement, en Allemagne même, de sociétés régies par un cadre légal étranger, permettant d'échapper ainsi à la cogestion. Par plusieurs biais et artifices, un glissement lent vers un système de gestion à l'anglo-saxonne s'est fait jour. On n'assiste pas vraiment à un craquement brutal, mais à une érosion lente du système, permettant aux entreprises de se prévaloir de plus de réactivité et de flexibilité, et d'une meilleure aptitude à gérer les processus de fusion-acquisitions, processus qui sont vitaux pour l'économie allemande. Même dans les secteurs où la cogestion classique fonctionne normalement, des dysfonctionnements sont apparus, annonciateurs de déshérence progressive du système rhénan. Ainsi, la cogestion au sein de l'entreprise Lufthansa n'a pu empêcher la grève des pilotes de quatre jours lancée en février 2010 par un de ses syndicats (''Cockpit'').

Le patronat sort gagnant de ce conflit larvé, et chaque fois qu'il le peut, en ne sollicitant plus de consensus, il réduit le temps des décisions, confortant ainsi la stratégie exclusive de l'entreprise et de son actionnariat. Ce faisant, dans le contexte concurrentiel de la globalisation où la rapidité des prises de décision est un critère positif, ce processus tend, d'une certaine manière, à améliorer la compétitivité de l'entreprise allemande.

Ainsi on peut, en matière de compétitivité, retenir désormais deux schémas en la matière :

- le schéma qui a prévalu en période de crise économique, dans lequel la cogestion a abouti à une consolidation de la paix sociale, à la réduction des grèves, et, indirectement, à une amélioration collective de la compétitivité de l'économie ; ce schéma tend à perdre de l'importance.

- le schéma de croissance économique de longue période, dans lequel la cogestion, considérée comme un handicap majeur dans le cadre d'une économie globalisée, est progressivement contournée ou édulcorée, permettant un pilotage des entreprises allemandes à l'anglo-saxonne, en vue d'accroître leur compétitivité.

Ainsi, à multiples occasions, la cogestion a été dans le passé un facteur de compétitivité, en favorisant la paix sociale. Son détournement constituera aussi à l'avenir, sous une autre forme, un critère de compétitivité au service de l'économie allemande, en accélérant les prises de décision.

Enfin, de façon plus générale, la cogestion a permis de peser sur les stratégies de délocalisation, en limitant leur ampleur. Même lorsque le phénomène s'est produit, les industriels allemands ont été forcés, à la demande des syndicats, de conserver ''leur cœur de métier'' sur le sol national, en ne délocalisant que les activités accessoires et non essentielles, contrairement à ce qu'ont fait bon nombre d'entreprises françaises.

3.8-autres facteurs ayant une action sur l'accroissement de la compétitivité allemande :

- l'existence importante d'immigrés sans statut légal, surtout depuis la fin du communisme : ce phénomène contribue largement par son ampleur, et par les conditions de travail qui échappent au respect de la loi, à augmenter la compétitivité globale de l'économie allemande.

- l'existence d'un marché de travail secondaire, mais légal : il convient de rappeler à cet égard l'ouvrage de Wallraff Günter, ''Tête de Turc'', qui reste toujours d'actualité, et qui démontre comment une main d'œuvre surexploitée, aux conditions salariales légales, mais inacceptables d'un point de vue éthique, et à statut très précaire, contribue à l'accroissement de la compétitivité du pays. A ce titre, la faculté qui va être octroyée prochainement aux citoyens de certains nouveaux pays membres de l'Union, de pouvoir travailler en Allemagne, comme dans tout autre ancien pays membre de l'UE, ne va pas manquer de constituer une nouvelle réserve de main d'œuvre qui contribuera à la stabilité des salaires, voire à leur diminution, et en tous les cas, à une amélioration de la compétitivité économique du pays.

- il existe aussi des écarts salariaux sensibles entre les salariés de l'ancienne Allemagne de l'Ouest et ceux de l'ancienne Allemagne de l'Est. Installer des usines à l'est du pays, constitue toujours un avantage compétitif pour une entreprise allemande en général, car cette stratégie permet de profiter d'un dumping salarial significatif. Un salarié sur cinq, en Allemagne de l'Est, est payé au niveau minimum salarial de branche (quand il existe). Les disparités de revenus entre l'Ouest et l'Est sont éclatantes. Le revenu annuel moyen brut en Allemagne en 2009 était environ de 27 648 euros. Alors que le Land de Hambourg se situe en tête du classement, avec un salaire annuel moyen de 32 883 euros brut, suivi de près par la Hesse (en moyenne 31 043 euros), le Bade-Wurtemberg (en moyenne 29 413 euros) et la Bavière (en moyenne 28 915 euros), les anciens Länder de la RDA se retrouvant en queue du classement. Le salaire annuel brut moyen s'élève ainsi à 23 322 euros bruts par an dans le Brandebourg, à 22 819 euros dans la Saxe, à 22 648 euros dans la Saxe-Anhalt, et à seulement 22 289 euros dans la Thuringe. Le Land de ''Mecklembourg-Poméranie antérieure'' est le dernier de tous les Länder avec un salaire moyen de 21 890 euros par an. La fracture géographique entre les revenus régionaux est nette : les 5 anciennes régions de la RDA ont les salaires les plus faibles d'Allemagne (il existe en moyenne plus de 10 000 euros d'écart entre les salaires hambourgeois et ceux du Mecklembourg-Poméranie antérieure). Le cas de Berlin est aussi significatif. Le Land est au 7e rang du classement, mais là aussi, on remarque une nette différence entre les salaires de l'ancien Berlin-Ouest et ceux de l'ancien Berlin-Est. Dans les professions de l'industrie, du commerce, et des assurances, le salaire moyen brut par heure a évolué entre 2002 et 2006 de 15,09 euros à 16,08 euros à Berlin-Ouest, tandis qu'il a seulement augmenté de 12,91 euros à 13,83 euros à Berlin-Est. Le journal ''Frankfurter Rundschau'' des 11 et 19 décembre 2008 révélait que le salaire horaire maximum d'un conducteur de transports publics (l'entreprise ''Sonnenschein'', en l'occurrence) était alors de 3,87 euros, situation qui a fait l'objet d'une procédure judiciaire pour ''travail indigne'' de la part du grand syndicat Verdi.

- l'utilisation intensive, hors de l'Allemagne, de 1990 à 2005, des conditions de travail des salariés des nouveaux pays membres de l'Union, dans lesquels l'économie allemande s'est fortement délocalisée: les PME/PMI qui constituent la colonne vertébrale de l'économie allemande se sont beaucoup délocalisées dans les pays de ''l'hinterland'' constitué par les ex-pays communistes situés à l'est de ses frontières. Ils y ont profité de conditions très avantageuses en matière de salaires, de charges sociales et d'impôts qui leur ont permis d'abaisser leur coût de l'ordre de 20 %, et parfois plus. Ce phénomène de dumping social a perduré et permis en conséquence un bond phénoménal de la compétitivité allemande, bien que, le plus souvent, ce sont les ateliers de pièces détachées et non le cœur de métier qui ont été externalisés. Il ne faut pas oublier, pour prendre un exemple, qu'en 2002, une heure d'ouvrier coûtait environ 28,50 euros en Allemagne, alors qu'elle ne coûtait que 5,40 euros en Pologne, et 1,70 euro en Roumanie. Le pays possédait ainsi, à portée de camions, des ateliers de sous-traitants, où elle pouvait aisément s'approvisionner en pièces détachées à bon prix. Après avoir profité de ce phénomène pendant une bonne quinzaine d'années, le trend s'est inversé, mais le phénomène ne s'est pas tari, et un reflux significatif s'est organisé depuis cinq ans, en raison de l'augmentation rapide des salaires dans les ex-pays PECO (pays de l'ancienne zone soviétique), de problèmes chroniques rencontrés en matière de qualité des produits fabriqués et de l'état défectueux des infrastructures, mais aussi du fait que la modération salariale allemande (stagnation ou même baisse des niveaux nominaux des salaires) pouvait alors servir la cause de la compétitivité : tous ces facteurs ont justifié alors le retour de ces entreprises. La compétitivité allemande a donc amplement profité du dumping social que lui a permis son hinterland, à l'est de ses frontières ; puis quand cet avantage s'est atténué, les entreprises allemandes ont tiré profit de la modération de la politique salariale imposée dans le pays. En effet, de 1995 à 2006, la masse salariale allemande n'a progressé que de 9,5 % en Allemagne, alors que, pendant ce temps, elle a progressé de 49 % en France. Sur la période de 2000 à 2010, les salaires moyens européens ont augmenté de 35,5 % quand ceux de l'Allemagne n'augmentaient que de 21,8 %. Dans ce contexte, l'économie française n'a pas su à cette époque, profiter massivement des conditions salariales des pays PECO, sauf à la marge.

- certes, l'avantage salarial relatif dont a bénéficié l'Allemagne jusqu'ici pourrait se dégrader, car la conjoncture allemande évolue sensiblement. Selon l'institut WSI, en 2010, pour la première fois depuis six ans, le revenu réel des Allemands a augmenté de 1,1 % en termes réels (une fois prise en compte l'inflation) et pourrait encore augmenter en 2011, année où l'inflation pourrait redémarrer dans un contexte où certains syndicats sectoriels (secteur de la chimie notamment) réclament d'ores et déjà des augmentations de salaire de l'ordre de 6 à 8 %. Une inflexion est en cours, mais nul ne sait si elle sera durable. L'Allemagne conservera longtemps encore cet avantage salarial en matière de compétitivité.

4-la manifestation de la supériorité de l'Allemagne par rapport à la France en matière de compétitivité :

Comme on l'a vu, c'est surtout vers l'an 2000 que s'est produite une rupture fondamentale dans la compétitivité entre les deux pays, au moment où l'Allemagne avait pratiquement terminé ses immenses chantiers de modernisation et de mise à niveau de l'ancienne RDA et où elle a pu alors consacrer toute son énergie à accroître fortement sa compétitivité au niveau mondial. Auparavant, les analyses montrent que les deux pays avaient des performances voisines dans ce domaine. Cette supériorité acquise depuis l'an 2000 peut être démontrée dans de nombreux domaines.

4.1-parts de marché dans le monde :

Alors que l'Allemagne a vu ses parts de marché dans le monde passer de 8 % à 9 % entre l'an 2000 et l'an 2010, la France, pendant la même période, voyait les siennes baisser de 4,8 % à un peu moins de 3,4 %. Il s'agit donc d'une tendance de fond. Depuis l'an 2000, les exportations françaises ont baissé de 29 % et le nombre des exportateurs français diminue sans cesse. Ils étaient 107 000 il y a dix ans, et ne sont plus que 91 000 en 2010. Les causes majeures de cette chute, pour la France, sont à rechercher d'abord dans l'inadaptation de l'offre et aussi dans le surcoût du facteur travail dans une moindre mesure. D'une façon générale, il est coutume de dire que la France a perdu 1/3 de ses parts de marché à l'étranger en à peine douze ans.

4.2-exportations des deux pays vers la Chine et les pays asiatiques en 2009 :

En 2009, les exportations de l'Allemagne vers la Chine se sont élevées à 36,4 milliards d'euros, celles de la France à 7,9 milliards d'euros, chiffre à peine supérieur à celui de l'Italie (7,8 milliards d'euros). Au premier semestre 2010, les exportations allemandes y avaient augmenté de 56 %, atteignant le chiffre de 25,2 milliards d'euros, soit cinq fois plus que les exportations de la France (5,5 milliards d'euros). Vis-à-vis des pays asiatiques (groupe des pays ASEM), les exportations allemandes se sont élevées à 64,5 milliards d'euros tandis que celles de la France atteignaient 20,5 milliards.

4.3- position respective de la Balance commerciale des deux pays en 2010 :

En 2010, l'Allemagne a dégagé un excédent de 154,3 milliards d'euros, alors que la France enregistrait un déficit de 51,4 milliards d'euros (dont près de 16 milliards d'euros envers l'Allemagne). Au mois de mai 2011, le déficit de la France a atteint un record : 7 milliards d'euros.

4.4- position de l'évolution du solde de la Balance commerciale des deux pays depuis 1995 :

En 1995, l'Allemagne dégageait déjà un excédent de l'ordre de 100 milliards d'euros. Cet excédent était de 154,3 milliards d'euros en 2010, après avoir dépassé même le plafond de 200 milliards d'euros pendant près de cinq ans. Cette évolution témoigne sur la période d'une amélioration constante de sa compétitivité eu égard au reste du monde, même si, depuis 2007, cette balance a connu une légère dégradation (mais légère seulement, compte tenu de la spécificité de ses exportations) liée à la crise économique mondiale.

Au contraire, la France qui dégageait un solde quasiment nul en 1995, a vu son solde se dégrader sans cesse pour atteindre un déficit de 51,4 milliards d'euros en 2010 (en légère amélioration cependant par rapport à 2009 où ce solde était de 53,8 milliards d'euros).

4.5- position singulière de l'excédent commercial de chacun des deux pays eu égard aux pays de l'hinterland allemand (République tchèque, Hongrie, Pologne, Roumanie, Bulgarie) :

On s'attendrait à ce que l'excédent allemand concernant ces cinq pays qui constituent son hinterland économique soit bien plus fort que celui de la France. Il n'en est rien. En effet, l'excédent allemand n'est que de 4,7 milliards d'euros alors que celui de la France accuse 25,9 milliards d'euros. Cela s'explique par le fait que, si l'Allemagne exporte énormément vers les pays de son hinterland, elle importe aussi énormément (en particulier du fait de ses entreprises délocalisées dont les pièces détachées reviennent en Allemagne pour y être assemblées). La Tchéquie présente même un excédent commercial vis-à-vis de l'Allemagne pour ces raisons. La France, bien au contraire, y exporte, bien qu'en quantités moindres que l'Allemagne, mais en revanche, elle importe peu de produits de ces pays, ce qui explique son fort excédent.

4.6- part de marché de la France dans les importations allemandes :

En raison de sa perte relative de compétitivité, et de l'émergence d'une concurrence nouvelle en provenance des ex-pays PECO et des pays émergents, la part de la France dans les importations allemandes s'est érodée pour passer de 12,3 % à 8,11 % en 10 ans alors que celle des ex- pays PECO augmentait de 2,6 % à près de 9 %.

4.7- position de l'Allemagne au sein du groupe des pays du G8 :

Au sein de ce groupe, l'Allemagne a été le seul pays à maintenir ses parts de marché dans le monde pendant toute la crise, démontrant ainsi sa résilience à la crise en matière de compétitivité. Les autres pays ont vu leur part diminuer notamment en raison de la concurrence grandissante des pays émergents.

4.8-détérioration du déficit commercial français eu égard aux autres partenaires européens :

Non seulement son déficit commercial à l'égard de l'Allemagne est de 16 milliards d'euros, mais la France accuse en outre désormais un déficit de 6 milliards d'euros avec la Belgique, de 4 milliards d'euros avec l'Irlande, l'Italie, et les Pays-Bas. La dégradation de son commerce extérieur à l'égard de ses principaux partenaires semble inexorable.

5-la France présente cependant certains atouts pour pouvoir rebondir :

Dans la tourmente de la crise mondiale, la France a réussi pourtant à mieux résister que beaucoup de ses partenaires, hormis l'Allemagne, comme on va le voir.

Le dilemme de la France est que son offre est de plus en plus inadaptée : elle s'est spécialisée dans un nombre restreint de technologies haut de gamme, et certains rares biens d'équipement. Elle continue à exporter cependant des produits de plus en plus banalisés, pour lesquels la concurrence grandissante des pays émergents est énorme, et pour lesquels elle perd sans cesse des parts de marché. Certes, elle exporte aussi des produits de haute technologie, mais les commandes étrangères de produits français de haute technologie (Airbus, TGV, centrales nucléaires, etc.) sont fort dépendantes de la conjoncture en raison de leurs prix, et font donc l'objet d'annulations ou de reports en temps de crise, érosion que les biens d'équipement allemands, correspondant à des besoins plus permanents, ne connaissent pas avec cette même intensité. Les exportations françaises sont donc doublement pénalisées en temps de crise. En période de reprise, les exportations françaises de biens de haute technologie devraient donc connaître une situation meilleure.

Par ailleurs, en matière de services, la France possède encore d'excellents atouts par rapport à l'Allemagne, même si elle est dépassée dans ce domaine par les États-Unis et le Royaume-Uni. La France est déjà dans les quatre premiers exportateurs de services avec un chiffre d'affaires qui voisine 36 milliards d'euros. Or l'expansion des services sera dopée par la libéralisation mondiale de ce secteur encore relativement protégé; il existe donc un potentiel énorme que la France a toutes les chances de pouvoir capter à l'avenir, ce qui devrait améliorer alors sa balance commerciale. Or, dans ce domaine, l'Allemagne a un certain retard sur la France, et donc le marché qu'elle peut estimer pouvoir capter à l'exportation, dans l'optique d'une libéralisation mondiale, est moins important que celui de la France. En conséquence, le différentiel de solde des échanges commerciaux entre les deux pays pourrait être moindre à l'avenir. Par ailleurs, outre le développement du tourisme, qui constitue un de ses fleurons, la France est susceptible de développer des services spécifiques destinés aux entreprises en général, ainsi que les services bancaires, para bancaires et financiers en particulier, domaine où son expertise est appréciée au niveau mondial.

En matière industrielle, sans reproduire le système allemand basé sur la théorie de l'offre, et encore moins dupliquer les ''lois Hartz'' peu compatibles avec la culture et l'éthique françaises, voire même latines, la France pourrait améliorer la compétitivité de son économie, en adoptant des mesures plus ciblées en matière de charges et d'impôts, en insufflant une nouvelle dynamique en matière d'ETI, en favorisant encore plus la recherche par des mesures appropriées, en fluidifiant son marché du travail dans un monde de plus en plus instable et imprévisible, et surtout en s'attaquant frontalement au déficit de ses comptes publics qui pèse sur l'ensemble de ses performances. Des pas ont été faits dans cette direction, mais beaucoup reste à faire encore, vraisemblablement le plus dur.

Enfin, l'évolution des exportations de la France n'est médiocre que si elle se compare avec l'Allemagne. Par rapport aux autres grands pays, sa position est loin d'être aussi mauvaise : ainsi, si les exportations françaises ont chuté de 29 % depuis 2000, le Royaume-Uni a vu les siennes chuter de 39 %, tandis que celles des États-Unis chutaient de 31 % et celles du Japon de 32 %.

CHAPITRE V

LA SUPÉRIORITÉ ÉCRASANTE DE L'ALLEMAGNE FACE AU REPLI STRUCTUREL DE L'INDUSTRIE FRANÇAISE : « LA CHINE OU LA MORT » !

« Au moment où la conjoncture américaine s'affaiblit et où l'Europe s'engage dans des plans de rigueur budgétaire, le choix est simple pour nos multinationales comme pour nos PME : la Chine ou la mort. »

(Der Spiegel, juillet 2010)

L'économiste français, Jean Fourastié, avait prévu que toute économie mature évoluait vers un type de croissance dans lequel la part du secteur tertiaire sur le marché du travail et dans le PIB devenait prépondérante. L'Allemagne et la France n'ont pas dérogé à cette règle puisque chacun d'eux affiche une structure de PIB dans lequel le secteur des services est prépondérant.

Cependant, en termes d'emplois et de valeur ajoutée, alors que la part du secteur industriel se stabilise sensiblement à un haut niveau en Allemagne, elle continue à s'affaiblir en France, ce qui met en relief deux évolutions asymétriques de chacune des économies. Alors que dans le subconscient allemand, l'industrie est synonyme de richesse, il n'en va pas de même dans le subconscient français qui privilégie depuis deux décennies le secteur tertiaire. Pis encore, pour les Allemands, quitte à contrarier les thèses de Jean Fourastié, le moteur de la croissance implique la maîtrise des industries de base dans des secteurs-clés, comme ceux de l'énergie, du BTP, de la métallurgie, de la chimie, de la construction mécanique notamment. La France, qui, au contraire, doit faire face depuis une dizaine d'années au dramatique phénomène de la désindustrialisation, et peine à imposer une reconversion de ses sites industriels, s'est réfugiée dans le mythe de la croissance tirée par le seul secteur tertiaire. Aurait-elle raison ?

On peut parler pour chaque pays de deux modèles eu égard au traitement du secteur industriel :

- le modèle allemand pour lequel le fondement de la croissance repose sur la maîtrise des industries de base, et donc sur une importance relative, mais incompressible, du secteur industriel, malgré l'importance majeure des services : c'est un modèle à deux moteurs.

- le modèle français, reposant sur la primauté stratégique du secteur tertiaire, seul moteur de croissance désormais.

La place du secteur secondaire qui englobe, par définition, les activités de l'industrie (comprenant l'ensemble des industries manufacturières, agroalimentaires et énergétiques) et celles du BTP, différencie les deux économies, et dans ce domaine, l'Allemagne possède une supériorité globale incontestable, même si une analyse plus fine laisse apparaître certaines lacunes, voire certaines craintes, à moyen terme. Cette différenciation est devenue importante, car en principe, l'industrie participe activement au processus d'exportation tout en générant une forte activité de recherche dans le pays. Alors que pour les exportations et la recherche l'économie allemande peut toujours compter sur deux secteurs (industrie et services), l'économie française ne peut miser que sur un seul (celui des services), le secteur industriel voyant son rôle péricliter.

La France, surtout depuis deux décennies, est minée en profondeur par la désindustrialisation. Encore faut-il ne pas confondre la notion de désindustrialisation occasionnée par la chute des effectifs industriels dans la population active, et la désindustrialisation occasionnée par la décroissance de la valeur ajoutée du secteur industriel dans le PIB. Le cas de la France tend à démontrer que ces deux phénomènes peuvent ne pas être parallèles. Ainsi, alors que la part des salariés travaillant dans l'industrie hors BTP diminue inexorablement en France (la France a perdu près de 1,8 million d'emplois dans ce secteur en 30 ans, et 500 000 en 10 ans), la part du secteur industriel, hors BTP, dans le PIB français a eu tendance à baisser plus lentement, puisque selon une étude de la DATAR (Délégation interministérielle à l'Aménagement du territoire et à l'attractivité régionale), cette part qui était d'environ 20 % il y a 20 ans ne serait tombée qu'à 15,6 % ces dernières années ; certains en concluent, peut-être hâtivement, que la productivité de chaque salarié français travaillant dans le secteur industriel aurait considérablement augmenté, de même que la ''valeur'', ou rentabilité, dégagée par chaque entreprise du secteur industriel français. Il convient cependant d'être prudent en matière macroéconomique. Tout d'abord, d'importants transferts de services non essentiels ont fait l'objet d'externalisations de la part d'entreprises industrielles, augmentant d'autant les effectifs du secteur des services et diminuant d'autant ceux de l'industrie, et ce, à effectifs constants. Il s'agit de purs transferts statistiques. Par ailleurs, en matière d'emplois, si les suppressions sont bien comptabilisées, il n'en va pas de même pour les embauches d'employés de l'UE ou d'employés extracommunautaires, sans parler parfois d'embauches illégales, qui échappent par définition à toute statistique, car non déclarées, de sorte qu'aucun statisticien ne saurait évaluer le solde net de ces deux mouvements pourtant bien réels. On sait bien que, dans certains secteurs, le recours à la main-d'œuvre étrangère non déclarée est monnaie courante, et est souvent même toléré. La presse nous le rappelle de temps à autre, à la faveur d'incidents. Le phénomène se complique de toute façon depuis que la main-d'œuvre étrangère de l'UE est autorisée à travailler en France. Ainsi certaines équipes peuvent être constituées par de la main-d'œuvre étrangère, et ce, en toute légalité, pour la réalisation partielle ou totale d'un chantier, par exemple. Dans un tel cas, elles contribuent à la création d'une valeur ajoutée de l'économie française sans pour autant faire partie des effectifs de travailleurs répertoriés comme nationaux. En conséquence et en toute vraisemblance, la chute réelle des effectifs industriels utilisés a été certainement moins brutale que le suggère ladite statistique, laquelle ne concerne que les travailleurs français dument enregistrés. Il s'ensuit que les divergences d'évolution entre la chute des effectifs industriels et la chute de la valeur ajoutée du secteur sont vraisemblablement moins grandes que ce qui est indiqué par les statistiques officielles relatives aux deux indicateurs. Ceci étant, le repli important du secteur industriel français est bien réel. Pourtant, un noyau dur résisterait à ce processus d'érosion. C'est le cas d'activités spécialisées dans un nombre restreint de secteurs haut de gamme.

La crise économique actuelle a eu un effet dépressif important sur les secteurs industriels des deux pays, mais l'évolution respective de sortie de crise des deux pays s'avère dissymétrique, de sorte que l'écart entre les deux pays s'est aggravé en matière de production industrielle. Alors qu'en matière de production industrielle, l'Allemagne a retrouvé son niveau d'avant la crise, le secteur industriel français reste à un niveau inférieur de 8 % à celui du début de crise, différentiel qu'elle ne comblera certainement pas vite (seul le secteur de la chimie a retrouvé son niveau de production antérieur). Les stigmates de la crise sont donc toujours présents dans l'industrie française qui devrait attendre au moins l'année 2013 pour retrouver son niveau de production d'avant-crise. Ceci explique en large partie le différentiel de 2 % entre les taux de chômage respectifs des deux pays : 7 % pour l'Allemagne et 9 % pour la France. Si le différentiel de production industrielle n'est pas rattrapé par la France, ou compensé par une progression significative du secteur tertiaire, l'écart de taux de chômage, constaté aujourd'hui en sortie de crise, risque de se pérenniser longtemps ; il en résultera un différentiel de taux de croissance à moyen terme entre les deux pays, d'autant que la France doit faire face désormais à une forte stratégie de délocalisations d'entreprises, alors que ce phénomène est en voie de résorption progressive en Allemagne. Dans ce dernier domaine aussi, les deux pays n'évoluent pas parallèlement.

En matière d'organisation industrielle, les modèles divergent totalement. Les industriels allemands ont appris à travailler en réseau avec leurs propres équipementiers, en mutualisant leurs ressources nationales et sauvegardant ainsi des emplois nationaux. Les industriels français, bien au contraire, ont préféré mettre en concurrence leurs fournisseurs mondiaux (pratique du ''global sourcing''), cherchant à en retirer des gains en matière de coûts, mais participant ainsi à la réduction des effectifs industriels nationaux. Ces deux modèles industriels continuent à s'affronter.

En matière de recherche, les modèles sont différents. Alors qu'en Allemagne, recherches publiques et privées travaillent en osmose, ce n'est pas le cas général en France. Par ailleurs, les ETI allemandes contribuent puissamment à l'effort de recherche, les ETI françaises beaucoup moins.

Par ailleurs, bien que la structure de la production et celle du tissu industriel soient différentes dans chaque pays, les deux pays ont développé cependant certaines activités pour lesquelles elles sont en position de forte concurrence, ce qui a pour conséquence de créer de façon épisodique un climat délétère entre les deux pays.

Enfin et surtout, l'Allemagne conserve toujours une culture industrielle que la France est en train de perdre définitivement, sans en mesurer pleinement les conséquences. En effet, la France estime toujours que la perte d'emplois industriels reste peu ou prou compensée par la création d'un nombre identique d'emplois dans le secteur tertiaire, et en conséquence, la contraction de son secteur industriel ne lui apparaît pas catastrophique. Or, un tel jugement trop souvent entendu n'est pas suffisamment fondé. L'Allemagne, bien au contraire, a montré que les emplois pouvaient s'accroitre à la fois dans le secteur industriel et dans le secteur tertiaire.

1-les caractéristiques de la supériorité industrielle allemande :

La supériorité de l'industrie allemande s'exprime déjà par son poids : alors que l'industrie allemande représente 25 % de la valeur ajoutée industrielle de toute l'Europe, la France, qui a perdu 20 % du nombre de ses entreprises industrielles, n'en représente plus que 11 % environ. D'ailleurs, la France, depuis 2005, connaît un déficit croissant de ses échanges industriels avec le reste du monde (sauf pour le sous-secteur agroalimentaire). Il en va différemment de l'Allemagne.

1.1-la grande diversité des secteurs sur lesquels repose l'industrie allemande :

Le secteur secondaire (qui regroupe le secteur industriel et les activités BTP), qui occupe près de 30 % de la population active - soit près de 8 millions de salariés - et qui participe à hauteur de 29,1 % à la formation du PIB, si on tient compte du BTP, est le plus important d'Europe. Le secteur industriel (donc hors BTP), qui en est le sous-ensemble le plus significatif, contribue à hauteur de 23 % à la formation du PIB. Ce phénomène est d'autant plus remarquable que l'Allemagne est en grande partie dépourvue de ressources naturelles importantes, à l'exception de la production de lignite.

Malgré des contraintes naturelles, mais utilisant au mieux ses voies de communication et son réseau multimodal d'infrastructures de transport très maillé, l'Allemagne a su construire historiquement un empire industriel diversifié qui s'avère être le plus puissant de l'Europe.

Les sous-secteurs que recouvre cet empire sont, dans un ordre croissant, la construction automobile (près de 778 000 salariés, soit un salarié sur sept) et près de 40 % des exportations allemandes), l'électrotechnique (799 000 salariés), la construction mécanique (près de 870 000 salariés). Il faudrait y ajouter aussi, pour être complet, l'industrie chimique, l'optique et l'agroalimentaire. Mais les parts en matière d'emplois et les parts en matière de valeur ajoutée de chaque secteur ne sont pas toujours identiques. C'est de loin le secteur de la construction de machines et de biens d'équipement qui constitue le fer de lance du secteur industriel puisqu'il génère à lui seul près de 41 % de la valeur ajoutée dégagée par le secteur industriel, et que pour le seul sous-secteur de la construction mécanique, l'Allemagne détient 19 % du marché mondial.

Il ne faut pas oublier non plus que l'Allemagne est le premier producteur d'acier en Europe et le sixième dans le monde. L'Allemagne compte aussi parmi les pays leaders dans de très nombreuses technologies porteuses d'avenir : par exemple, sans être exhaustif, les biotechnologies, les nanotechnologies, les nouvelles technologies de l'information, la biométrie, l'aéronautique, l'électrotechnique et la logistique. Le secteur allemand des technologies de l'environnement (énergie éolienne, photovoltaïque, biomasse) occupe également une bonne position sur le marché mondial, les fabricants allemands d'éoliennes détenant déjà près de 28 % de parts du marché mondial. Parmi les autres technologies importantes, il faut citer, les technologies de l'information et de la communication (TIC), la construction mécanique au sens large, le secteur de la construction automobile et ceux de l'électrotechnique et de l'électronique. Le secteur des TIC connaît en moyenne une croissance supérieure à celle de l'économie nationale. Dans les biotechnologies et le génie génétique, l'Allemagne occupe depuis des années une place prépondérante en Europe et possède d'immenses potentiels de compétence dans les nanotechnologies.

Mais dans un grand nombre d'autres sous-secteurs moins importants d'un point de vue économique, les entreprises allemandes sont aussi bien implantées au niveau mondial, comme le prouvent les succès des entreprises Haribo (bonbons), de Nivea (fabrication de cosmétique), de Playmobil (jouets), de Kärcher (appareils de nettoyage).

1.2-le socle de l'industrie allemande est diversifié et repose sur un nombre très faible de champions nationaux :

Ce ne sont pas les champions nationaux qui constituent le socle de l'industrie allemande. Certes, certains grands groupes comme Siemens, Thyssen Krupp AG, Volkswagen, BMW, Daimler, Porsche, Opel, Basf, Bayer, ont une réputation mondiale et symbolisent les produits ''made in Germany'' dans le monde, mais ce serait oublier que ce sont les PME/PMI, plus exactement les ETI, qui constituent, comme on l'a vu dans les chapitres précédents, l'essentiel de cet immense socle : près de 20 millions de salariés y sont occupés. A ce titre, la structure du modèle industriel allemand s'avère fort différente de celle du modèle français, où les champions nationaux jouent un rôle décisif.

1.3-les ETI allemandes jouent un rôle majeur dans la création de richesses et l'expansion des exportations :

C'est en effet grâce à ces ETI surtout présentes dans le tissu industriel, mais pas exclusivement, que l'Allemagne est devenue la première puissance industrielle européenne et une grande puissance exportatrice. Pendant longtemps ce pays a été le premier exportateur mondial avant d'être devancé par la Chine. La plupart des ETI allemandes travaillent d'ailleurs pour l'exportation. Ces entreprises ne se contentent pas d'ailleurs d'acheter et de vendre, beaucoup sont devenues aussi des investisseurs jouant un rôle positif en matière de croissance tout en développant des activités de recherche et de développement. On a déjà vu que le tissu industriel français est aux antipodes de cette situation.

1.4-la présence d'une main-d'œuvre qualifiée, résultante du modèle scolaire dual allemand :

Le système scolaire allemand qui soutient le secteur industriel repose sur deux piliers, à savoir :

- un cursus normatif qui prépare à l'Université et qui occupe 35 % de jeunes.

- un cursus spécifique qui occupe 65 % des jeunes et qui est orienté vers l'apprentissage.

Ce dernier cursus constitue un des points les plus spécifiques du modèle allemand aboutissant à la formation de jeunes apprentis spécialisés (''Azubis'') ayant reçu une formation à la fois théorique et pratique dans un des sous-secteurs de l'industrie allemande, et prêts à être opérationnels en entreprise ; ce second type de cursus qui attire de nombreux jeunes Allemands explique le faible taux de chômage de la jeunesse allemande qui, avant la crise, en 2007, atteignait 6,7 %, alors que ce taux était de 23 % en France, pays dans lequel un tel cursus n'existe pas.

1.5-l'industrie allemande a su constituer un hinterland reconverti en un atelier géant au service permanent de son industrie :

Ces pays, comme la Pologne, la Tchéquie, la Hongrie, la Slovaquie, la Roumanie, et la Bulgarie, constituent un double avantage pour l'industrie allemande, puisqu'ils lui servent à la fois :

- d'ateliers de fabrication à coûts compétitifs (puisque ces pays ne sont pas des pays de la zone euro) pour sa production industrielle, en particulier pour celle de pièces détachées qui sont ensuite rapatriées en Allemagne pour y être assemblées. Cette stratégie constitue une stratégie de dumping social permettant d'abaisser le prix des produits dits ''made in Germany''.

- de pays d'exportation pour une partie de sa production industrielle.

La proximité de ces pays a permis à l'industrie allemande de se délocaliser sans grands frais, de profiter de conditions salariales bon marché pendant une bonne vingtaine d'années, assurant ainsi une meilleure compétitivité à ses produits. Quand les avantages de ces pays ont commencé à s'émousser, du fait du rattrapage salarial, certaines de ces entreprises ont pu rapatrier leur production en Allemagne, sans grands risques, ni coûts élevés, en raison de la proximité de ces pays situés ''à portée de camion''. Ainsi l'hinterland a servi de levier magistral à la compétitivité allemande, créant par ailleurs des liens de dépendance économique, car ces pays constituent toujours un exutoire de choix pour les exportations allemandes qui ne cessent de s'y développer.

Le modèle de délocalisation allemand s'est affiné au cours des années pour devenir un modèle de délocalisation de pièces, lesquelles sont fabriquées dans les pays voisins de l'hinterland, mais assemblées ensuite en Allemagne, ce qui permet des prix de revient compétitifs qui bénéficient à leur tour aux entreprises allemandes. Ces entreprises qui ont le plus souvent conservé leur cœur de métier en Allemagne ont de plus maintenu sur leur sol des activités de haute valeur ajoutée, comme la recherche et le développement.

1.6-la production industrielle allemande exportée a toujours été relativement insensible au cours élevé de l'euro :

Comme on l'a souligné, l'Allemagne est positionnée sur des produits spécialisés de haute qualité (par exemple machines outils) pour lesquels l'industrie allemande est en position de quasi-monopole et pour lesquels ''l'effet prix'' ne joue pas pour le moment un rôle important, ce qui pourrait changer un jour avec l'arrivée probable de la concurrence des pays dits BRIC. Une autre partie de sa production est composée de produits de luxe, qui, par définition, s'adressent à une clientèle internationale privilégiée, laquelle est aussi peu sensible à ''l'effet prix'', et qui de plus, contrairement à d'autres segments de l'industrie, est peu sensible au phénomène de crise. Ainsi, le groupe Audi a pu obtenir une marge opérationnelle de 5,4 % sur le chiffre d'affaires, en pleine crise économique internationale. Des expertises ont pu montrer que les marges dégagées par les groupes Mercedes et Audi sont très peu sensibles à la valeur de l'euro, bénéficiant ainsi d'un phénomène d'immunité monétaire. Selon des études de marché, cette immunité jouerait aussi pour au moins 6 000 entreprises allemandes du secteur des biens d'équipement. Pour toutes ces raisons, l'industrie allemande s'est rarement plainte de la surévaluation de l'euro.

1.7-l'ex-RDA, qui, pendant longtemps a été un fardeau pour l'économie allemande, s'est reconvertie dans l'industrie de haute technologie :

Ainsi le centre de Thalheim est devenu le plus grand centre de production de cellules photovoltaïques du monde, industrie dopée par les aides de l'Union européenne, une fiscalité nationale attrayante, et une main-d'œuvre bon marché, compte tenu du différentiel salarial entre les deux parties de l'Allemagne. Des clusters se sont ainsi constitués dans de nombreuses régions de l'ex-Allemagne de l'Est, notamment en Saxe, en Thuringe, en Poméranie et au Mecklembourg.

1.8-des entreprises qui dégagent un autofinancement suffisant pour investir et se développer dans le monde :

Alors que le taux de profit reste en France assez constant depuis une décennie, autour de 5 %, il est de l'ordre du double en Allemagne et progresse même. Ainsi ce taux qui était de 9 % en 1999 était de 10 % en 2007. Une telle situation directement liée à la compétitivité permet non seulement aux entreprises allemandes de préserver l'avenir en leur permettant d'investir, et d'intensifier les activités de recherche et de développement, mais elle leur permet aussi de se développer à l'étranger. Entre les entreprises allemandes et françaises, le contraste est saisissant.

1.9-des entreprises tournées résolument vers l'innovation :

Grâce à cette bonne situation financière, les entreprises allemandes qui consacrent une part importante de leurs résultats à l'effort de recherche se sont hissées à la tête de l'innovation. L'Allemagne est ainsi devenue globalement leader en Europe dans ce domaine. L'intensité de l'innovation s'accroît dans le pays. L'Allemagne constitue avec le Royaume-Uni le troisième marché mondial des TIC, devant même les États-Unis et le Japon.

1.10- des entreprises de plus en plus protégées dans le cadre d'une politique de sécurité nationale :

La loi sur le commerce extérieur (AWG) permet désormais au gouvernement d'utiliser un droit de veto permanent pour interdire tout investissement étranger supérieur à 25 % dans toute entreprise relevant de la sécurité et de l'ordre public, alors qu'auparavant, seul le secteur de l'armement était protégé. Cette loi a pour but de protéger les entreprises allemandes contre les ambitions de la Chine, de la Russie et des fonds souverains dont les réserves effrayent l'Allemagne. Les critères de sécurité et d'ordre public sont certes vagues, mais ils permettent une action défensive dans nombre de secteurs autres que ceux de l'énergie et des communications. La Russie est d'ailleurs particulièrement concernée, après ses tentatives visant à intégrer le capital de Deutsche Telekom via le conglomérat ''Sistema'', et à entrer dans le capital de la DB via sa société étatique de chemins de fer. Ainsi, malgré qu'elle se proclame toujours comme étant un État libéral, l'Allemagne a soigneusement verrouillé les stratégies prédatrices de nombreux États, grâce à une politique de sécurité économique aux contours volontairement flous pour pouvoir être activée en cas de besoin. En matière de sécurité économique, l'Allemagne reste un exemple à suivre.

2-les graves dysfonctionnements du modèle industriel français contribuent à renforcer le chômage et à déséquilibrer son commerce extérieur :

Le modèle de croissance français qui repose largement sur la demande ne contribue pas à la promotion des entreprises à vocation industrielle. Bien au contraire, les nombreuses difficultés structurelles rencontrées par les entreprises françaises en général (notamment, rigidité du marché de l'emploi et de l'environnement administratif), en particulier dans le secteur industriel, s'avèrent constituer des facteurs qui jouent contre la compétitivité de ces entreprises. Un observateur faisait remarquer, à juste raison, que, quand on visite une entreprise française, on s'aperçoit que presque aucune machine ou aucun équipement ne provient de la France. Le déclin brutal du secteur industriel national est une réalité. Les caractéristiques du secteur industriel français sont les suivantes :

2.1-le tissu industriel français repose sur un nombre trop limité de secteurs :

La France s'est spécialisée dans certains secteurs industriels, mais en petit nombre, mais pas toujours dans le très haut de gamme (sauf dans le luxe et l'aéronautique) et elle reste par contre absente de nombreux autres secteurs, ce qui renforce sa propension à importer. Cette situation la disqualifie vis-à-vis de l'Allemagne qui est présente dans un éventail plus large de secteurs.

Les grandes entreprises industrielles du CAC 40 ou du SBF 120 constituent l'essentiel du secteur industriel, mais il ne faut pas oublier que leurs profits sont essentiellement, pour au moins 80 %, le fruit d'activités réalisées à l'étranger, et qu'il ne faut donc pas confondre leur contribution à la valeur ajoutée française, relativement mince, et la généreuse distribution de dividendes qu'elles opèrent et qui a atteint 40 milliards d'euros en 2010. L'économie française profite-t-elle beaucoup de ces entreprises aujourd'hui ? Dans un tel contexte, le fait que la revue américaine ''Fortune'' ait décompté en 2010, parmi les 500 plus grosses multinationales, 39 entreprises françaises et 37 entreprises allemandes, n'apparaît nullement comme un avantage pour l'économie française.

Parmi les secteurs industriels caractéristiques, il convient de citer l'agroalimentaire (qui concentre environ 10 000 entreprises et 400 000 salariés), la construction automobile (dominée par les deux grands groupes PSA et Renault, mais peu orientés vers la production de luxe comme c'est le cas en Allemagne), le secteur des composants électriques et électroniques (qui concentrent 74 000 salariés, mais d'où émergent que très peu d'entreprises d'envergure mondiale), un secteur chimique, pharmaceutique et de produits cosmétiques, avec quelques grands groupes comme Sanofis-Aventis (au deuxième rang au niveau européen), Rhodia en chimie, l'Oréal et de grandes marques prestigieuses (telles que LVMH, Dior, Givenchy) , les secteurs de l'aéronautique, de l'espace qui concentrent 132 000 salariés comportant de grands groupes comme EADS (mais qui est, en fait, un groupe franco-allemand), Thales, Dassault, Snecma ; il faut y ajouter les Chantiers navals (Chantiers de l'Atlantique, DCNS), la construction ferroviaire (avec Alstom, ANF, mais aussi la filiale française du groupe concurrent allemand Siemens : Siemens Transportation System), le secteur de l'armement (avec Nexter et Thales) et enfin le secteur énergétique (avec la trilogie : EDF, GDF Suez et Veolia). Parmi les autres composantes du secteur dit secondaire, il faut noter la présence de grandes entreprises du BTP, représentées par des groupes d'envergure mondiale tels que Bouygues, Vinci Eiffage, etc. Presque tous ces groupes sont désormais attaqués frontalement par les champions des pays émergents, quand ce n'est pas par des entreprises allemandes. Par leurs activités internationales croissantes, ces groupes contribuent de moins en moins à la formation du PIB français. Par ailleurs, soumis aux rudes épreuves de la concurrence mondiale, ils ont tendance à subir une érosion de leurs résultats ; ainsi, on a pu observer une réduction de 6 points de leur excédent d'exploitation en une décennie (27 % maintenant contre 33 % il y a dix ans). Tout ceci n'est pas très bon pour l'industrie française.

On voit aussi que les secteurs représentés par ces champions nationaux sont limités par rapport à ceux que déploie l'industrie allemande, même si la France compte plus de champions nationaux. Par ailleurs, on voit aussi que certains de ces secteurs sont dominés par des groupes franco-allemands (EADS) ou fortement représentés par des filiales françaises de groupes allemands (''Siemens Transportation System'' en est un bon exemple). L'internationalisation de l'industrie est en marche.

Si la France possède des atouts dans certains secteurs de pointe à haute valeur ajoutée (il faut citer notamment les secteurs énergétique, nucléaire, aéronautique, l'industrie spatiale, le matériel ferroviaire, la construction automobile), ces secteurs porteurs s'avèrent insuffisants en nombre, et c'est ce qui explique l'infériorité de l'industrie française eu égard au secteur allemand et ses faibles performances à l'exportation. Cette infériorité est aussi visible quand on considère le nombre d'entreprises importantes susceptibles de jouer un rôle à l'international.

La France avait cru par ailleurs compenser certains handicaps du secteur industriel civil par une avancée dans ses contrats militaires, grâce notamment à son intégration dans le commandement intégré de l'OTAN. Or, la réalité n'est pas à la hauteur des espérances, car l'OTAN reste le marché privilégié des entreprises américaines, mais pis encore, l'OTAN risque de servir de cheval de Troie aux États-Unis pour imposer leurs normes au secteur de l'armement militaire français. Seuls quelques contrats d'électronique de défense ont pu être remportés par les groupes français, Thales Raytheon Systems, EADS Astrium, Thales, et Renault Trucks Defense.

En fait, l'essentiel de l'industrie française repose sur les grandes entreprises du CAC 40 et du SBF 120, dont on a vu les limites pour la croissance française, tandis que le secteur des ETI joue actuellement un rôle trop modeste, surtout au niveau des exportations.

En effet, les dernières statistiques sur la ventilation des entreprises françaises par nombre de salariés montrent que :

- 57,4 % du nombre total des entreprises n'ont aucun salarié, soit plus de la moitié.

- 0,3 % du nombre des entreprises ont plus de 100 salariés.

- seulement 0,1 % des entreprises ont plus de 500 salariés.

On se trouve donc dans une organisation presque inverse de celle qui existe en Allemagne, où la plupart des ETI ont plus 100 de salariés, souvent plus de 500. Ces ETI constituent, comme on l'a vu, l'épine dorsale de l'industrie allemande.

En conséquence, l'industrie française est condamnée à vivre et à survivre que grâce à de grands contrats, qu'ils soient nationaux ou internationaux, soumis aux dures lois de la concurrence, et au caractère incertain. Or, le chiffre d'affaires drainé par ces derniers rétrécit sans cesse. Ainsi, l'enquête du second semestre 2010, publiée par le Ministère des Finances, révèle que les grands contrats civils signés avec les pays émergents par les grands groupes français industriels, après avoir connu un pic en 2007 (37,6 milliards d'euros), ont chuté, en valeur, de 44 % de 2007 à 2009 (les contrats de ces dernières années n'excédant pas plus de 21,2 milliards d'euros), et l'année 2010 ne s'est pas avérée meilleure que l'année 2008, malgré les 66 Airbus commandés par la Chine. Dans ce contexte peu reluisant, l'industrie française ne peut espérer de compensation venant des ETI, comme c'est le cas en Allemagne, car les ETI françaises sont en nombre insuffisant et, de plus, peu tournées encore vers l'exportation.

Par ailleurs, si les grands groupes décrochent de moins en moins de grands contrats dans le domaine civil, les contrats militaires malgré le record exceptionnel de 2009 (8,16 milliards d'euros) sont dorénavant insuffisants pour avoir un rôle compensateur. L'industrie française est donc sur le déclin.

A ces anomalies, il faut ajouter que la France a sous-estimé, voire occulté, des secteurs industriels rentables dans lesquels elle aurait pu retirer une source de revenus pérenne. Ainsi, la France a complètement occulté le marché du recyclage, notamment celui des vieux papiers, lesquels sont mis dans des containers, expédiés en Chine ou en Inde où ils sont recyclés pour être revendus par la suite en France. Il s'agit d'une perte sèche en termes de valeur et d'emplois. En Allemagne, au contraire, les municipalités exigent le tri des déchets en vue d'un recyclage en grande partie national.

2.2-le tissu industriel français ne comporte pas suffisamment d'ETI :

En ce sens, la structure industrielle de la France est fort différente de l'Allemagne dans laquelle les ETI constituent le vrai fer de lance de la croissance et de la compétitivité. Ceci a été dit, mais il est bon d'apporter des précisions. En effet :

- neuf entreprises sur dix ont en France moins de 20 salariés, ce qui les empêche de jouer un rôle majeur dans l'économie, notamment en matière de recherche et d'investissements.

- 22 000 entreprises ont un effectif compris entre 20 et 250 salariés : si elles emploient près de 25 % des salariés de l'industrie, elles ne participent que pour 16 % au chiffre d'affaires de la production exportée, car elles n'ont pas atteint la taille critique des ETI. Ce ne sont donc pas de vraies ETI.

- seules un peu plus de 4 000 entreprises (4 200 selon le dernier recensement) ont un effectif compris entre 250 et 5 000 salariés et peuvent être considérées comme de vraies ETI ; seules ces entreprises ont une taille critique suffisante pour innover, investir et exporter, mais leur nombre s'avère insuffisant, eu égard au potentiel des ETI allemandes, au nombre de 10 400. Ce sont les seules ETI sur lesquelles la France peut compter.

Dans les faits, il est admis qu'il manque actuellement en France entre 2 000 et 3 000 ETI, qui seraient susceptibles de créer près de 2 millions d'emplois supplémentaires.

2.3-mesure de la faiblesse structurelle du tissu industriel :

Le secteur secondaire qui, au sens large, englobe les secteurs de l'industrie et de la construction contribue à près de 20,6 % du PIB, alors que le secteur secondaire allemand représente 29,1 % du PIB du pays. Le seul secteur industriel, hors BTP, contribue à 15,6 % du PIB français, alors que ce même secteur représente en Allemagne 23 % du PIB du pays. Le secteur industriel, en France, occupe aujourd'hui environ 3,8 millions d'emplois directs (auxquels il faut ajouter 2 millions d'emplois indirects). En tenant compte des seuls emplois directs, ces effectifs industriels, hors BTP, constituent 14,9 % de la population active (selon Eurostat). En rajoutant les effectifs BTP, le taux est voisin de 21,7 % de la population active, alors que ce même taux, effectifs du BTP inclus, atteint 29,7 % en Allemagne.

Mais, plus inquiétante encore est la brutalité de la chute des effectifs du seul secteur industriel au cours des dernières années : chute de 1,8 million d'emplois en 30 ans, de 500 000 depuis l'an 2000, et de 60 700 rien que pour 2010. Une accélération du mouvement est plus que probable avec l'augmentation des délocalisations industrielles. A titre d'exemple, le groupe Nestlé vient de diminuer sa présence industrielle en France, l'ex-groupe Pechiney y a fermé de nombreuses usines (application de la stratégie du ''down sizing''), le groupe Airbus a signé son plus gros contrat avec la Chine, mais à condition que les 150 avions commandés soient assemblés en Chine. Chaque mois apporte, par ailleurs, une confirmation de cette tendance dans nombre de secteurs. La délocalisation de sites industriels a pris ces dernières années un essor considérable contribuant à la désindustrialisation de la France, au moment où l'économie allemande, qui avait délocalisé près de ses frontières, amorçait, comme on l'a vu, un processus ample de relocalisation.
Tous les secteurs industriels ont été touchés par ce mouvement ; un des seuls secteurs non encore touchés par ce phénomène a été celui du BTP, en raison de la nature même de l'activité. Or, ce dernier secteur est entré depuis peu dans ce processus. Ainsi, en ce qui concerne la future tour ''Carpe Diem'' du quartier de la Défense, la structure métallique du dôme devait être fabriquée en Chine par le groupe chinois Yuanda et assemblée en Chine, malgré les protestations du groupe Eiffage, qui n'a pu contrecarrer une offre chinoise inférieure de 25 %. Ainsi, le processus s'étend inexorablement par des voies diverses à tous les secteurs du secteur secondaire de l'économie française.

Certes, tous les investissements français réalisés ces dernières années ne constituent pas forcément des délocalisations, comme l'avait déjà précisé la DREE en 2002, laquelle avait expliqué que de nombreuses délocalisations correspondaient en fait à des transferts de faible valeur ajoutée, n'ayant donc que peu d'effet sur la part du secteur industriel dans le PIB français. C'est certainement un constat dépassé, car des activités de forte valeur ajoutée ont suivi le mouvement. Par ailleurs, en matière d'emplois, ce sont bien des transferts qui sont opérés par ces délocalisations permanentes, contribuant ainsi à la désindustrialisation du pays, à l'accroissement du chômage et laissant aux seuls pouvoirs publics la charge de gérer ce dernier.

2.4-les raisons de la décroissance du secteur industriel :

Contrairement aux commentaires un peu trop rassurants de la DREE, malheureusement dépassés, la plupart des récents investissements à l'étranger opérés par des entreprises françaises constituent bien des délocalisations, obéissant à un objectif de maximisation des profits. Par ailleurs, en plus des délocalisations géographiques, certains phénomènes de transferts d'effectifs du secteur industriel vers le secteur des services, sans quitter cette fois le territoire français, contribuent eux aussi à la chute des effectifs industriels français. Plusieurs explications majeures peuvent être invoquées à cet égard :

- un manque d'intérêt sociétal pour le secteur industriel qui possède de ce fait de ressources insuffisantes pour financer ses investissements ; c'est avec juste raison qu'on a invoqué, d'une part, la nécessité de détaxer une partie des actions investies dans les entreprises, et d'autre part, le besoin de consolider par une politique fiscale appropriée les besoins de financement des ETI, et de façon plus large, des PME/PMI.

- la crise économique qui laisse planer un doute sur la capacité de rebond de l'Europe en matière industrielle, et précisément, sur celle de la France.

- l'externalisation, par les entreprises du secteur industriel, de certaines activités secondaires de type horizontal (ne correspondant pas au cœur du métier) vers des entreprises de services, explique que les effectifs ainsi détachés de leur entreprise d'origine soient désormais comptabilisés dans les entreprises du secteur tertiaire (il en va ainsi des effectifs des services de comptabilité, de l'informatique, de la paye et de bien d'autres encore). Ces services se trouvent par ailleurs souvent à l'étranger.

- la multiplication des postes d'intérimaires qui tendent de plus en plus à remplacer les salariés traditionnels des entreprises, notamment dans le secteur industriel. Ce phénomène croissant propre à la France et qui contraste avec celui du ''Kurzarbeit'' allemand, contribue à faire migrer statistiquement certains emplois du secteur industriel vers les emplois du secteur tertiaire, puisque c'est dans ce dernier secteur que les intérimaires sont désormais comptabilisés. Or, on a assisté en quelques années à un doublement du nombre d'intérimaires en France.

- des niveaux de prix de revient insuffisamment compétitifs, qui reflètent à la fois le niveau relativement élevé des salaires français, surtout des bas salaires (compte tenu de l'existence d'un salaire minimum en France et de son inexistence légale, malgré quelques accords de branche en Allemagne), une législation fiscale plus défavorable aux entreprises du côté français, et un environnement économique et juridique plus contraignant (notamment en ce qui concerne la gestion des contrats de travail). Récemment, une étude COE-Rexecode estimait que le prix moyen des exportations françaises avait progressé d'environ 8 % de plus que le prix moyen des exportations allemandes de 2003 à 2008. Ce découplage est à relier au découplage de l'évolution des prix de revient survenu dans les deux pays. De telles études sur des coûts moyens sont certes difficiles à mener et à avaliser, car, en Allemagne, les paramètres sont déclinés par branche, ce qui n'est pas le cas en France. Alors que l'étude COE-Rexecode (janvier 2011) sur le coût horaire du travail dans le seul secteur manufacturier faisait état d'un différentiel de coût horaire de 4 € au bénéfice de l'Allemagne (37,41 € contre 33,37 €), une étude plus récente de l'INSEE réduisait cet écart de coût à 1 € (soit 33,35 € contre 34,36 €). On voit que de telles comparaisons invitent à la prudence, mais tout le monde s'accorde sur le fait qu'il y a dix ans seulement, la France avait un avantage de 15 % sur l'Allemagne en matière de coût horaire, avantage qu'elle a donc perdu. Par ailleurs, dans certaines branches, les résultats peuvent s'avérer différents de la moyenne nationale constatée. Ainsi, selon une étude récente du groupe français ''Vallourec'', le différentiel de prix de revient industriel encore énorme, tendrait à se réduire entre les deux pays : il était de 33 % en 2004, et serait tombé à 24 % en 2008, mais l'étude met aussi l'accent sur le fait que, même si l'étau se resserre, les charges patronales ont évolué pendant ce temps en sens inverse dans les deux pays, passant de 37 à 46 % pour l'économie française et de 20 à 16,5 % pour l'économie allemande, du fait, dans ce dernier cas de l'instauration d'une TVA sociale. L'abrogation de la taxe professionnelle survenue récemment en France a, par contre, infléchi ce différentiel de coût. Dans ce domaine aussi, il faudrait ajouter, parmi les causes de délocalisations, l'impact du dumping social déjà évoqué, y compris au sein de l'Union, et que la Cour de Justice européenne semble cautionner. En effet, cette dernière remet régulièrement en cause la directive sur les salariés détachés, laquelle impose des cotisations et des salaires au moins égaux à ceux pratiqués dans le pays où s'exerce l'activité. Le flou sur la véritable position de l'Union et de sa Cour Suprême permet aux entreprises européennes venant de l'Est d'imposer un dumping social sans grande difficulté ; dans ce cas, on ne peut pas parler de délocalisation d'entreprise, mais de délocalisation ou de substitution de salariés. La France est évidemment touchée au plus haut point par cette situation, car elle possède une des protections sociales les plus élevées de l'Europe. L'Allemagne l'Est beaucoup moins depuis l'adoption des ''lois Hartz''.

- les délocalisations répondent aussi au souci de plus en plus prégnant des grandes entreprises de s'installer au cœur même des nouveaux marchés florissants des pays émergents, donc tout près de leur nouvelle clientèle.

- l'adoption de nombreux composants étrangers dans les produits finis industriels fabriqués en France constitue aussi une autre manière, plus subtile, car moins visible, de délocaliser les industries.

De plus, certains observateurs estiment que le différentiel de coûts ne jouerait qu'un rôle secondaire dans le déclin industriel français. Ainsi, le sénateur Martial Bourquin estime que ce sont les leaders politiques qui ont poussé à la ''tertiairisation'' du pays qui en sont responsables, en s'appuyant sur les seuls champions industriels : ils en auraient oublié les PME/PMI.

2.5-l'essor récent du phénomène de délocalisation industrielle en France :

Comme on l'a vu, alors que le phénomène tend à se tarir en Allemagne, il s'amplifie en France. Certes, les économistes distinguent théoriquement à cet égard deux types de délocalisations :

- une délocalisation motivée par une logique financière visant à une réduction drastique des coûts et correspondant à une optimisation, voire maximisation des profits.

- une délocalisation liée au développement pérenne de l'entreprise, visant à s'ancrer sur les marchés étrangers en vue de mieux rebondir sur le territoire national par la suite.

Cette distinction ne doit pas faire oublier cependant, en matière industrielle en particulier, que l'emploi national est dans les deux cas sacrifié au profit des pays objet des transferts d'activités.

Ce phénomène a connu en France deux étapes majeures qui, pendant une certaine période, ont eu tendance à se chevaucher.

Plus exactement, ce phénomène, démarré dans les années 60, mais qui s'est amplifié dans les années 80, a trouvé d'abord sa justification dans la volonté des entreprises de bénéficier de conditions de travail, notamment salariales, nettement plus favorables ; on estime à environ 47 % les délocalisations qui ont obéi à ce mobile, délocalisations qui ont affecté principalement les secteurs de l'habillement, du textile, de l'équipement mécanique et électrique.

Puis, dès les années 2000, est née une seconde motivation, celle de produire au plus près des grands marchés de consommation que constituent spécialement les BRIC, auxquels il faut ajouter la Turquie, l'Indonésie, et l'Afrique du Sud. Ainsi certains produits industriels fabriqués par des groupes français dans ces pays ne sont même pas commercialisés en France, car correspondant aux exigences des marchés émergent. A titre d'exemple, le véhicule 408 modèle réduit de PSA, fabriqué en Chine, est destiné au seul marché chinois et il n'est pas vendu en France. La délocalisation permet alors d'être présent sur ce qu'il convient d'appeler les nouveaux eldorados commerciaux. On estime à 53 %, le pourcentage des délocalisations ayant, dans les dix dernières années, obéi à ce mobile, surtout dans les secteurs de la construction automobile et aéronautique.

Aujourd'hui encore, les deux phénomènes tendent à se chevaucher, même si le premier n'est plus aussi important qu'autrefois, dans la mesure où la hausse nominale des salaires devient une réalité, un peu partout dans le monde.

Contrairement à ce qui se passe en Allemagne, où les délocalisations sont plus le fait des ETI que des grands groupes, le phénomène est pratiquement inversé en France où ce sont essentiellement les grands groupes qui ont lancé le mouvement et qui le perpétuent. Les grands groupes français se sont ainsi concentrés sur les pays émergents, dans l'espoir de participer à leur équipement ; rien que le marché chinois représente à, lui seul, près de 1,4 milliard de consommateurs dont 400 millions ont déjà accédé au statut de classe moyenne. C'est dans la même optique que le groupe Schneider a fait entrer dans son Conseil de surveillance un des grands présidents de la construction automobile de l'Inde. Chez Renault, la tentation est grande de devenir majoritaire dans le capital du groupe russe Avtovaz. Pour de nombreux groupes, le marché national ne représente plus qu'une infime part de leur marché mondialisé : de l'ordre de 12 % chez Danone ; de l'ordre de 7 % chez Rhodia. En juin 2011, il était fait état d'un rapport secret de PSG visant à délocaliser une partie de sa production et notamment la fabrication de ses moteurs, dont la conséquence serait de fermer deux sites français et de détruire 6 200 emplois. Le groupe Renault estime à 30 % la part de fabrication de ses moteurs effectuée déjà à l'étranger. Certes, pour se justifier, certains grands groupes affirment que la part des salariés français dans les effectifs du groupe demeure plus forte que la part du chiffre d'affaires français dans celui du groupe. Mais il n'est pas sûr que ce déséquilibre subsiste, vu l'essor des délocalisations depuis quelque temps : ainsi les embauches se feront désormais de plus à l'étranger au détriment du marché national. Selon une enquête publiée par l'hebdomadaire ''l'Expansion'', en novembre 2009, les effectifs nationaux des grands groupes du CAC 40 ont diminué en moyenne de 4,2 %, les grands groupes de la construction automobile se caractérisant par des réductions plus brutales encore de l'ordre de 15 à 20 %. Mais des cas extrêmes existent déjà : les effectifs nationaux de Vallourec ont diminué de 23,5 %, ceux de Danone de 27 %, ceux d'Alcatel de 39 %, à telle enseigne que l'on peine à croire que ces groupes se considèrent encore comme français. Un autre exemple nous est donné par EADS, le fleuron franco-allemand, lequel n'a plus que 38 % de ses effectifs en France.

Depuis quelques années, se développe un modèle essayant de justifier théoriquement l'ampleur des délocalisations. Selon ce modèle, il serait préférable de développer dans les pays émergents des activités de faible valeur ajoutée, alors que les activités de forte valeur ajoutée, telles que la recherche, le développement, le design, l'innovation et la recherche devraient rester en France, ce qui revient à reconnaître que la vraie valeur d'une entreprise est constituée par sa matière grise, sa capacité à innover et à inventer (brevets). Dans cette même optique, le groupe Michelin se targue, grâce à son chiffre d'affaires supplémentaire créé par sa présence dans le monde, d'avoir pu investir plus de 100 millions d'euros dans ses centres de recherche français, d'où le slogan que le cabinet de stratégie OC&C a inventé à cet effet : « Michelin augmente ses volumes en Inde et en Chine, mais il accroît sa valeur en France ». On a de la peine à adhérer à une telle théorie, quand on sait que la Chine s'est lancée dans la haute technologie, incluant l'aviation, l'aérospatiale, les TGV et bientôt l'énergie d'origine nucléaire, et qu'elle s'entoure désormais de chercheurs et de spécialistes de haut niveau. La matière grise sera aussi de moins en moins européenne. En fait, la réalité est plus brutale : ce sont les usines qu'on délocalise dans un premier temps, et peu à peu, suivent ou suivront, les fonctions tertiaires de l'entreprise, y compris les fonctions les plus nobles de recherche et de développement, surtout que le coût des spécialistes à haut niveau d'un pays émergent restera pendant longtemps encore moins onéreux que celui d'un spécialiste européen, selon la célèbre formule de Heinrich von Pierer, ancien Président du directoire de Siemens, déjà citée dans cet ouvrage. La nationalité des salariés de ces multinationales deviendra au fil du temps un simple paramètre d'ajustement, qui variera au gré des intérêts financiers de l'entreprise et des différentiels de coût salarial. La France n'a pas fini, dans un contexte si libéral où l'entreprise est reine, de perdre ses effectifs industriels, alors que l'Allemagne, en ayant freiné, puis même inversé, les flux de délocalisations, réussira plus facilement à préserver en grande partie les siens.

Cependant, malgré ce phénomène de délocalisation, la part de marché de certaines marques nationales résiste pourtant mieux en France, notamment dans certains secteurs clés. Ainsi, pour le secteur de la construction automobile, la part de marché des marques nationales sur le territoire national est de 57,2 % en France, résultat meilleur que la part de marché des marques allemandes en Allemagne qui n'atteint que 49,3 % dans ce même secteur.

Certains seraient tentés de penser que dans un nombre restreint de secteurs de haute technologie où la France possède un leadership mondial (tels que l'aviation, l'espace) le risque de délocalisation est moins prégnant. C'est vrai jusqu'à maintenant, mais rien ne permet de conclure qu'il en sera toujours ainsi. Pour pouvoir s'implanter à l'étranger, de nombreuses entreprises high-tech ont déjà transféré une partie de leur savoir-faire, dans le domaine de l'aviation civile ou de la production d'énergie d'origine nucléaire notamment, ce qui équivaut à un transfert de matière grise. Rien n'indique que ce processus s'arrêtera, tant l'objectif de maximisation des profits à court terme est grand dans un monde qui a perdu ses repères essentiels.

2.6-l'accroissement constant des composants étrangers dans la fabrication des produits industriels français constitue aussi une délocalisation invisible :

Malgré que ce phénomène ne soit pas exclusivement français et se retrouve aussi en Allemagne, il a connu ces dernières années une accélération mise en relief par l'ancien ministre de l'Industrie français, Christian Estrosi, grâce aux observations du récent Observatoire du ''fabriqué en France'': tous secteurs confondus, plus de 30 % des composants contenus dans des produits dits fabriqués en France viennent de l'étranger. Le problème est devenu tabou et de nombreux fabricants français ne veulent pas communiquer sur ces chiffres. On peut citer, à titre d'exemple, que le futur véhicule électrique de Renault, appelé ''Zoé'', contiendra un climatiseur japonais ''Denso'' que le constructeur a préféré au produit français de Valeo. Renault a été obligé de s'engager, sous contrainte, à relever la part de composants français dans ses produits finis à 60 ou 70 % en quatre ans. On pourrait multiplier les exemples, qui prouvent qu'il y a divergence croissante entre les deux expressions autrefois synonymes du ''made in France'' et de ''produit français''. L'ancien ministre de l'Industrie, Christian Estrosi, avait estimé à 550 000 emplois industriels perdus en France du fait de ce phénomène, et il s'était proposé de créer à cet effet un label "made in France" affichant le pourcentage des composants nationaux et étrangers d'un produit réputé fabriqué en France. Ce phénomène est aussi très présent dans le domaine agroalimentaire. On est loin de l'organisation par ''écosystème allemand'' où chaque filière s'organise pour maximiser au mieux le pourcentage de composants allemands contenus dans les produits fabriqués en Allemagne.

2.7-le pire est vraisemblablement devant nous :

La délocalisation est un facteur important de chômage dans les pays, qui comme la France, peinent à trouver des métiers de substitution à la perte d'emplois occasionnée par l'essor des délocalisations. Ce phénomène devenu important contribue à peser sur le pouvoir d'achat des ménages de plus en plus exclus du monde du travail. Ces pertes de pouvoir d'achat ne peuvent même plus être compensées ou atténuées, ni par un accroissement des transferts sociaux, ni par le recours à l'endettement devenu plus difficile du fait de la crise économique. Si, comme les experts le prévoient, ces délocalisations portent chaque année sur 7 à 8 % de notre potentiel industriel, la tension sur le pouvoir d'achat moyen des ménages français sera de plus en plus grande, ce qui génèrera un autre cercle vicieux : en raison de la dégradation de pouvoir d'achat des ménages, les entreprises restantes verront leurs espérances de profit décliner, ce qui ne pourra que les inciter à leur tour à se délocaliser. Ce processus risque d'être auto-entretenu jusqu'au moment où un nouvel équilibre mondial se formera entre les zones concernées, par un rééquilibrage lent des niveaux de salaires. Dans un tel contexte, en l'absence de volontarisme d'État pour enrayer cette tendance maléfique, la France pourrait être condamnée à devenir inexorablement un pays touristique et artisanal comme le prévoit Houellebecq dans son ouvrage : ''La carte du territoire''. Or, l'Allemagne, comme on l'a vu, rapatrie pendant ce temps bon nombre de ses entreprises délocalisées qui peuvent bénéficier désormais d'une ferme politique de compétitivité basée sur une compression des coûts industriels. En conséquence, si le processus de désindustrialisation français ne connaît pas de répit à l'avenir, le contraste entre les secteurs industriels des deux pays risque de devenir démesuré. Il est temps d'y penser ! D'ailleurs, faute de compensation suffisante par créations d'emplois dans le secteur tertiaire, la France, terre d'immigration par excellence commence à devenir une terre d'émigration, à commencer pour sa jeunesse, parfois très diplômée. Ce paradoxe prend de l'ampleur et la province du Québec intensifie même sa publicité pour attirer cette population francophone, et ce, en allant jusqu'à reconnaître l'équivalence de diplômes à laquelle elle se refusait jusqu'ici. On estime que le nombre d'expatriés français qui n'était que de 0,9 million en 1995 est passé à 1,45 million en 2008, soit 550 000 expatriés de plus en 14 ans.

En matière de ''remittances'' (rapatriement de fonds de la part de nationaux français vers la France), il n'est pas paradoxal de remarquer que la France soit devenue le cinquième pays du monde, en ce qui concerne le rapatriement de fonds de ses propres nationaux résidant à l'étranger (fonds s'élevant à 13 milliards d'euros environ), juste après la Chine, l'Inde, le Mexique et les Philippines, et devant le Portugal et l'Espagne, même si une part de ces fonds provient des gains des 275 000 transfrontaliers français travaillant à l'étranger. Mais même dans ce cas particulier, il s'agit bien de travailleurs français dont les revenus de travail proviennent de l'étranger, et ce sont bien des expatriés au sens économique du terme. La France n'arrive plus, en partie à cause de cette désindustrialisation et du phénomène massif de délocalisation, à fixer sur son territoire une partie de sa population potentiellement active. Rien qu'en ce qui concerne le flux de travailleurs français travaillant en Suisse, le flux actuel qui s'élève à environ 110 000 travailleurs a doublé en 15 ans. Le mal, au lieu de se résorber ne fait que s'accentuer.

2.8-la difficile politique de relocalisation des entreprises déjà délocalisées :

C'est un exercice des plus délicats. Les pouvoirs publics français s'y sont employés. Dans ce but, une enveloppe de 200 millions d'euros a été dégagée pour aider les PME/PMI à relocaliser leur production en France. Le but était louable, mais peu d'entreprises ont en fait accepté le rapatriement de leur production jusqu'ici, et les créations d'emplois liées à un tel reflux sont très faibles. Seules quelques PME/PMI ont accepté l'aide gouvernementale : on peut citer, à titre d'exemple, les lunettes de l'entreprise Atol, les jouets de l'entreprise Meccano, les skis de l'entreprise Rossignol, les textiles de l'entreprise Kindy. Mais ce ne sont pas les PME/PMI françaises qui ont le plus délocalisé. En fait, le reflux des grandes entreprises qui ont le plus délocalisé ne se produit pas. Un tel rapatriement dans un monde globalisé soumis aux lois implacables de la concurrence s'avère une stratégie délicate.

2.9-dans un tel contexte, l'industrie française devra attendre, au mieux, 2013, pour récupérer son niveau d'avant crise :

Alors que, fin 2010, l'industrie allemande avait recouvré son niveau de production d'avant crise, la production industrielle française n'avait récupéré à ce moment-là qu'un tiers du terrain perdu pendant la crise. A ce rythme, le niveau d'avant-crise ne serait atteint qu'en 2013, mais rien ne prouve qu'il le soit, si la vague des délocalisations continue au rythme actuel, voire s'amplifie. La reprise s'avère dans l'ensemble bien plus lente que la chute qui l'a précédée et ne progresse qu'au rythme de 0,5 % par mois, ce qui est insuffisant. Seul le secteur de la chimie semble avoir retrouvé son niveau de production d'avant crise. D'autres secteurs, comme le secteur vital des biens d'équipement, ne retrouvera son niveau d'avant crise que bien plus tard, car il dépend pour l'essentiel de la politique d'investissement des entreprises qui se trouvent toutes en surcapacité et se heurtent, de plus, à des restrictions de crédit. Quant au secteur de la production automobile miné par la politique de délocalisation, le niveau d'avant crise ne sera vraisemblablement jamais rattrapé. L'industrie française est face au plus grand défi de son histoire, alors que l'industrie allemande a su trouver les voies et les moyens de limiter l'exode de son appareil industriel.

2.10-une partie du retard pourrait cependant être comblée par une accélération des investissements étrangers en France :

Malgré ces faiblesses, les investissements en provenance de l'étranger (ou IDE) n'ont cessé de progresser en France, malgré l'existence de certains handicaps structurels inhérents à l'économie française. Alors que dans les années 90, ces investissements n'étaient de l'ordre que de 20 milliards d'euros, ils atteignent maintenant, bon an mal an, 90 milliards d'euros, et la France est en train de devenir la première d'accueil de la zone euro, situation qui laisse souvent les Allemands dans l'embarras. Dans ce domaine, la France n'est devancée en Europe, hors zone euro, que par le Royaume-Uni. Chaque année, en effet, environ près de 600 entreprises étrangères s'installent en France et elles seraient à l'origine de 2 millions d'emplois. L'Allemagne, en moyenne, accueillerait cinq fois moins d'investissements étrangers que la France, malgré son modèle de croissance basé sur la théorie de l'offre, et donc, par définition, favorable aux entreprises. D'ailleurs, le nombre de salariés français travaillant pour des sociétés étrangères a triplé en dix ans, et près d'un salarié français sur sept (soit près de 2 millions de salariés), travaille désormais pour des entreprises étrangères situées en France.

Cependant, il ne faudrait pas penser qu'un tel phénomène, certes favorable à l'emploi, soit dépourvu de risques : il soumet de plus en plus l'économie française à la volonté de conseils d'administration étrangers, réduisant ainsi l'autonomie que le pays possédait jusqu'ici sur l'évolution de sa propre économie, augmentant donc la dépendance de la France par rapport au reste du monde. Au contraire, l'Allemagne, compte tenu du moindre volume d'investissements étrangers sur son territoire, maintient dans ce domaine une plus grande autonomie. Par ailleurs, contrairement à un raisonnement simpliste, tout investissement étranger n'est pas forcément synonyme d'augmentation de l'emploi. Il s'avère que nombre de ces investissements sont de simples acquisitions de ''know how'' et non des créations de capacités nettes. L'impact sur l'emploi industriel de ces investissements étrangers est donc plus limité qu'on pourrait le croire a priori.

2.11-les autres causes structurelles du déclin industriel français :

Elles sont à rechercher dans les paramètres internes des entreprises françaises. Ces handicaps sont nombreux, mais quatre peuvent être privilégiés :

- la faiblesse des marges commerciales dégagées par le secteur industrie : en près de 18 ans, ces marges ont été réduites de 50 % et la crise a encore diminué l'ampleur de celles-ci. Elles ne représentent que 29 % de la valeur ajoutée du secteur, en moyenne, contre 35 % en Allemagne. On a pu parler à ce sujet de ''capitalisme sans capital''. Ce phénomène est corrélé à l'érosion de la compétitivité des produits industriels français.

- la faiblesse des marges commerciales induit une chute des investissements du secteur : on estime à près de 35 % la chute des investissements en 10 ans. Sauf dans quelques secteurs de pointe, l'avenir industriel de la France est mal engagé. Cette évolution est à comparer à la boulimie des investissements industriels allemands générés par les nombreuses ETI très rentables et aux taux de profit élevés.

- la faiblesse des marges induit aussi un ralentissement de l'effort d'innovation dans le secteur industriel. Cet effort ne représente plus que 7 % de la valeur ajoutée du secteur contre 35 % en Allemagne.

- l'environnement administratif et juridique de l'entreprise française reste encore très contraignant, même si, en moyenne, le temps nécessité pour la création d'une entreprise est désormais moins long en France : la flexibilité du marché du travail, les conditions d'embauche, l'environnement juridique et fiscal, les rapports avec le monde bancaire pour l'obtention de prêts s'avèrent plus favorables en Allemagne (car, notamment, il existe un grand nombre de banques régionales proches de leurs entreprises), pour ne citer quelques exemples. De gros efforts restent à faire en France.

2.12-les politiques récentes menées par l'État en vue d'adapter l'environnement institutionnel de l'entreprise française :

Jusqu'ici, ces efforts ont été timides, et pas à la hauteur des défis, comme c'est le cas de la politique de relocalisation d'entreprises, déjà évoquée ci-dessus. Les quelques mesures significatives déjà prises sont les suivantes :

Sous la présidence de Jacques Chirac, la France s'est dotée de pôles de compétitivité régionaux visant à créer des clusters d'entreprises dans des domaines de pointe. Une agence pour l'innovation intellectuelle a été créée.

Sous la présidence de Nicolas Sarkozy a été créé un Fonds stratégique industriel, tandis qu'un crédit d'impôt a été instauré en vue de faciliter la recherche dans les entreprises, mesure qui a été ensuite modifiée. Par ailleurs, un grand emprunt a été lancé pour financer des dépenses structurelles d'avenir.

Une nouvelle orientation de la fiscalité de l'épargne en vue d'alimenter les fonds propres des entreprises est à l'étude dans un contexte de rétrécissement des marges des entreprises ; de même, en vue de lutter contre le phénomène massif des délocalisations, il a été envisagé de créer des primes de relocalisation sous forme d'avances remboursables.

Enfin, il faut noter que la création du statut d'auto entrepreneur constitue une rupture avec le dispositif entrepreneurial d'après-guerre, permettant notamment de multiplier les opportunités d'innovations et d'emploi.

Toutes ces mesures sont certes intéressantes, mais elles ne vont pas assez loin pour repositionner l'entreprise française au niveau de l'entreprise allemande. Par ailleurs, une politique d'accroissement du nombre d'ETI doit être entreprise pour obtenir un tissu industriel maillé et constituer un solide socle pour le secteur de l'industrie de demain. Ceci reste à faire. Enfin, les créations de label ''origine française garantie'' proposées par l'association Pro France pourvu, selon son slogan, que 50 % au moins du prix ''sortie usine'' d'un produit soit acquis en France, de même que ''le lieu où il prend ses caractéristiques essentielles'', correspond à une noble initiative pour valoriser l'offre de produits industriels français, mais cette initiative se heurte à l'hostilité de certaines marques de produits de luxe qui ont déjà délocalisé leur production, et pour qui la griffe compte seule et non l'origine de la production. L'industrie française contrairement à l'industrie allemande a du mal à ne parler que d'une seule voix.

3-la supériorité industrielle allemande suscite certaines jalousies européennes qui ont contribué à un rapprochement sino-germanique :

En effet, certains pays comme les États-Unis, le Royaume-Uni et la France, dont les secteurs industriels respectifs sont malmenés depuis la crise économique, ont élevé de véhémentes critiques à l'encontre du modèle allemand :

- en essayant de démontrer que le modèle allemand, basé sur la stagnation des revenus et une hausse modérée de la consommation intérieure, en raison de la forte pression exercée sur les niveaux des salaires et des prestations sociales, défavorisait les économies de ses partenaires. En effet, dans pareil cas, les exportations de ces pays vers l'Allemagne s'en trouvent lourdement affectées, comme cela a été déjà démontré dans cet ouvrage.

- en critiquant le sacrifice imposé à la population allemande par les ''lois Hartz''.

- en essayant de ramener l'excédent commercial allemand, tout comme celui de la Chine, dans des limites fixées par avance par la communauté internationale, dans le but de forcer l'Allemagne à relancer sa demande intérieure au détriment de ses exportations.

L'Allemagne n'a pas cédé à de telles injonctions, mais elle a de plus, consolidé ses liens avec la Chine qui, dans pareille situation, est devenue une puissante alliée. Les deux puissances économiques qui dégagent d'importants excédents ont non seulement tenu tête aux autres puissances, en maintenant intact leur modèle économique, mais elles ont profité de cette tension pour intensifier encore plus leurs relations commerciales ; en raison des plans de rigueur qui se multiplient en Europe, et des grandes incertitudes qui planent sur l'économie américaine, l'Allemagne a poussé ses entreprises, et en premier lieu ses ETI, à se rapprocher activement de la Chine, en y multipliant les contrats. On assiste ainsi lentement à une réorientation rapide des flux commerciaux allemands vers la Chine : au premier semestre 2010, les exportations allemandes y avaient augmenté de 56 %, atteignant le chiffre de 25,2 milliards d'euros, soit cinq fois plus que les exportations de la France (5,5 milliards d'euros). Ce rapprochement explique aussi que la Chine soit devenue le second fournisseur de l'Allemagne, après les Pays-Bas, mais avant la France. Parallèlement, l'Allemagne a fortement réduit depuis 1999 (donc, depuis l'apparition de l'euro) ses importations en provenance de l'Europe occidentale, lesquelles ne comptaient plus que pour seulement 42 % au premier semestre 2010, selon l'institut statistique allemand ''Destatis''. La faiblesse industrielle de ses partenaires européens, dont celle de la France, explique en grande partie ce redéploiement brutal des flux commerciaux allemands. En fait, ce n'est pas par passion que l'Allemagne s'est tournée vers la Chine, mais parce que le recul industriel de ses partenaires traditionnels l'a contraint à cette stratégie. Dans ce contexte, on peut mieux comprendre le ''cri'' que l'hebdomadaire allemand ''Der Spiegel'' a pu pousser à la fin de juillet 2010 pour sauvegarder les intérêts de l'Allemagne: « la Chine ou la mort ». Si la France veut redevenir le partenaire privilégié de l'Allemagne, il faut qu'elle se réindustrialise pour exporter plus, et par ailleurs, cette stratégie doit porter sur des créneaux industriels non investis actuellement par l'industrie allemande, pour ne pas envenimer la guerre industrielle entre les deux pays.

4-l'inévitable choc des ambitions industrielles :

Bien que leurs modèles économiques soient opposés, des chocs se sont produits au cours des dix dernières années entre des grands groupes des deux pays qui ont dégénéré en querelles d'État et ébranlé les relations entre les deux nations. Nous en retiendrons quatre, bien caractéristiques :

- les rivalités dans le domaine aéronautique.
- la guerre des groupes Alstom et Siemens.
- l'OPA de Sanofis sur Aventis.
- la volonté de Siemens d'accroître son emprise sur Areva.

4.1-les rivalités dans le domaine aéronautique :

L'Allemagne qui brillait dans la construction aéronautique avant 1939, mais qui, depuis la fin de la guerre, avait été contrainte d'abandonner toute velléité dans ce domaine, a profité de l'accord passé en 1973 entre Franz Josef Strauss et le président Pompidou pour se relancer dans la course, ce qui devait permettre la création d'Airbus, puis, en 2000, celle d'EADS, sur la base de la parité entre les deux pays.

En fait, la participation allemande à l'aéronautique n'allait pourtant pas de soi. Pendant longtemps, jusqu'en 1955, les Allemands n'avaient pas le droit de fabriquer des avions, et de ce fait, les gouvernements allemands successifs n'avaient pas cherché à développer un secteur aéronautique national. Ce n'est que tardivement que le ministre président de Basse-Saxe, Mr Christian Wulff, s'est mis à subventionner des travaux sur les matières en fibres de carbone, qui devaient ouvrir la voie à une industrie aéronautique nationale. Le premier consortium, en 1970, a été un GIE (groupement d'intérêt économique) qui comprenait l'Aerospatiale et Deutsche Airbus, auxquels devaient s'associer plus tard l'espagnol Casa, et le britannique British Aerospace (BAe). En 2001, ce consortium est devenu une société intégrée détenue à 80 % par EADS et 20 % par BAe. En 2006, la part de BAe fut rachetée par EADS.

La forte crispation de deux pays dans l'organisation d'EADS est plus que légendaire, et la lutte pour le pouvoir dans le groupe a toujours été un vrai problème. Cette exaspération est montée d'un cran quand l'ancien ministre fédéral de l'Économie, Mr Michael Glos, a pu prétendre que « sans les Allemands, Airbus n'existerait pas ». Ceci a été prononcé au moment même où le Président d'EADS de l'époque, Mr Forgeard, livrait une bataille pour le pouvoir. Les Allemands visaient visiblement la première place. L'exacerbation les rancœurs allemandes a été telle que le ''Financial Times

Deutschland'', parlant de la partie française, avait résumé cet écœurement dans un titre de journal devenu célèbre ''Liberté, Égalité, Supériorité''.

La cohabitation des intérêts français et allemands, et le choix des divers dirigeants en vue de trouver un équilibre entre les deux pays, ont toujours créé des dissensions au niveau gouvernemental, chacune des parties se sentant bridée dans le partage du pouvoir. Le CEO actuel, Mr Louis Gallois, a pu dire à cet effet que « le nationalisme est un poison pour Airbus ».

Pourtant, dès le départ, malgré le poids du colbertisme français, ce sont les choix de gouvernance en vigueur en Allemagne qui s'imposèrent, à savoir que les États devaient se retirer complètement de la gestion d'EADS : ainsi, malgré ses 15 % dans le capital du groupe, la France, à son corps défendant, dut abandonner toute velléité d'intervention dans la gestion du groupe.

Mais c'est le plan de restructuration ''Power 8'' en février 2007 qui enflammera les esprits de chacune des parties. En effet, l'annonce d'une suppression de 10 000 emplois et de plusieurs usines, fut accueillie avec hostilité par les syndicats français, qui accusèrent le CEO actuel de défavoriser la France, car si les effets du plan devaient être immédiats en France, ils devaient être différés dans le temps en Allemagne, notamment compte tenu d'une législation plus protectrice. Ainsi, le tout premier plan ''Power 8'' fut ainsi bloqué par les salariés français.

Alors que 36,5 % des effectifs d'Airbus sont allemands et 31 % français, la répartition des plans de charge entre les sites français et allemands a été aussi une cause de discorde permanente, et la concurrence entre les sites de Toulouse et de Hambourg n'a jamais cessé, rappelant la prophétie de Konrad Adenauer : « la relation franco-allemande est telle une rose, quand la fleur embellit, les épines prospèrent ». EADS, et particulièrement sa composante Airbus, a toujours reposé sur un baril de poudre. Les velléités de retrait de l'actionnaire référent allemand, Daimler, risquent encore de poser problème, alors que son homologue français, Lagardère, avait émis le même vœu, avant de se rétracter il y a quelques années. En fait, EADS souffre du syndrome d'instabilité de son actionnariat référent, et ce n'est pas le moindre problème dans le subtil équilibre de pouvoir entre la France et l'Allemagne. Enfin, le départ prochain, en 2012, de Louis Gallois du poste de la présidence d'EADS, et l'arrivée de Tom Enders à ce même poste, risquent d'être vus, en France, comme un abandon national de l'activité du groupe, surtout si ce dernier désire conserver un droit de regard sur Airbus.

4.2-la guerre entre les groupes Alstom et Siemens :

On se souvient qu'en 2003, la dégradation financière d'Alstom était arrivée à un point tel que le groupe Siemens s'était alors présenté pour racheter les pôles les plus rentables de l'activité d'Alstom. En fait, les milieux économiques allemands avaient déjà anticipé un démantèlement dont les secteurs les plus florissants auraient été repris par Siemens, et éventuellement par Areva. Il a fallu l'intervention du gouvernement français, et de délicates négociations avec la Commission, pour empêcher cette stratégie prédatrice. C'est alors que l'État français décida, d'une part, de souscrire à 50 % de l'augmentation du capital de 600 millions d'euros, le solde étant garanti par un consortium de banques créancières, et d'autre part, d'effectuer une avance de 300 millions d'euros remboursables, en contrepartie de la cession du pôle le plus rentable du groupe constitué par les secteurs de la distribution et de la transmission. Malgré les accusations d'ingérence de l'État par Siemens, le groupe Alstom a pu être sauvé et est resté un groupe français.

Depuis cette époque, la concurrence entre les deux groupes a continué à être très vive, notamment dans le domaine de la technologie ferroviaire.

Face au marché russe de la grande vitesse, c'est bien Siemens qui a remporté la première branche en remportant le prestigieux projet ''Sapsan '' de création d'une ligne grande vitesse (LGV) entre Moscou et Saint-Pétersbourg. Mais, Alstom a contre-attaqué, en reprenant 90 % du capital du plus grand constructeur ferroviaire russe. Par ailleurs, par la suite, en 2010, la compagnie de chemins de fer publique russe RZD a conclu un contrat de coentreprise avec chacun des deux constructeurs, pour un montant de plus d'un milliard d'euros.

Face au marché chinois, Siemens a par contre remporté le premier marché de grande vitesse avec son train Valero, sur la liaison Pekin-Shanghai, mais cette fois, en acceptant un transfert de technologie auquel se refusait Alstom. La Chine convoitait en effet le nouveau-né AGV du groupe Alstom, mais exigeait, en plus, un important transfert de technologie. Contrairement à Siemens, qui a vendu, en 2009, 100 ICE à la Chine, avec transfert de technologie, Alstom a préféré perdre un tel marché plutôt que de transférer sa technologie. Le groupe Alstom ne s'est pourtant pas avoué vaincu sur le marché chinois et a répliqué en signant, courant décembre 2010, un partenariat stratégique avec le MOR (Ministère des chemins de fer chinois) en vue d'un codéveloppement sur le marché chinois ainsi que sur le marché international, notamment en ce qui concerne le matériel roulant et la signalisation.

Parfois, dans des cas limites, les deux groupes parviennent à créer un consortium commun, comme ce fut le cas pour l'équipement de la ligne de métro de Saint-Domingue, mais il s'agit de cas très isolés, car l'affrontement est désormais devenu de rigueur entre les deux groupes industriels.

Ainsi, le marché récent passé par la société Eurostar pour s'équiper de rames Siemens, en vue d'exploiter des liaisons entre la Grande-Bretagne et l'Allemagne, à la place de rames Alstom, a été attaqué par ce dernier auprès de la Haute Cour de justice britannique, arguant que le matériel Siemens n'était pas compatible avec les règles de sécurité actuellement en vigueur dans le tunnel sous la Manche.

Les relations Siemens-Alstom sont donc loin d'être apaisées, et l'ancien président de Siemens, Heinrich von Pierer, avait pu dire : « En France, je me sens comme un amant éconduit ». Il a accusé, non seulement Alstom, mais aussi les sociétés Alcatel et Schneider, de lui ''barrer la route''. Les alliances industrielles franco-allemandes ne sont plus d'actualité et le nouveau président du directoire, Peter Löscher, n'a jamais voulu revenir sur la décision de mettre fin au partenariat qui liait Siemens avec Areva. Malgré cela, la filiale française du groupe Siemens est quand même devenue un des leaders des centrales à cycle combiné et a su s'imposer dans les projets de transports urbains.

Mais, derrière ces antagonismes, se cachent en fait les rivalités des deux pays sur le plan industriel : aucun matériel ferroviaire Alstom n'a jamais été acheté par la DB, de sorte qu'Alstom n'a même pas jugé utile de faire homologuer jusqu'ici son nouveau matériel en Allemagne. La SNCF n'avait non plus jamais acheté du matériel Siemens, et le cas du récent marché de sa filiale Eurostar constitue un pavé dans la mare, dont la portée stratégique n'a pas bien été saisie par les dirigeants de la SNCF : comment Alstom pourra-t-il exporter sa technologie ferroviaire dans le monde, si son client historique, la SNCF, lui préfère désormais la dernière technologie de Siemens ?

4.3-l'OPA de Sanofis sur Aventis :

L'Allemagne, de son côté, a mal accepté l'OPE, devenue une OPA hostile, lancée en 2004 par Sanofis-Synthélabo sur Aventis, lequel était déjà un groupe franco-allemand né de la fusion de Rhône-Poulenc et de Hoechst. Déjà, à l'époque, le groupe allemand Hoechst avait mal accepté la fusion de son entreprise avec Rhône-Poulenc. Il n'échappera à personne que le groupe Hoechst était alors dirigé par Peter Löscher, qui devait devenir, en 2007 (après le scandale de corruption de l'ancienne équipe dirigeante de Siemens), Président du directoire de Siemens. Dans ce contexte, l'OPA de Sanofis-

Synthélabo avait été contrée dans un premier temps par le Président d'Aventis, qui avait formulé même un recours en justice, et qui, pour gagner du temps, avait recherché une alliance avec le suisse Novartis. Il a fallu l'appui du gouvernement français pour que cette fusion puisse se réaliser, malgré l'opposition des milieux économiques allemands. Le nouveau groupe, après cette fusion, devait devenir leader du marché pharmaceutique européen et troisième producteur mondial.

4.4-la volonté du groupe Siemens d'accroître son emprise sur le groupe français Areva :

La branche nucléaire du groupe Areva, connue sous le nom d'Areva NP, avait, comme partenaire, le groupe Siemens, qui possédait 34 % du capital de la branche. Cette branche fonctionnait relativement bien, mais Siemens n'avait jamais voulu se contenter d'un rôle de second plan, et ambitionnait de monter en puissance dans le capital d'Areva, en vue de peser sur la stratégie du groupe. Cette forte pression inquiéta autant le groupe Areva que les milieux politiques français, désireux, tous deux, de conserver leur maîtrise de la filière. Ne pouvant pas arriver à ses fins, le groupe Siemens décida alors de se désolidariser complètement d'Areva et de s'associer avec le groupe russe du nucléaire civil, Rosatom. Seulement, une clause de non-concurrence de huit ans avait été signée par Siemens, ce qui lui interdisait, en principe, toute participation à un projet concurrent dans le domaine nucléaire civil. Le non-respect de cette clause constituait un préjudice évident pour Areva. Cependant, la Chancelière Angela Merkel, qui s'était faite, entre temps, la porte-parole des intérêts de Siemens, a essayé de contourner cet engagement, et de ce fait, l'affaire est devenue une pierre de discorde supplémentaire dans les relations industrielles franco-allemandes. Il a fallu faire appel à une procédure d'arbitrage. Dans un premier temps, les 34 % de capital que Siemens a cédé ont été évalués à 1,62 milliard d'euros. Par contre, la Cour d'arbitrage a interdit à Siemens de se relancer dans la construction de réacteurs avant le 25/09/2013, alors que le groupe Areva exigeait 8 ans, selon la convention signée. Areva considère, en conséquence, un tel jugement comme inéquitable. Le contentieux pourrait rebondir à chaque instant, d'autant que le groupe Siemens, depuis que l'Allemagne a décidé de sortir avec précipitation du nucléaire, se trouve dans une position ambigüe. Devra-t-il arrêter la totalité de son activité nucléaire dans tous les pays ou uniquement celle exercée sur le sol allemand? En tout état de cause, Siemens peut regretter son départ précipité du groupe Areva, d'autant que ses relations avec son nouvel allié russe s'avèrent plus délicates que prévu.

4.5-l'affrontement des grandes entreprises des deux pays connaît cependant quelques exceptions :

Au titre de ces exceptions les plus connues, il faut citer le récent rapprochement inattendu des deux géants nationaux de la téléphonie, à savoir, Deutsche Telekom et France Telecom qui, après avoir fusionné leurs filiales respectives en Grande-Bretagne et partagé leur réseau respectif en Pologne, viennent de mutualiser leurs achats pour bénéficier d'économies d'échelle de l'ordre de 1,3 milliard d'euros (dont 900 millions pour la seule France Telecom). Le but de ce rapprochement est de pouvoir tenir tête aux géants mondiaux que sont Apple et Google. Quand l'instinct de survie se fait sentir, et qu'aucune autre alternative n'existe, la lutte peut laisser la place à une entente de raison bien ciblée. Dommage que ces exemples ne soient pas plus fréquents.

En conclusion, l'avance prise par l'Allemagne sur la France dans le monde industriel n'est pas prête à être comblée, bien au contraire. Cette avance a un impact direct sur les capacités de croissance respectives des deux pays, et donc sur le niveau absolu de leur PIB. Les Bourses ne s'y sont d'ailleurs pas trompées. Tandis que le CAC 40 terminait l'année 2010 en recul de 2,2 %, l'index DAX de la Bourse allemande achevait l'exercice par une hausse de 16,1 %, témoignant ainsi de l'existence d'une Europe à deux vitesses et d'un écart croissant entre les économies française et allemande. La raison de cette différenciation est très simple. Les indices ayant de nombreuses valeurs exportatrices, particulièrement dans le domaine industriel, ont été privilégiés par les marchés, car pour ces derniers, ils sont générateurs de redressement spectaculaire de profits. L'Allemagne fait partie de cette catégorie de pays, la France non, du moins pas encore.

CHAPITRE VI

LA FRAGILE AVANCE FRANÇAISE DANS LE SECTEUR TERTIAIRE

Le secteur tertiaire regroupe les activités de service, comme la distribution, le commerce, le transport au sens large, les activités de la poste et des télécommunications, le tourisme et ses annexes (restauration et hôtellerie), les activités sociales, les activités juridiques, bancaires, financières, les activités d'assurances et de conseil, l'intermédiation, la formation, les activités d'études et recherche, les services de la personne, de sécurité et de nettoyage, les activités marchandes de loisir, les activités informatiques et bien d'autres encore, que ces activités soient exercées à titre privé ou public, tant la définition de cette rubrique demeure floue, malgré les efforts incessants des statisticiens pour la circonscrire. Ce secteur apparaît si énorme qu'il est question, au niveau des spécialistes, de le diviser en secteurs autonomes (tels que le secteur quaternaire basé sur l'information ou secteur ''quinary'' ou bien le secteur d'aide à la personne etc.). Mais ces projets n'ont pas encore abouti.

L'économiste Allan Fischer avait déjà insisté sur le caractère imprécis de la distinction opérée entre secteurs industriel et tertiaire. En effet, plus le secteur industriel est important, plus il génère dans son sein des emplois tertiaires (bureaux d'étude, services dits horizontaux, audit et contrôle, stratégie, etc.) qui sont classifiés dans la nomenclature des emplois industriels, car le personnel reste classé selon la finalité de l'entreprise. Un tel classement entretient des incertitudes statistiques surtout quand il s'agit de comparer plusieurs économies nationales. En cas d'externalisation de ces services, on observe alors des ruptures, puisque ce personnel, classé initialement dans le secteur industriel, est alors comptabilisé dans le secteur des services. Les comparaisons entre pays ne peuvent être que relatives.

Évoquer le secteur tertiaire, c'est évoquer aussi les théories de Jean Fourastié et de Colin Clark, pour qui le secteur tertiaire, correspondait à l'ultime stade du développement des nations, une fois que le secteur primaire (ou secteur de l'extraction) cesse de croître, pour laisser d'abord une place prépondérante au secteur secondaire (secteur industriel et du BTP), lequel, après une période de prédominance, devait laisser à son tour la prépondérance au secteur tertiaire. Ce dernier secteur était, selon les auteurs, condamné à grossir sans cesse, aboutissant à réduire le chômage et à tendre vers une situation vertueuse de plein emploi. Cette vision optimiste du développement économique des nations, ainsi présenté, ne s'est qu'en partie manifestée sur le plan historique.

Déjà, les deux auteurs n'avaient pas suffisamment pressenti l'importance que prendraient aussi bien l'informatisation que la mécanisation des processus dans la société contemporaine, lesquelles, si elles ont contribué à créer des emplois spécialisés, ont aussi contribué à supprimer un grand nombre d'emplois non ou peu spécialisés dans tous les secteurs de l'économie, de sorte que le cheminement vertueux vers une économie de plein emploi s'en est trouvé plus que compromis. Les sociétés les plus développées ont encore de nos jours des taux de chômage importants, à commencer par les États-Unis, ce que ne prévoyaient nullement les théories des deux auteurs.

Par ailleurs, pour ces auteurs, l'état de maturité de la société qui correspondait à la primauté du secteur tertiaire imposait nécessairement que le secteur secondaire s'efface inexorablement pour devenir un secteur peu important. Or, si l'évolution des économies de la France et du Royaume-Uni confirme ce processus théorique, il n'en va pas de même de celui de l'Allemagne, qui le contredit en partie. Pour ces auteurs, les pays qui sont arrivés à la phase de maturité économique avec prépondérance du secteur tertiaire, sont des pays dans lesquels le secteur secondaire ne devrait pas dépasser plus de 20 % en matière d'emploi ou de contribution au PIB. Or, l'Allemagne est parvenue à la phase de maturité en conservant un important secteur secondaire qui représente aujourd'hui plus de 20 % (soit 29,7 % de la population active et 29,1 % du PIB en incluant le secteur du BTP). Ces pourcentages ont toutes les chances de se maintenir au niveau actuel, puisque le modèle économique allemand est basé pour une grande part sur l'exportation de produits industriels ; cette situation contredit donc partiellement la théorie de l'évolution du développement économique. Les théoriciens n'avaient pas prévu un tel cas. Pour les Allemands, la maturité atteinte par leur économie implique, bien au contraire, une importance prégnante du secteur industriel, lequel n'a d'ailleurs jamais été aussi fort qu'aujourd'hui. Pis, de nombreux Allemands ne conçoivent pas une économie forte sans un secteur industriel fort.

Par ailleurs, les auteurs avaient assimilé la phase de la maturité à une phase de niveau de vie élevé correspondant à une phase d'accroissement des salaires et à une harmonisation de ceux-ci. Or, la désinflation compétitive qui a marqué profondément les deux dernières décennies dans de nombreux pays, et la modération salariale qui en a résulté, notamment en Allemagne, contredisent cette théorie. De plus, un peu partout, on observe dans la quasi-totalité des pays de l'OCDE, non pas une harmonisation salariale, mais plutôt un renforcement des écarts salariaux et un accroissement des inégalités, tandis que se répand inexorablement une certaine pauvreté dans les pays censés avoir atteint le niveau de maturité du développement.

Les théories de Colin Clark et de Jean Fourastié ne se sont donc qu'en partie réalisées. Cependant, les classifications en trois secteurs constituent encore un référentiel approximatif en vue de comparer les économies entre elles.

Si on utilise ce référentiel, la France aurait aujourd'hui une légère avance sur l'Allemagne, puisque le pourcentage des emplois dans le secteur des services serait de 74,2 % en France contre 68 % en Allemagne. En ce qui concerne la contribution de ce secteur à la formation du PIB, la France conserverait encore un certain avantage puisque ce taux serait de l'ordre de 77,2 % pour la France et de l'ordre 70 % pour l'Allemagne, en prenant l'hypothèse de définitions internationales homogènes, ce qui n'est pas strictement assuré, comme on pourra le voir ci-après. Ceci étant, il convient de relativiser cet écart actuel en raison de deux phénomènes :

- la très forte augmentation du recours au personnel intérimaire en France : ce phénomène, bien plus fort en France qu'en Allemagne, a contribué à une forte augmentation du secteur tertiaire français, car ce personnel relève statistiquement du secteur tertiaire. Or, très souvent, ceci ne traduit qu'un transfert de personnel initialement décompté dans le secteur secondaire, quand ce personnel était rattaché aux entreprises à caractère industriel, puis décompté comme personnel du secteur tertiaire dès que ces activités ont été transférées à des entreprises d'intérim.

- la forte propension à l'externalisation, ou ''outsourcing'', d'activités n'appartenant pas au cœur du métier des entreprises industrielles. De nombreuses entreprises du secteur de l'industrie ont eu tendance à transférer de telles activités (services comptable, juridique, informatique, service de la paye, etc.) vers des entreprises spécialisées, qui, par définition, sont comptabilisées dans le secteur tertiaire. Ce dernier a eu donc tendance à grossir au détriment du secteur secondaire. Selon que ces types de transfert ont eu plus ou moins d'ampleur selon les pays, le secteur tertiaire a eu tendance à s'accroître plus ou moins vite dans les pays concernés, sans que globalement le nombre d'emplois ou le PIB n'ait été sensiblement modifié. Or, en France, au cours de la dernière décennie, les entreprises ont fortement pratiqué l'outsourcing.

En conséquence, il faut relativiser l'écart initialement relevé entre les deux pays, notamment en matière de taux de population active occupée par le secteur tertiaire. Le secteur tertiaire français ne dépasse en fait que de peu celui de l'Allemagne, si on neutralise les effets ci-dessus mentionnés. Par ailleurs, le commerce joue sans conteste dans le secteur tertiaire un rôle moteur. Or, selon les statistiques officielles (Insee pour la France et Destatis pour l'Allemagne), le commerce a un poids assez proche dans les deux économies et contribue à près de 11,6 % à la formation du PIB des deux pays. Cependant, en matière d'organisation de foires internationales de haut niveau, l'Allemagne reste incontestablement le leader mondial, non seulement en ce qui concerne les foires à caractère industriel (foire de Hanovre pour les technologies high-tech, salon de Francfort pour l'automobile), mais aussi pour les foires relatives aux services (foire du livre à Francfort, salon de l'informatique CeBIT à Hanovre). On estime qu'environ 2/3 des grandes foires mondiales se tiennent en Allemagne.

Cependant, depuis une vingtaine d'années, l'Allemagne a accéléré volontairement sa marche vers la maturité économique et donc vers le secteur tertiaire. Si on prend comme référence l'année 1991, le taux de la population active occupée par le secteur tertiaire est passé de 54,9 % à 68 % en 2010 (soit +13 points), alors que ce même taux passait pour la France et pour la même période de 65,5 % à 74,2 % (soit +8,7 points), et ce, pour ce dernier pays, en recourant massivement au levier des emplois par intérim et à la politique intensive d'externalisation d'activités.

A la croisée des chemins des secteurs de l'industrie et des services, il y a lieu de prendre en compte les activités de ''la recherche et du développement'' auxquelles participent les deux secteurs. Compte tenu de la bonne rentabilité de ses entreprises et de l'effort des pouvoirs publics, l'Allemagne investit chaque année 2,6 % de son PIB en recherche et développement, taux bien supérieur à la moyenne européenne de 1,8 % et, en particulier, à celui de la France. Ce faisant, l'Allemagne finance ainsi son avance sur les autres pays, d'autant qu'elle affiche un taux ambitieux de 3 % pour 2015 et au-delà. Nul doute que cet objectif permettra de favoriser encore plus la croissance du pays.

1-atouts du secteur tertiaire en Allemagne :

Les différences entre les deux pays restent encore importantes dans le domaine du secteur tertiaire.

Tout d'abord, l'Allemagne bénéficie dans ce secteur de l'apport de ses ETI, véritable machine de guerre, non seulement dans l'industrie, mais aussi dans le domaine des services. Certes, le secteur tertiaire allemand comporte quelques grands groupes, tels que TUI pour le tourisme, SAP pour l'édition des logiciels, Bertelsmann pour les médias, Aldi et Metro pour la grande distribution, mais ce sont des exceptions, et la plus grosse part de la valeur ajoutée du secteur tertiaire est générée par les ETI.

Il ne faut pas oublier non plus que l'Allemagne est devenue le premier marché des TIC (nouvelles technologies) en Europe, occupant près de 850 000 emplois pour un chiffre d'affaires de près de 1 500 milliards d'euros.

Les seuls points négatifs à ce tableau demeurent au nombre de trois :

- le caractère insuffisamment vigoureux du système bancaire.

- la crise de certaines grandes surfaces commerciales provoquées par l'insuffisance des marges, phénomène ayant entraîné des politiques drastiques de restructuration (Quelle, Karstadt).

- la réduction des services à la personne, dans le secteur public notamment. En ce qui concerne la seule activité de gériatrie, on parle de l'existence de 30 000 postes vacants.

2-points forts du secteur tertiaire en France :

Contrairement à ce qui se passe en Allemagne, le secteur tertiaire est marqué par un nombre plus important de grands groupes, même s'il convient de ne pas sous-estimer l'apport des PME/PMI françaises dans ce domaine, apport cependant moins fort qu'en Allemagne. Ainsi, dans plusieurs secteurs-clé, on observe l'existence de sociétés leader de taille mondiale :

- domaine bancaire : les plus grandes banques françaises ont un statut international et certaines, comme la banque Paris-Bas sont d'envergure mondiale.

- domaine des assurances : le groupe Axa est le premier assureur européen devant le groupe allemand Allianz.

- domaine touristique : les groupes Accor et Louvre Hôtels ont constitué de vastes réseaux ou chaînes au niveau mondial.

- domaine de la distribution : la distribution est dominée par de grands magasins d'envergure internationale (comme les groupes le Printemps, Galeries Lafayette), des chaînes spécialisées (Fnac, Darty, Castorama) possédant des réseaux à l'étranger, de puissants groupes de vente par correspondance (la Redoute, les Trois Suisses) et des chaînes de super et hyper marchés (Géant ; Carrefour ; Casino) très présents au niveau mondial.

Quatre secteurs peuvent être considérés comme stratégiques :

- domaine touristique : la France est de loin le premier secteur touristique au niveau mondial, du fait du nombre de touristes reçus chaque année, soit 77 millions, loin devant l'Espagne (52millions) et les États-Unis (42 millions). En termes d'emplois, ce secteur est considéré comme étant fondamental.

- les services à la personne : ils ont pris, dans la dernière décennie, une extension considérable, du fait d'une législation adaptée, au moment même où l'Allemagne, au contraire, du fait de la réduction drastique de ses dépenses sociales, connaissait dans ce domaine une évolution inverse. Dans le cadre de la lutte contre le chômage, ce secteur offre encore des réserves d'emploi inexploitées et il est considéré de ce fait comme un domaine stratégique. Avec 16 milliards d'euros de chiffre d'affaires, 2 millions de salariés, plus de 3 millions de particuliers employeurs, plus de 390 000 emplois créés depuis 2005, ce secteur qui contribue d'ores et déjà à 1 % du PIB est un vrai secteur d'avenir, générateur à la fois de création d'emplois et d'entreprises.

- les services informatiques, créateurs de logiciels et assumant une activité de conseil (SSII, secteur aussi appelé Syntec) : la France possède avec Capgimini la première SSII d'Europe avec 91 000 salariés, laquelle est en train de s'étendre aussi en Allemagne. Même si le nombre de SSII de moins de 100 salariés est supérieur à celui des SSII de plus de 100 salariés, c'est dans ces dernières que se concentre le plus grand nombre de salariés. L'évolution de ce secteur en forte croissance (plus de 25 % depuis 2003) est très prometteuse.

- l'ingénierie, surtout dans le domaine particulier des transports terrestres multimodaux : déjà, la SNCF a su intégrer à son groupe une filiale dynamique, Keolis, qui a réalisé en 2009 un chiffre d'affaires de 3,4 milliards d'euros, dont 40 % à l'international. La fusion récente Veolia-Transdev, autorisée par l'Autorité de la concurrence en France, vient de donner naissance au premier groupe privé de transport public au monde. Ces deux groupes français qui s'affronteront entre eux se retrouveront au niveau international face au nouveau groupe allemand Deutsche Bahn-Arriva. Nul doute que le combat risque d'être vif.

En conséquence, bien que les contours des définitions du secteur tertiaire soient encore imprécis pour faire des comparaisons très fines dans ce domaine, et que des distorsions introduites par des modifications de classification d'emplois se soient produites et se produisent encore, comme on a pu le voir, la France conserve dans l'ensemble, dans le domaine tertiaire, une certaine avance, que l'on pourrait qualifier cependant de relative. Globalement, malgré une certaine compression des effectifs (surtout dans le domaine du tourisme) liée à la crise mondiale, l'emploi a recommencé à augmenter dans le secteur au dernier trimestre 2010, et ce, pour la première fois depuis 2008. Ainsi, l'indice PMI du secteur des services, véritable baromètre de la vitalité du secteur, avait, à la fin du premier semestre 2010, retrouvé son niveau d'avant la crise, à savoir celui de septembre 2006, annonçant ainsi un vrai retournement de tendance pour la France.

3-un exemple de guerre entre les deux pays: la bataille du rail pour la conquête de l'Europe :

La libéralisation des marchés et la fin des monopoles nationaux des modes de transport aérien et ferroviaire ont donné lieu à une âpre bataille qui se continue sous nos yeux.

La bataille de l'air a été, toutes proportions gardées, moins acharnée. Chaque grande compagnie nationale est partie à la conquête de l'Europe, Air France en s'alliant avec KLM, Lufthansa en intégrant Swissair puis en filialisant d'autres entreprises acquises dans le cadre d'une stratégie délibérée, notamment, Austrian Airlines, et Brussels Aviation. Tandis que la nouvelle société Air-France KLM créait l'alliance Skyteam avec d'autres grandes compagnies mondiales, Lufthansa créait la sienne, Star Alliance, chacun des nouveaux réseaux essayant d'attirer les plus grandes compagnies mondiales. La rivalité entre les deux réseaux d'alliances aux performances commerciales proches a toujours été vive, comme on a pu le voir lors de l'épisode des tentatives de rachat d'Alitalia, sans déboucher toutefois sur une guerre frontale entre les deux compagnies. Des épisodes de paix larvée ont d'ailleurs eu lieu. Récemment, la stratégie musclée de conquête du marché francophone africain, et de façon plus générale, du marché africain, sur lequel Lufthansa était peu présent jusqu'ici pour des raisons historiques, a réveillé les rivalités, l'attaque allemande se matérialisant d'emblée par un abaissement des tarifs de l'ordre de 20 %, sur des destinations où, il est vrai, Air France KLM bénéficiait d'une position d'oligopole, voire de monopole. En fait, la domination mondiale des longs courriers d'Air-France KLM est en train de s'éroder rapidement. Le niveau de ce segment de trafic ne dépasse que de 5 à 10 % celui de Lufthansa alors que ce différentiel était de 35 % fin 2008.Sur le seul sous-segment des liaisons avec le Moyen-Orient et l'Afrique, la supériorité initiale de 115 % est passée à 35 %. Lufthansa progresse sans cesse grâce à une politique de réduction des coûts, Air-France KLM stagne ou régresse à cause de la dérive de ses coûts mise en exergue depuis la disparition des stratégies de couverture financière relative à l'évolution du prix des carburants. La guerre va continuer.

Mais ces rivalités ne sont rien par rapport à celles qui se sont manifestées dans le monde des opérateurs ferroviaires, DB Holding d'un côté, SNCF de l'autre. La hache de guerre a été déterrée et la guerre bat son plein. Les deux opérateurs sont d'ailleurs victimes de la politique pure et dure de libéralisation dogmatique opérée au niveau communautaire, obligeant chacun des deux grands opérateurs à une politique de rentabilité (impliquant une baisse permanente des prix de revient) et à une politique d'expansion en vue de survivre sur un marché désormais ouvert en partie au niveau de l'Union. Les stratégies de rentabilité engagées dans ce but par les deux opérateurs ont eu d'ailleurs les mêmes effets des deux côtés du Rhin, à savoir une course à la réduction drastique des dépenses de maintenance, voire de sécurité préventive, occasionnant dans les deux pays les mêmes conséquences : défaillances, retards en cascade et dysfonctionnements, de sorte que les deux opérateurs sont devenus l'objet de critiques acerbes de la part de leur clientèle respective. Ainsi, les ICE ne supportent pas les fortes chaleurs, mais les TGV ne supportent pas plus les grands froids et la neige (cf. pannes Eurostar à la fin de 2009). Des deux côtés, la course à la productivité imposée par la concurrence forcée a atteint ses limites, sans que la Commission aveuglée par un dogmatisme forcené n'y trouve rien à redire. Il faudra de grandes catastrophes pour que cette politique soit remise en cause. En attendant, la course à la productivité s'épuisant d'elle-même, il ne reste plus à chaque groupe que la course à l'expansion dans laquelle les deux opérateurs se retrouvent en position de lutte frontale. Déjà, la bataille du fret a été perdue largement par la SNCF, qui a vu sa concurrente accaparer peu à peu la quasi-totalité des opérateurs de fret des pays voisins de la France, laquelle fait figure d'assiégée. Les tentatives timides de la SNCF d'acheminer ses trafics de fret en direction de l'Est et de la Russie ont été souvent contrées par sa rivale qui, à travers une stratégie d'acquisitions ciblées, oppose un véritable mur à toute tentative de trafic indépendant vers la Russie. Par ailleurs, malgré sa politique ostentatoire de libéralisation du trafic, la DB a su freiner la percée des opérateurs indépendants privés qui ont obtenu leur licence et leur certificat de sécurité pour opérer en Allemagne. Ainsi, il aura fallu, pour la DB, 12 ans pour que la part des nouveaux entrants en trafic fret atteigne 16 % du marché national, alors que la SNCF, fragilisée et beaucoup plus perméable à la concurrence, aura perdu aussi 16 % de son marché domestique, mais en 4 ans seulement, et ce, ironie du sort, pour une grande part, au profit de la filiale allemande ECR autorisée à opérer en France. Déjà, en matière de fret, la DB peut se prévaloir d'un chiffre d'affaires cinq fois supérieur à celui de la SNCF. La SNCF, obnubilée par la paix sociale, n'aura jamais été capable de mener une contre-offensive à la hauteur des défis, en filialisant, par exemple, la totalité de son activité fret.

La SNCF avait cru prendre une revanche en matière de trafic de voyageurs, mais elle s'est heurtée, dans ce domaine aussi, aux ambitions hégémoniques de la DB, qui, par ailleurs, a été allégée du fardeau de sa dette par l'ex-Chancelier Kohl, alors que la SNCF traîne toujours ce boulet à travers les péages démesurés qu'elle doit acquitter au profit de RFF, héritière de la plus grosse partie du fardeau de la dette ferroviaire historique française (péages en hausse de près de 140 %). Il est vrai que rien n'interdisait à l'État français de procéder de la même manière. Il y a manifestement aujourd'hui distorsion des conditions de concurrence, et ce, au profit de la DB. Il est patent aussi qu'il existe en Allemagne de sérieuses entraves à la reconnaissance du matériel roulant, et un constructeur comme Alstom a subi, à son propre détriment, cette situation. De même, la structure en holding de la DB ne correspond nullement à l'esprit des directives de séparation de la gestion ferroviaire entre gérant d'infrastructure et filiales d'exploitation (opérateurs) rendues obligatoires en Europe, mais la Commission n'a jamais osé non plus, jusqu'ici, s'opposer à la DB, qui en retire des avantages. En effet, la seule gestion de son réseau lui rapporte près de 50 % des bénéfices déclarés au niveau du groupe, avantages qui lui permettent d'occulter certaines pertes d'exploitation dans certains secteurs opérationnels. Pis, certaines des subventions accordées pour la gestion du réseau lui servent à financer certaines activités d'opérateur. Pendant ce temps, la SNCF déclare avoir perdu de l'argent dans le cadre de la délégation qu'elle assume au nom de RFF pour la gestion du trafic et des infrastructures. Alors que les coûts dits de ''transaction'' (liés aux nombreux conflits) s'accumulent entre SNCF et RFF, la DB, grâce à sa gestion intégrée de l'activité ferroviaire, engrange des gains de productivité et de rentabilité. Mais la DB pointe aussi du doigt certains dysfonctionnements de la politique ferroviaire française qu'elle estime lui être défavorable. Sûre de ses droits, consciente de ses avantages réels et des désavantages actuels de la SNCF, la DB est partie à la conquête des trafics européens en matière de voyageurs. Elle est d'autant plus déterminée que des opérateurs français ont gagné des parts de marché en Allemagne. Les relations internationales sont dans la ligne de mire de la DB. En conséquence, la DB, qui n'a pu intégrer le consortium Eurostar pour pouvoir peser sur les relations entre la Grande-Bretagne et le reste de l'Europe, a décidé de se lancer seule avec ses ICE, dès 2012/2013, sur la liaison entre l'Allemagne et Londres, faisant fi des règles de sécurité du Tunnel sous la Manche qu'elle est arrivée à contourner. Elle a de plus programmé, bien avant qu'Eurostar n'en ait eu l'idée, une liaison directe entre Amsterdam et Londres via Lille et Bruxelles, sous ses propres couleurs, en profitant des possibilités de cabotage. Il est vrai que la nouvelle société Eurostar n'avait été autorisée par les instances communautaires, qu'à la condition que le trafic soit aussi ouvert à la concurrence. La SNCF, majoritaire dans Eurostar, a certes essayé d'allumer des contrefeux en planifiant que les rames Eurostar puissent à leur tour assumer des relations entre Londres et l'Allemagne, mais elle s'est fourvoyée dans son appel d'offres hâtif, en donnant sa préférence aux rames Siemens, concurrent acharné du groupe Alstom, et ce, alors que les règlements de sécurité du Tunnel n'avaient pas été modifiés. Alstom était alors tout à fait dans son droit en poursuivant Eurostar UK en justice. Dans l'attente de ce jugement, Eurostar ne pourra pas gérer de liaisons entre Londres et l'Allemagne, les TGV d'Alstom n'y étant pas homologués, et nul ne sait si les règles de sécurité du tunnel seront modifiées pour permettre à DB de rejoindre Londres avec ses rames Siemens. Cette effervescence de stratégies dans le but de conquérir une part croissante du marché européen, témoigne des ambitions de la DB dont les visées sont paneuropéennes. La SNCF participe à cette guerre inégale avec des boulets évidents : une dette historique qu'elle finance à travers les péages exorbitants de RFF, des surcoûts non compensés de son personnel à statut alors que la plupart de ces mêmes surcoûts sont compensés par les pouvoirs publics en Allemagne, la mainmise de sa tutelle sur ses stratégies que le statut d'EPIC rend inévitable, sans oublier, la peur justifiée d'un véritable soulèvement social à l'intérieur de l'entreprise. La DB, en situation favorable, n'hésite pas non plus à accuser la France de ne pas vouloir ouvrir à la concurrence son trafic régional que le règlement OSP protège pour le moment. La mèche est allumée, et le conflit risque à tout moment d'exploser. La SNCF n'a pas tort d'affirmer que la libéralisation du trafic ferroviaire européen suppose une égalité des conditions de concurrence, ce qui n'est pas le cas ; mais la DB, et le gouvernement allemand qui la défend n'en ont cure. La DB continue à faire main basse sur les opérateurs périphériques du territoire français, aggravant certes sa position d'oligopole en Europe, tout en restant persuadée que la Commission n'osera jamais la mettre en cause. Pendant ce temps aussi, les groupes Alstom et Siemens, tous deux constructeurs ferroviaires, continuent à se faire la guerre, ajoutant ainsi au conflit des opérateurs celui des constructeurs ferroviaires. L'impasse est totale en matière ferroviaire entre les deux pays. La guerre ferroviaire a déjà commencé et n'est pas prête à s'éteindre.

4- les risques de déclassement de la France :

L'Allemagne talonne désormais la France en matière d'exportation de services: elle se situe pour le moment au troisième rang des exportateurs de services en Europe, derrière la France, mais elle est devenue aussi la troisième importatrice de services en Europe. Il n'est pas improbable que, d'ici quelques années, elle puisse rattraper la France dans ce domaine, d'autant que l'organisation des services allemands est beaucoup moins sensible au phénomène de délocalisation.

En effet, le risque de délocalisation du secteur tertiaire s'accélère aussi en France, selon le même schéma déjà explicité pour les délocalisations industrielles : plus les prix de revient d'une prestation sont élevés, plus la tentation est grande pour les prestataires de délocaliser leurs activités vers des pays émergents, au nombre desquels il faut citer les nombreux pays francophones africains. Compte tenu de cette facilité de langue et de proximité, les entreprises françaises sont tentées, plus que les entreprises allemandes, de délocaliser certains de leurs services. Pour l'Allemagne qui ne possède pas de facilités comparables, la délocalisation ne peut pas prendre la même ampleur, et c'est peut-être mieux pour son économie.

Il existe un domaine où cette migration a pris une ampleur démesurée : c'est celui des ''call-centers'' ou centres d'appel. Alors que, dans ce domaine, pour des raisons pratiques, les entreprises allemandes sont limitées dans leurs projets de migration, en raison des barrières linguistiques, les entreprises françaises de ''call-centers'' sont en train d'envahir l'espace francophone d'outre-mer. Le transfert de postes lié à ''l'offshoring'', dans ce domaine, s'est accru de 10 000 emplois en 2004 et de 83 000 en en 2010. Le Maghreb a été la première cible de ces délocalisations, tout d'abord en raison de la flexibilité du personnel due à l'absence de législation contraignante, mais aussi en en raison du bas coût de la main-d'œuvre, situation que l'on a appelée ''la dictature du low cost''. Ainsi, une heure de travail qui coûte près de 28 € chez un prestataire français, ne coûte que 14 € au Maroc, lequel est devenu le leader des centres d'appels francophones. Il emploie déjà 33 000 salariés et vise une occupation de 70 000 salariés dans moins de cinq ans, d'autant que le pays offre une fiscalité allégée. La Tunisie est aussi devenue une seconde cible privilégiée. Ainsi, dans un call-center de Bizerte, début 2011, une opératrice travaillait 45 heures par semaine pour une grande entreprise française, et ce, pour un salaire mensuel de 200 dinars, soit 101 €.

Mais cette migration s'étend maintenant aussi à l'Afrique noire (Sénégal) et à l'île Maurice. Cette migration contribue sans conteste à des pertes d'emplois sèches en France. Des contre-propositions ont été évoquées telles que des surtaxes d'appels, mais elles ont été vite oubliées. On a créé, en 2004, pour y remédier, un label dit de ''responsabilité sociale'' pour garantir les bonnes pratiques sociales, label qui peut être exigé dans les appels d'offres, ce qui obligerait les centres intégrés aux grandes entreprises à réserver 60 % de leurs emplois en France, mais ce label ne s'applique nullement aux services externalisés. Dans les faits, la migration des centres d'appels s'étend et touche toutes les grandes entreprises privées ou semi-publiques.

En Allemagne, la quasi-majorité des services vendus le sont au contraire à partir d'entreprises situées sur le territoire national. Par rapport à la France, l'Allemagne bénéficie donc d'un avantage différentiel en termes d'emplois nationaux. L'Allemagne retient et préserve ses emplois tertiaires, la France au contraire les laisse s'échapper outre-mer, sans contrepartie macroéconomique par ailleurs. Il n'est pas impossible que si cette migration prenait une ampleur démesurée en France, la part des effectifs allemands occupés par les services puisse rattraper ceux de la France, d'autant que plus de 30 000 postes restent à pourvoir en Allemagne dans le secteur des soins liés à la dépendance.

Enfin, la fragile prédominance de la France dans le domaine tertiaire est d'autant plus précaire, qu'une grosse part de son secteur tertiaire repose par définition sur le tourisme, activité fort dépendante de la conjoncture et en grande partie saisonnière, dont la valeur ajoutée n'est donc pas constante dans l'année, et que de nombreux Allemands assimilent ironiquement à une ''activité de Club Med''. Ce n'est pas peu dire !

Pour prendre vite le leadership du secteur tertiaire, l'Allemagne bénéficie de toute façon aussi dans ce domaine d'un atout exclusif, celui des ''working poors'', travaillant dans le secteur tertiaire pour un salaire horaire souvent de l'ordre de 4 €, du fait de l'inexistence d'un salaire minimal officiel dans le pays, même si quelques accords de branche existent. Cela dissuade donc les managers du secteur des services allemands de délocaliser leurs activités à l'étranger, mais cela augmente aussi l'attrait que peut présenter ce secteur pour nombre d'investisseurs étrangers.

Il existe cependant un sous-secteur important appartenant au monde des services qui mérite d'être exploré, c'est celui du secteur bancaire, pour lequel les situations respectives des deux pays sont à l'inverse de ce qu'elles sont dans le domaine industriel.

CHAPITRE VII

COMPARAISON DES SYSTÈMES BANCAIRES DES DEUX PAYS : LE RETARD DE L'ALLEMAGNE

« Les banques françaises sont parmi les plus solides d'Europe. »

(Christian Noyer, gouverneur e la Banque de France)

Contrairement à ce qu'on pourrait penser a priori, l'Allemagne est encore dotée d'un système bancaire sous-dimensionné dont la résilience, face aux crises, pose problème. Ce système se retrouve, dans les faits, dans une position d'infériorité par rapport au système français. Les raisons de cette situation sont à rechercher dans l'histoire bancaire récente de l'Allemagne, et malgré des progrès récents indéniables, les tests officiels pratiqués en 2010 au niveau européen ont dévoilé des insuffisances alarmantes pour certaines banques allemandes. L'Allemagne ne s'est pas encore dotée d'un système bancaire qui soit à la fois à la hauteur des enjeux mondiaux, mais aussi à la hauteur de ses responsabilités économiques.

Selon le rapport de la ''Compétitivité 2010 du Forum de Davos'' qui a classé les grandes banques mondiales selon leur solidité, s'il apparaît évident que les banques canadiennes soient au premier rang mondial, les banques françaises y sont classées à la 40e place, tandis que les banques allemandes apparaissent seulement à la 112e place, ce qui en dit long sur les dysfonctionnements qu'elles affrontent. Alors que le montant des actifs toxiques des banques françaises n'atteindrait pas 400 milliards d'euros, les actifs toxiques des banques allemandes s'élèveraient d'ores et déjà à 600 milliards d'euros, compte tenu du montant des souscriptions aux obligations des États financièrement défaillants (PIGS), de l'ordre de 50 milliards d'euros, d'un montant de 100 milliards d'euros de créances immobilières irrécouvrables, de 200 milliards de produits structurés, et de 250 milliards de valeurs sorties des bilans des banques et ''camouflées'' dans ce qu'on a appelé des ''bad banks''. Face à ces actifs toxiques, le capital des banques allemandes ne s'élèverait qu'à 250 milliards d'euros et serait donc incapable d'absorber la totalité de ces actifs toxiques, d'où le risque de déstabilisation du système bancaire allemand, dans lequel les banques régionales détiennent la plus grosse part de responsabilité, puisqu'elles se sont développées essentiellement sur des marchés spéculatifs.

Par contre, en matière boursière, l'Allemagne est en train de prendre le leadership européen de façon incontestable. Le projet d'union de Deutsche Börse avec NYSE Euronext pour créer la plus grande bourse mondiale a toutes les chances de prendre corps, malgré une contre offensive américaine. Les deux sièges sociaux se trouveront respectivement à New York et Francfort. Même si la Bourse française conserve la supervision des transactions sur les actions et les obligations européennes, les marchés à terme, de loin les plus dynamiques, vont passer sous contrôle allemand.

1-le retard allemand dans l'activité bancaire :

Il est coutume de mesurer ce poids en calculant le ratio des actifs bancaires d'un pays par rapport à son PIB. Ainsi, selon une statistique de la Deutsche Bank, ce taux ne représentait en 2010 que 299 % du PIB en Allemagne, alors qu'il atteignait 410 % en France. On voit donc qu'à richesse nationale comparable, les actifs bancaires allemands sont relativement hypertrophiés, dépassés même par ceux de l'Espagne, ce qui limite d'autant les stratégies des banques allemandes et leur marge de manœuvre, dans le cadre d'une économie mondialisée que l'Allemagne a toujours favorisée par ailleurs. En fait, le rêve de Francfort de devenir la capitale européenne de la finance bancaire ne s'est que partiellement réalisé. La restructuration du secteur bancaire allemand traîne toujours en longueur. Les causes de cette situation sont à rechercher dans l'histoire même du pays.

1.1-les causes historiques du retard allemand :

Il existe au moins quatre causes pour expliquer cette situation :

- le manque de consolidation du système bancaire allemand est un phénomène historique et l'organisation y est toujours apparue fragmentée avec une prédominance des banques coopératives et des caisses d'épargne régionales. Certaines entreprises publiques, comme la DB, avaient encore, dans un passé récent, leurs propres banques intégrées. Plus de 2 000 banques locales et régionales se partagent l'activité de la profession, et la plus grande banque allemande détient moins de 10 % du marché des particuliers. Au Royaume-Uni, les quatre plus grandes banques représentent au contraire 90 % du même marché.

- la prédominance du secteur public est aussi un autre trait de l'organisation bancaire allemande. On estime à environ 70 % la part des banques non privées, part incluant à la fois les banques coopératives encore fort nombreuses et les banques régionales (''Landesbanken''), qui ont pendant longtemps bénéficié d'avantages de refinancement, ce qui a porté ombrage aux banques privées. Une telle prédominance de banques publiques n'existe pas dans les autres grands pays de l'OCDE. Une telle organisation ne facilite, ni l'émulation, ni la modernisation. Ainsi, le secteur privé, qui représente environ 30 % du marché, se trouve confronté aux banques coopératives (près de 22 % du marché) et aux établissements bancaires publics (près de 48 % du marché), ces derniers se subdivisant à leur tour en caisses d'épargne et banques régionales des Länder (''Landesbanken'').

- les banques publiques allemandes, se sentant protégées par leur statut public, et dotées en outre de garanties de l'État, n'ont pas hésité à se lancer dans la spéculation, à investir dans les activités de marché, en négligeant l'activité de banque de détail. Déjà, en 2001, beaucoup d'entre elles avaient été affectées par la bulle informatique. Beaucoup ont recommencé à spéculer, dès 2005, et se sont retrouvées dans une situation de quasi-faillite.

- l'imbrication des intérêts entre les banques régionales, les assurances et le monde des entreprises est tel que le système bancaire n'a jamais pu témoigner d'indépendance et d'autorité impartiale dans sa politique d'octroi de crédit, incapable qu'il était d'évaluer objectivement les risques. Un tel système, qui rapproche le système allemand du système coréen ou japonais, révèle un caractère archaïque qui, en période de crise, génère un montant élevé de créances douteuses et de provisions de plusieurs milliards d'euros. Ces provisions s'étaient accumulées après la bulle informatique de 2001 et elles ont réapparu avec la crise des subprimes. Le système bancaire allemand est donc bien loin de représenter un niveau optimal en matière d'efficacité et de pertinence de la gestion des risques. Seule une concentration importante du secteur pourra contribuer à ces objectifs. Cette stratégie pourrait passer par une ouverture du capital des caisses d'épargne aux banques privées ou par des fusions propres à chacun des trois sous-secteurs : coopératif, régional et privé. Ce mouvement a commencé, mais il s'avère lent eu égard aux besoins et aux ambitions de l'économie allemande. Pour être crédible au niveau mondial, l'Allemagne se doit d'accélérer ce mouvement.

1.2-un secteur bancaire peu compétitif au niveau international :

Alors que les banques des principaux pays européens ont amorcé, depuis environ une décennie, des recompositions spectaculaires, en vue de créer des ''champions européens'', notamment en Espagne (où la banque Santander a racheté la britannique Abbey National), au Royaume-Uni (où la banque Barclays s'est alliée avec la néerlandaise ABN) et surtout en France avec les acquisitions multiples de BNP Paribas, les établissements germaniques ont été, pour la plupart, absents de ce mouvement de consolidation. Non seulement ils n'ont que peu participé à cette consolidation internationale, mais ils ont été aussi peu enclins à stimuler un mouvement de consolidation nationale. Certes, des acquisitions secondaires ont bien eu lieu (par exemple, rachat d'Eurohypo par Commerzbank, de Depfa Bank par Hypo Real Estate pour n'en citer que quelques-unes), mais l'essentiel reste à faire. Les conséquences de cette inertie, qui contraste avec la volonté de puissance du reste de l'économie, ont des conséquences fâcheuses, telles que :

- un manque de liberté de manœuvre dans le jeu des acquisitions et fusions, tant au niveau national qu'international.

- une faible valeur boursière qui les bride dans leur croissance.

- une situation de faiblesse qui les rend ''opéables''.

Ainsi, Deutsche Bank, de réputation mondiale, qui est la plus importante banque privée allemande ne figurait, encore il y a deux ans, qu'en quinzième position au niveau européen, en matière de capitalisation. Certes, le cloisonnement stérile du système bancaire allemand en trois piliers distincts ne peut que réduire toute volonté de regroupement. Mais, il faut ajouter aussi que la stratégie dominante des banques a été orientée tout d'abord, comme pour les autres secteurs de l'économie, vers la réduction des coûts internes, et non vers celle de fusions et acquisitions. C'est donc une volonté délibérée du monde bancaire qui est à l'origine du phénomène et elle pourrait se résumer ainsi : ''être fort sur le marché domestique, avant de se lancer dans une opération stratégique domestique ou internationale''. En fait, les banques allemandes sont restées trop allemandes.

1.3-leçons des ''tests de stress'' des banques européennes :

Ces tests, pratiqués au premier semestre 2010, et qui faisaient suite aux tests américains réalisés au cours de l'année 2009, ont concerné 91 établissements européens. Ils avaient pour but de mesurer l'exposition au risque systémique des banques, et leur capacité de résistance à des chocs de diverses amplitudes, sans que ces tests aient intégré cependant un ''scénario catastrophe'', ce qui leur a été reproché. Alors que les banques françaises, Société Générale en tête, ont tenu le choc d'une batterie de scénarios adverses, se plaçant toutes bien au-dessus du ratio de 6 % exigé, la banque allemande ''Hypo Real Estate'' a été recalée en raison d'un ratio de 4,5 % seulement, ce qui impliquait une insuffisance importante de fonds propres. Sauvée de la faillite à deux reprises par le gouvernement, avant d'être finalement nationalisée en 2009, cette banque, spécialisée dans l'immobilier, est le prototype de la crise financière allemande. La faillite de cette banque aurait eu, au niveau national, toutes proportions gardées, le même impact que celle de Lehmann Brothers aux États-Unis. La version 2011 des tests bancaires devrait être plus rigoureuse encore, incorporant de nouveaux risques macroéconomiques majeurs comme les risques sur dettes souveraines et la chute de la Bourse. Ces tests ne devraient pas faciliter la situation de certaines banques allemandes.

1.4-les augmentations de capital rendues nécessaires dans les banques régionales :

Malgré que les banques régionales aient réussi les tests de stress, elles préoccupent toujours les autorités fédérales de surveillance des services financiers. Trop nombreuses et de taille trop réduite, elles constituent toujours le maillon faible du système bancaire ; certains observateurs ont pu même conclure que, si elles ont réussi le test de stress, c'est que ce dernier n'était pas suffisamment sévère. En fait, depuis 2007, les différents Länder et le ''fonds de sauvetage Soffin'' les ont maintenues en survie grâce à des injections de milliards d'euros de capitaux, suite aux pertes qu'elles avaient accumulées sur les marchés spéculatifs. Ainsi, pour pouvoir survivre, Bayer LB a reçu 10 milliards d'euros et LBBW 5 milliards. En effet, la stratégie de ces banques régionales a consisté à s'enrichir sur des marchés spéculatifs, et ce, d'autant plus facilement, qu'elles bénéficiaient jusqu'en 2005 de la garantie de l'État et d'emprunts à des taux très bas. Frappées par la crise et leurs actifs toxiques, elles ont été fortement déstabilisées. Leur avenir passe par une fusion, mais compte tenu de leur nombre et de leurs effectifs, une fusion impliquerait des licenciements massifs, ce que rejette la classe politique actuelle. Le problème de ces banques régionales sous-dimensionnées reste donc entier.

1.5-l'hostilité des banques allemandes à l'encontre de règles prudentielles trop exigeantes :

Les exigences du nouveau ratio dit de ''Bâle III'' ont été mal accueillies par l'association des banques allemandes, témoignant ainsi d'une certaine fragilité du système bancaire. Une somme de capitaux nouveaux de l'ordre de 105 milliards est apparue nécessaire pour recaler au bon niveau les fonds propres des dix premières banques allemandes. Rien que l'importante banque Deutsche Bank, dans ce contexte, a fait état d'un besoin de financement de l'ordre de 9 milliards d'euros. Si les banques allemandes, dans leur ensemble, se sont retrouvées hostiles à l'encontre de ces règles prudentielles, c'est parce qu'elles avaient conscience de leur vulnérabilité. Sans mouvement ample de consolidation, le système bancaire allemand demeure en fait vulnérable, comme le démontrent les déboires à répétition de la banque HRE, quatrième banque du pays.

2-contrairement aux banques allemandes, les banques françaises s'avèrent être les plus solides d'Europe :

Les tests ont montré que les résultats des banques françaises sont tous supérieurs à la moyenne requise, ce qui témoigne de la solidité du système bancaire français, et du haut degré de sa capitalisation. Avec un ratio de fonds propres de 10 %, la Société Générale se place parmi les meilleurs établissements bancaires européens. Elle est suivie de très près, dans ce palmarès, par la banque BNP Paribas, dont le ratio s'élevait à 9,6 %, et par BPCE qui présentait un ratio de 8,5 %. Ces résultats sont la suite logique du renforcement des fonds propres réalisé par les banques françaises au cours des deux dernières années, et de l'exposition moins élevée à la crise des subprimes, eu égard aux autres banques européennes. Ces résultats décrédibilisent les commentaires, effectués dans le passé, sur le haut degré d'exposition du système français à la dette souveraine grecque. En fait, compte tenu de leurs fonds propres, un nouveau choc sur les dettes publiques coûterait aux quatre premières banques françaises la somme de 7,4 milliards d'euros, tandis qu'une nouvelle récession en Europe les affecterait à hauteur de 61,3 milliards d'euros, risques que le système français est désormais capable de supporter, d'autant plus que toutes ces banques ont déjà remboursé toutes leurs dettes envers l'État français. Le système bancaire allemand ne peut pas en dire autant.

Contrairement à l'Allemagne, le système français a commencé depuis une dizaine d'années à se consolider. Il n'a, de plus, été que moyennement exposé à la crise des subprimes. Aucune des grandes banques françaises n'est dépendante d'une aide quelconque de l'État. Au contraire, en Allemagne, l'État fédéral traine toujours le boulet de la banque Hyporeal, tandis qu'en 2010, la structure de défaisance ouverte pour sauver la banque régionale West LB et liquider ses ''actifs toxiques'' a coûté près de 900 millions d'euros au budget fédéral allemand. Le système bancaire allemand est loin d'être assaini. Trop concentrée qu'elle l'a été sur la seule variable de l'accroissement de ses exportations, la classe dirigeante allemande a toujours sous-estimé, jusqu'ici, la vraie vulnérabilité de son système bancaire, conséquence directe de son sous-dimensionnement. Et pourtant, entre les deux guerres mondiales, les rapports de force entre banques allemandes et françaises étaient inversés : ce furent les banques allemandes, alors suffisamment puissantes, qui spéculèrent contre le franc de l'époque, en vue d'affaiblir la politique de Raymond Poincaré, et ce, dès 1924.

Enfin et surtout, dans le cadre de l'exposition des banques respectives des deux pays, non pas au reste du monde, mais aux seuls pays financièrement déficients, appelés PIGS, les banques allemandes s'avèrent détenir des engagements plus importants que ceux du secteur bancaire français (soit respectivement, en octobre 2010, 435,1 milliards d'euros pour le secteur bancaire allemand, contre 330,9 milliards pour le secteur bancaire français), ce qui, toutes proportions gardées, fragilise encore plus le secteur bancaire allemand que le secteur bancaire français. Pour certains de ces pays, l'exposition allemande est énorme : les engagements de ses banques s'élèvent ainsi à 154,1 milliards d'euros pour l'Irlande (contre 52,2 milliards pour le secteur bancaire français) et surtout pour l'Espagne où l'exposition de ses banques atteint 200,9 milliards (contre 182,2 milliards pour le secteur bancaire français). Certes, à l'égard de la Grèce, le système bancaire français demeurait exposé, en juin 2011, à hauteur de 10 milliards d'euros d'obligations d'État (cas des trois banques: Crédit Agricole, Société Générale et BNP) mais les banques allemandes le sont tout autant et paraissent moins résilientes face au même défi. Les risques de déstabilisation du secteur bancaire allemand que pourrait générer la crise des dettes souveraines sont donc relativement plus importants.

Mais dans un autre domaine, celui de la Bourse, la position de l'Allemagne parait plus prometteuse dans le cadre de la consolidation transatlantique en cours. Le projet d'union de Deutsche Börse avec Nyse Euronext, pour créer la plus grande bourse mondiale a réussi à déjouer la contre-offensive et a donc les chances de voir le jour. En effet, la Bourse allemande, en s'alliant en février 2010 avec Nyse, a eu pour ambition de devenir, de loin, le premier pôle boursier européen. Deutsche Börse devrait détenir 60 % de l'ensemble. Mais début avril 2011, l'emblématique ''Big Board'', centre de la Bourse new-yorkaise, a refusé de passer sous domination allemande, provoquant une alliance inattendue entre deux concurrents américains, Nasdaq Omx d'une part, et Ice (Intercontinental Exchange) d'autre part, lesquels ont déposé une offre de rachat sur Nyse en vue de contrer l'offensive allemande. Cependant, cette offre devait échouer et la Bourse allemande est sortie vainqueur de cette lutte. L'avenir appartient désormais à la Deutsche Börse

CHAPITRE VIII

LE NOUVEAU DUEL FRANCO-ALLEMAND EN MATIÈRE AGRICOLE : LE LENT DÉCROCHAGE DE LA FRANCE

« Wir wollen miteinander die Herausforderung der Landwirtschaft anpacken. Wir wollen die Agrarwirtschaft am Markt in der Gesellschaft verankern. »

(Rede von der Bundesministerin für Ernährung, Landwirtschaft, und Verbrauchersschutz) Ilse Aigner: Rede auf dem Deutschen Bauernstag 2010).

« Nous voulons nous attaquer ensemble aux défis de l'agriculture. Nous voulons ancrer la politique agricole au marché, au sein de la société. »

(Discours d'Ilse Aigner, ministre fédérale pour l'Alimentation, l'Agriculture et les Droits du consommateur prononcé à l'occasion du Jour des agriculteurs en 2010).

« Les Allemands ont fait pour l'agriculture ce qu'ils ont fait pour l'industrie. »

(Thierry Pouch, économiste au sein de l'Assemblée permanente des Chambres d'Agriculture)

Dans l'inconscient des Français, le secteur agricole a toujours constitué un secteur privilégié, fierté du pays s'il en est, comme en témoigne, chaque année, le célèbre Salon de l'Agriculture de Paris. Pour la grande majorité des Français, la France demeure un grand pays agricole, ce qu'elle est en fait de moins en moins, tandis qu'ils assimilent l'Allemagne à un pays uniquement industriel, ce qu'elle est, et absolument pas à un grand pays agricole, ce qu'elle est devenue dans les faits.

Tout d'abord, l'Allemagne a été fortement impliquée aussi dans l'évolution de la stratégie agricole commune ou Politique agricole commune (PAC). Mais, la stratégie agricole de l'Europe a toujours été ambiguë. Elle s'est toujours divisée en deux camps radicalement opposés et aux intérêts inconciliables :

- une vision libérale, partagée par les pays nordiques et le Royaume-Uni, pour lesquels l'agriculture constitue une activité comme une autre, et ne doit donc pas être traitée à part. Dans le cadre de cette vision, une politique commune agricole (PAC) ne présente aucun intérêt et n'obéit à aucune justification économique.

- une vision pragmatique défendue avec acharnement par la France et nombre de pays latins, pour qui, tout pays doit avoir pour objectif de se donner les moyens de nourrir sa population, et pour qui une mondialisation exacerbée constitue un danger, dans la mesure où elle rend les nations européennes exclusivement dépendantes des pays émergents. Dans une telle perspective, la volatilité des prix et des quantités produites dans un monde de plus en plus déréglementé, en proie à la spéculation, ne peut qu'aggraver les tensions entre les nations et créer des déséquilibres. Pour les tenants de cette stratégie, la PAC constitue un instrument indispensable de régulation au niveau de l'Europe.

Tout d'abord, dès 1962, un pacte franco-allemand agricole est né entre les deux pays. L'Allemagne avait accepté que la PAC puisse avantager financièrement la France pendant la longue période de transition concernant l'assainissement de l'agriculture française, alors que l'exode rural était loin d'être terminé. En quelque sorte, la France avait obtenu de l'Allemagne que cette dernière renonce provisoirement à développer son agriculture. En conséquence, la France l'a poussé à développer, en échange, son industrie. Il résultait de cet accord tacite que la France devait devenir le plus gros bénéficiaire des subventions de la PAC, ce qui explique que, jusqu'en 2012, ce soient les agriculteurs français qui en reçoivent encore la plus grosse part, soit près de 20 % ; cette situation est appelée à changer avec la modification du système annoncée pour 2013.

Le système a bien fonctionné dans le cadre d'une Europe de six pays, mais avec le temps et l'élargissement progressif de l'Union, l'Allemagne a commencé à avoir sur ce sujet une attitude ambiguë. En effet, ses intérêts industriels ne pouvaient la rendre fortement adepte d'une PAC qui immobilisait la plus grosse part des revenus du budget de l'Union. Son intérêt consistait à orienter au contraire le budget européen vers des activités dont elle pouvait profiter directement. Elle a alors pris certaines distances avec le pacte agricole de 1962, se faisant, dès lors, adepte de la réforme de cette PAC.

Cependant, consciente des incessantes crises mondiales et des dangers que ces dernières pouvaient engendrer au niveau de l'approvisionnement alimentaire de l'Europe, et aussi consciente qu'une partie de ses agriculteurs vivaient encore dans des exploitations à taille non optimale (surtout à l'ouest de son territoire et en Bavière), l'Allemagne s'est à nouveau rapprochée de la France, en 2002, en scellant un autre type de compromis ; ce compromis visait à geler la PAC et ses ressources jusqu'en 2013. Il a été tenu. Par ailleurs, il avait été conclu aussi que les nouveaux entrants dans l'Union puissent obtenir les mêmes avantages financiers que ceux des pays déjà membres, sans que ces derniers voient leur part réduite jusqu'en 2013. Cet engagement a été tenu pour l'essentiel. Cette attitude bienveillante de l'ancien Chancelier Gerhard Schröder n'était certes pas motivée par un pur altruisme. En effet, au titre de la PAC, l'Allemagne avait fini par recevoir aussi une subvention non négligeable pour la modernisation de son agriculture, subvention que la CSU bavaroise avait toujours exigée. Ainsi, en 2003, si la France recevait déjà 10 419,1millions d'euros de subventions au titre de la PAC, et en était le premier bénéficiaire, l'Allemagne en était aussi le troisième bénéficiaire, juste derrière l'Espagne, avec une subvention évaluée à 5 372,5 millions d'euros, ce qui n'était pas négligeable.

Cependant, malgré le long et laborieux rapprochement franco-allemand, la France a du s'incliner devant tous les autres membres de l'Union, y compris donc devant l'Allemagne, le 26 juin 2003, et accepter les nouveaux principes de conditionnement des aides et de découplage de la production. Les agriculteurs devaient être désormais subventionnés, non plus sur la base de leur production, mais globalement sur la nouvelle base des superficies exploitées, la rémunération étant justifiée alors par l'utilité jouée par les agriculteurs pour la sauvegarde de l'environnement. La France a donc du jouer le jeu et n'a pas pu s'appuyer alors sur l'Allemagne pour empêcher cette nouvelle stratégie agricole. Il est vrai que les patrons de l'industrie allemande n'avaient jamais apprécié le montage très dispendieux de la PAC, contraire à leurs intérêts égoïstes.

Aujourd'hui, alors que les négociations sur la nouvelle PAC vont reprendre, l'Allemagne et la France ont retrouvé leur unité pour essayer de maintenir à un niveau élevé les subventions auxquelles elles pensent prétendre. Il est vrai que la coalition conservatrice allemande doit défendre maintenant les intérêts électoraux de la CSU bavaroise, dont nombre des membres sont des agriculteurs aux exploitations familiales sous-dimensionnées, semblables à la plupart de celles de la France.

Cependant, depuis 2003, l'Allemagne, beaucoup mieux que la France, a su utiliser les subventions de la PAC pour moderniser les structures de son agriculture, recherchant des économies d'échelle, et pour faire de ses anciennes fermes d'état de l'Allemagne de l'Est des exploitations redoutablement rentables tournées désormais vers le commerce international. L'ancienne Allemagne de l'Est est devenue ainsi le nouveau fer de lance d'une agriculture rentable et moderne. Comme on l'a dit, l'Allemagne a appliqué son modèle industriel à son agriculture. Elle est en passe de réussir, alors que la France se débat toujours dans un malaise agricole quasi généralisé, gangrené par de petites structures qui ne peuvent plus générer la rentabilité exigée désormais par les marchés internationaux.

S'il est vrai que la nouvelle PAC de 2013 contribuera à modifier considérablement le paysage des deux agricultures nationales, l'Allemagne va pouvoir miser, encore plus que lors de la décennie passée, sur ces nouvelles exploitations à taille optimale de l'Allemagne de l'Est, synonyme de hauts rendements et de prix de revient compétitifs. La France au contraire, perdra des pans entiers de son agriculture actuelle, par définition peu rentables, pour lesquels se posera le problème de la reconversion, peut-être en zones touristiques. La France aura, par ailleurs, de la difficulté à maintenir ses filières de fruits et légumes issues de petites et moyennes exploitations, et ne pourra conserver vraisemblablement que ses grandes exploitations du Bassin Parisien qui sont adaptées déjà aux problèmes de compétitivité mondiale et dont la rentabilité est égale à celle des nouvelles exploitations allemandes de l'ex-RDA. La France a donc plus à perdre que l'Allemagne de cette nouvelle PAC 2013. Il n'est pas exagéré d'affirmer que, grâce aux subventions du passé, l'Allemagne a su créer un second moteur de croissance efficace au sein de son économie, à côté de son moteur industriel, au bénéfice de la compétitivité de l'ensemble de son économie. On comprend alors que dans certaines filières agricoles, l'Allemagne ait devancé la France, et que, dans l'ensemble, elle talonne désormais cette dernière, qui se situait pourtant jusqu'ici, au second rang mondial de l'exportation des produits du secteur agroalimentaire. La rattrapera-t-elle bientôt ? Pendant ce temps, les Français continuent toujours à penser que l'Allemagne est tout, sauf un pays agricole.

Et pendant ce temps, l'Allemagne est en train de devenir un exportateur majeur de produits agricoles dans le monde.

1-la nouvelle force de l'Allemagne dans le domaine agricole :

L'Allemagne est de fait un grand pays agricole, un des plus grands pays agricoles d'Europe, si on en juge par quelques performances internationales. Elle est au premier rang des pays européens pour le colza, l'orge, les pommes de terre, le lait, la viande de porc. Elle produit près de 20 % de la viande de porc de l'Union. Elle est au second rang pour la production de sucre, de céréales, de viande de bœuf, de veau et des œufs.

Au niveau mondial, elle arrive au premier rang pour la production d'orge, au quatrième pour la production de viande de porc, et au septième pour la production mondiale de vin. Sa production animale est énorme et représente près de 65 % du chiffre d'affaires de l'ensemble de l'agriculture allemande.

Les cultures de céréales occupent 60 % des terres arables et la production de la betterave à sucre demeure à un très haut niveau, même si on assiste à une légère diminution.

Mais la grande révolution est celle de l'élevage qui a de plus en plus un caractère agro-industriel. L'élevage est une des principales ressources des agriculteurs allemands classifiés comme ''primaires'', c'est-à-dire pour des agriculteurs dont les ressources proviennent seulement du secteur agricole. Cet élevage (surtout aviculture, élevage des porcs et des bovins) est fortement concentré dans le nord-ouest de l'Allemagne et surtout maintenant dans les ''nouveaux Länder'' de l'ex-RDA.

Cette importance se traduit aussi en matière d'emplois créés : on estime qu'en Allemagne, près d'un actif sur 10 travaille aujourd'hui dans un domaine ayant un rapport direct ou indirect avec l'agriculture, la sylviculture, et la pêche.

2-la réunification allemande a ouvert la voie définitive à une gestion performante de l'agriculture :

Avant la réunification de l'Allemagne, la taille moyenne des exploitations agricoles de l'ancienne RFA était peu différente de celle des exploitations françaises. Ces exploitations étaient le plus souvent familiales. Au contraire, dans l'ancienne RDA, l'économie socialiste avait déjà procédé au remembrement de nombre de petites et moyennes parcelles, pour constituer de grands ensembles soumis aux principes de la gestion socialiste. Après la réunification, les stigmates de cette situation ont perduré. Mais la moyenne des superficies agricoles allemandes se retrouve désormais supérieure à ce qu'elle était quand on ne prenait en compte que la seule RFA. En 2005, selon un recensement, la superficie moyenne des exploitations, tous Länder confondus, était de 46,6 ha, celle des Länder de l'Ouest était inférieure, de l'ordre de 34 ha, celle des nouveaux Länder (ex-RDA) supérieure, de l'ordre de 202 ha. Ces données témoignent d'une forte disparité entre les deux Allemagnes. C'est d'ailleurs dans le Land du Mecklembourg-Poméranie occidentale que l'on observe, en matière de superficie, les plus vastes exploitations allemandes actuelles, héritées de l'ex-RDA, symboles d'une nouvelle rentabilité. La loi ''Landwirtschaftsanpassunggesetz'' de 1990, qui fut abrogée en 1991, avait eu pour but de privatiser ces anciennes exploitations socialistes. L'accession à la propriété privée de ces exploitations et l'application de nouvelles règles de gestion n'ont cependant nullement remis en cause la taille de ces exploitations, qui constituent désormais le fer de lance de la nouvelle agriculture allemande, permettant à cette dernière d'atteindre des rendements que la RFA n'avait jamais connus. L'Allemagne a donc doublement profité de la maîtrise et de la reconversion de ces grandes exploitations de l'Est : tout d'abord, en augmentant le niveau de la production nationale (notamment en matière de production de viande animale et de lait), mais surtout en introduisant un mode d'exploitation intensif que seules de grandes unités peuvent autoriser. C'est ainsi que l'Allemagne a augmenté nombre de ses rendements agricoles, et mis en place progressivement une agriculture rentable tournée vers l'agroalimentaire et le commerce international. Quand on sait que l'agriculture est pratiquée sur 55 % de la superficie totale du pays, on comprend que la nouvelle agriculture allemande soit devenue un secteur économiquement dynamique, même si, selon les statistiques, la valeur ajoutée du secteur agricole ne constitue qu'environ 0,9 % du PIB et n'occupe directement qu'un peu plus de 2 % de la population active (ce dernier chiffre étant cependant à relativiser puisque, dans les faits, un actif sur dix a un rapport direct ou indirect avec ce secteur). Le développement de la mécanisation rendue possible par ces nouvelles exploitations a permis de diminuer par ailleurs la main-d'œuvre traditionnelle du secteur. Les nouveaux actifs agricoles sont devenus mieux formés et plus performants. Le fait, par ailleurs, que 63 % des terres soient mises en fermage, loin de nuire à la performance de l'économie allemande, n'a fait que l'améliorer. Parallèlement à la mécanisation croissante de l'agriculture, l'Allemagne a aussi mis en place un système de formation éprouvé qui a radicalement changé la technicité du monde agricole. Ainsi s'explique la mutation de l'agriculture allemande des deux dernières décennies, mutation qui est peu connue des Français et qui repose pour l'essentiel sur quatre facteurs :

- une rapide optimisation de la taille de ses nouvelles exploitations à l'est (ex-RDA), mais aussi au nord-ouest de l'Allemagne, optimisation génératrice de prix de revient compétitifs. A ce titre, l'Allemagne a regroupé, autant que faire se peut, nombre de ses laiteries, exploitations d'élevage et abattoirs.

- l'utilisation d'une main d'œuvre bon marché, dans un pays où le salaire minimum n'existe pas officiellement, et où de nombreux salariés proviennent des nouveaux pays membres de l'Union, sans parler des saisonniers illégaux. Il est vrai que l'abondante main-d'œuvre agricole provenant des anciens pays PECO est souvent rémunérée au niveau salarial de leurs pays d'origine. Selon les estimations de la profession, la main-d'œuvre agricole allemande aurait un coût de 6,5 euros l'heure quand la main d'œuvre française reviendrait à 11 euros.

- une modernisation très poussée de nombreuses exploitations dans l'ensemble du pays, savamment activée par les subventions du budget de la PAC.

- la création de revenus supplémentaires pour de nombreux agriculteurs, ces derniers s'étant massivement reconvertis par ailleurs en producteurs d'électricité solaire et de biomasse, activités secondaires puissamment aidées par l'État et les Länder.

Les conséquences de cette stratégie agricole ne se sont pas fait attendre. Des progrès spectaculaires se sont manifestés dans les produits laitiers, pour lesquels l'Allemagne a pris non seulement le leadership européen, et pour lesquels la France est devenue même importatrice, et ce, dès les années 2008/2009. La production allemande de la viande porcine a dépassé celle de la France, et aujourd'hui, l'Allemagne en exporte trois fois plus que la France, alors qu'en l'an 2000, la France en exportait plus. L'Allemagne importe de moins en moins de fruits et de légumes de la France et tend à devenir autosuffisante dans ce domaine, alors que le pays ne possède pas d'atouts évidents pour ces cultures. Enfin, pour la production biologique, que le parti des Verts allemand a érigée en devoir national, on constate que l'Allemagne y consacre déjà plus de surface que la France (soit, selon les statistiques disponibles, respectivement 5 % contre 2 %). Le duel agricole franco-allemand tend à donner l'avantage à l'Allemagne, et le déclassement français reste préoccupant.

3-comme elle l'a fait pour son secteur industriel, l'Allemagne a transformé son agriculture en une machine à exporter :

Performante en matière de prix, et attractive par ses normes de qualité, l'agriculture allemande, outre l'intérêt commercial indéniable que suscite son immense marché intérieur de 82 millions d'habitants, s'est progressivement transformée en une machine à exporter. Ainsi, les exportations agricoles allemandes ont quadruplé depuis 1980 et doublé depuis 1990 (depuis donc la réunification), et selon les dernières statistiques, 20 % de son chiffre d'affaires proviennent d'ores et déjà de l'exportation.

En matière d'exportations de produits agroalimentaires, la France qui était leader mondial en 2004 (avec un chiffre d'affaires à cette époque de 28,1 milliards de dollars contre 26,3 milliards pour l'Allemagne) est même passée en 3e position, l'Allemagne occupant désormais la 1re place depuis 2005, devant les États-Unis et la France. En 2009, les exportations de l'Allemagne dans ce secteur s'élevaient déjà à 36,6 milliards d'euros contre seulement 31,9 milliards pour la France. Ses exportations ont même connu un pic d'environ 40 milliards d'euros en 2008, et ce, en pleine crise économique.

Par sa croissance rapide dans le domaine de l'exportation, l'agriculture allemande, dopée par des rendements élevés et des prix de revient bas, est devenue une machine au service de la croissance allemande. Le lobbying des milieux agricoles allemands a été d'ailleurs toujours très efficace dans ce domaine. A titre d'exemple, l'Allemagne a obtenu de pouvoir continuer à subventionner le schnaps de ses paysans (jusqu'en 2013, pour l'alcool de pommes de terre et de céréales, et jusqu'en 2017 pour l'alcool de pommes et de poires), malgré les injonctions de la Commission, en évoquant, comme l'a fait habilement, sa ministre de l'Agriculture, Ilse Aigner, « la préservation de ses paysages bavarois avec ses champs d'arbres fruitiers où se cachent les oiseaux ». Et cela a suffi !

4- l'agriculture française, qui était au contraire une des premières du monde, est sur la voie du déclin :

Selon le sociologue Henri Madras, avec un quart de sa population active occupée dans le secteur agricole, la France, en 1945, était ''le pays le plus paysan de tous les pays occidentaux''.

L'agriculture française a été longtemps une agriculture de dimension mondiale, car elle possédait le meilleur potentiel de l'Europe avec 30 millions d'hectares disponibles pour cette activité, une importante industrie agroalimentaire, et des canaux de distribution bien rodés dans ce domaine. Elle a généré jusqu'ici, avec les secteurs qui lui sont ramifiés, près de 4 millions d'emplois. Mais elle est sur la voie du déclin, faute d'avoir réalisé les choix structurels qui s'imposaient. Certes, la France peut encore s'enorgueillir de produire près de 18 % de la production agroalimentaire de l'Union, mais l'Allemagne lui a ravi sa place. Elle peut aussi s'enorgueillir de son rang pour certaines productions : 1er rang européen et 5e mondial pour la production du blé ; 8e rang mondial pour la production du maïs ; 7e rang mondial pour la production de sucre ; 1er rang mondial pour la production du vin ; 3e rang mondial pour la production du lait ; 5e rang mondial pour la production de viande bovine. Mais la France a de plus en plus de mal à tenir ses positions, car la tendance décroissante de sa production a été amplifiée par la crise économique qui a affecté, avant tout, la production des produits dits traditionnels. En conséquence :

- l'excédent commercial des seuls produits non transformés a ainsi diminué de 50 %.

- la France, qui était en Europe le 1er pays exportateur de produits agroalimentaires devant l'Allemagne, vient de lui céder sa place, comme on a pu le voir précédemment. Par ailleurs, l'excédent agroalimentaire français est réalisé surtout grâce à l'exportation de deux denrées, à savoir, le blé et le vin, ce qui en fragilise la performance ; par ailleurs, le volume de ces exportations ne doit pas faire oublier le niveau élevé des autres produits agroalimentaires importés et donc la dépendance française vis-à-vis du reste du monde.

- encore plus étonnant est le fait qu'en matière de production de produits agricoles classiques, dans laquelle la France excellait jusqu'ici, la chute ait été spectaculaire. On a pu observer ainsi, en 2009, une chute de 24 % en matière de production de céréales, de 22 % en matière de vins et de champagne, de 16 % en matière de produits laitiers et de fromages, tandis qu'un déficit nouveau se dessinait en matière de besoins en viande et de fruits et légumes.

Ce déclin se manifeste aussi, bien sûr, par la décroissance de sa population active agricole et par celle de la part de sa valeur ajoutée dans le PIB, conformément à l'évolution décrite par Jean Fourastié, mais ce, de façon plus brutale qu'en Allemagne. Ainsi, pour l'ensemble du secteur primaire, la population active (salariés et non salariés) qui était de 5 043 000 en 1954 (soit 27 % de la population active à l'époque) est passée en 2009 à environ 700 000 personnes, représentant à peine 3 % de la population active totale (contre 2,2 % en Allemagne). La contribution au PIB de l'agriculture seule, qui était de 7 % en 1980, ne représente qu'un peu plus de 2,2 % (contre 0,9 % en Allemagne). Depuis 50 ans, et ce, malgré une hausse de sa productivité, la part de l'agriculture dans le PIB de la France n'a cessé de diminuer. Le déclin est brutal et il n'est pas terminé.

Pourtant, la taille moyenne des exploitations a augmenté puisqu'elle est passée de 14 à 39 hectares de 1955 à 1995, mais même sur cette base de 39 ha, la taille moyenne actuelle d'une exploitation française reste inférieure à celle d'une exploitation allemande (de l'ordre de 46,6 ha), ce qui démontre que la course vers les économies d'échelle a été plus importante en Allemagne. Encore faut-il remarquer que cette performance relative française est due en grande partie au fait que la SAFER (Société d'aménagement foncier et d'établissement rural) encourage les remembrements, en faisant en sorte qu'à chaque départ à la retraite d'un agriculteur son exploitation soit reprise par un autre agriculteur. Avec encore 500 000 exploitations, la France est loin des conditions optimales d'une exploitation agricole normalisée.

Pourtant, certaines performances ont été réalisées, mais elles restent insuffisantes eu égard aux lois d'airain de la mondialisation. Ainsi, la production agricole a doublé en 25 ans. Les rendements de blé sont passés de 15 quintaux à l'hectare entre les deux guerres à 73 aujourd'hui. A l'ancienne agriculture de masse va être substituée une agriculture ciblée de qualité qui pourra se développer sans subvention : AOC (appellation d'origine contrôlée), labels bio, IGP (Indication géographique protégée) ; le maïs et le colza commencent à être cultivés à des fins industrielles (biocarburants). Une création de 5 000 emplois est prévue dans l'agroéquipement en 2011. Mais ces efforts, certes notoires, sont trop parcellaires et demeurent insuffisants. L'Allemagne s'est plus vite adaptée aux défis de la mondialisation.

5- faute d'économies d'échelle suffisantes, le revenu moyen des agriculteurs a considérablement chuté :

Cette chute des revenus est devenue un problème politique majeur en France et est à l'origine de jacqueries sporadiques. On a coutume d'accuser le démantèlement de la PAC. Il est vrai que ce démantèlement a joué un rôle important, mais c'est oublier que ce bouclier de protection ne pouvait être que provisoire et il a duré pourtant longtemps. La fin des systèmes de contingentement de certaines productions (lait par exemple) et l'abrogation des mécanismes protecteurs de régularisation ont été aussi un facteur de détérioration des prix et donc des revenus. Il faut aussi noter que le phénomène de mondialisation et l'ouverture progressive des frontières consécutives aux accords passés au sein de l'OMC ont achevé de détériorer la situation. Sauf pour l'agriculture intensive du Bassin Parisien, et quelques filières spécialisées, l'agriculture française n'était ni préparée à la réforme de la PAC ni à l'ouverture des frontières, faute de rentabilité suffisante. La crise économique mondiale, depuis 2007, en exerçant une forte pression sur la demande, a occasionné aussi une crise agricole qui, faute de mécanismes de régulation, a dégénéré en un effondrement de nombreux prix et donc des revenus moyens des agriculteurs de l'ordre de 50 % en deux ans. Ainsi, en 2008, la chute des revenus des agriculteurs avait été de 20 % et elle a été de 34 % en 2009, engendrant une véritable tragédie. L'agriculture française apparaît de plus en plus sinistrée et rime souvent désormais avec pauvreté et précarité, sauf pour les exploitations dédiées à l'agriculture intensive et quelques filières bien spécialisées. Certes, les résultats macroéconomiques de 2010 font état globalement pour le secteur d'une augmentation du ''résultat agricole net'' de 30 %, et d'un accroissement du ''revenu net de branche'' de 81 %, mais ces résultats agrègent, par définition, les excellents résultats de quelques riches exploitations (Bassin Parisien, filières spécialisées) envers lesquelles, par ailleurs, la PAC a été toujours généreuse, et ceux de la grande majorité des autres agriculteurs défavorisés, qui ne pensent qu'à se retirer du secteur agricole. Ici aussi, l'analyse des écarts à la moyenne serait d'un grand recours. Enfin, contrairement à ce qui se passe en Allemagne, où de nombreux agriculteurs ont su trouver une ressource complémentaire dans la production d'électricité solaire ou la biomasse avec l'aide de l'État, aucun phénomène de la même ampleur n'est venu compenser l'insuffisance des revenus des agriculteurs français. On assiste donc à un découplage saisissant dans l'évolution des revenus moyens des agriculteurs français et allemands, sur au moins deux plans :

- l'agriculture allemande, mieux organisée, a su s'adapter beaucoup mieux que l'agriculture française aux défis de la mondialisation, grâce à de meilleures économies d'échelle et à un abaissement de ses prix de revient, conséquence directe d'une meilleure rentabilité. Les revenus moyens des agriculteurs allemands s'avèrent être supérieurs à ceux de leurs homologues français, d'autant que la plupart concernent des filières porteuses d'avenir. La volonté de s'adapter aux défis de la mondialisation sans recourir à des mécanismes de régularisation, depuis le démantèlement de la PAC, est bien réelle en Allemagne. Au contraire, les agriculteurs français revendiquent toujours des mécanismes de lissage des prix agricoles sur le moyen terme.

- les agriculteurs allemands, grâce à la production d'énergie verte, ont su capter de nouveaux revenus, qui sont venus consolider ceux issus du monde agricole, ce que n'ont pas fait, ou n'ont fait que marginalement, les agriculteurs français.

Certes, la récente loi de modernisation de l'agriculture en France s'engage à offrir aux agriculteurs un revenu décent, en réorganisant la production, en rénovant les circuits de distribution, en introduisant des contrats écrits entre producteurs et acheteurs, en pesant sur les marchés de la distribution, mais rien n'autorise à affirmer que ces mesures tardives qui vont dans le bon sens suffiront à sauver une activité sinistrée.

6-le déclin du secteur agricole français ne peut que s'accélérer tant sont importants les obstacles à surmonter à l'avenir :

Tout d'abord, c'est une véritable révolution interne que l'agriculture française doit entreprendre. Charges et lourdeurs administratives entravent la rentabilité des entreprises. Certes, le coût du travail joue un rôle négatif, puisque le coût de la main-d'œuvre allemande revient à 6,5 euros l'heure quand ce même coût est de 11 euros en France. Mais ce n'est pas le seul handicap. Les taxes, les règlements pointilleux, les nombreuses procédures relatives à l'octroi de subventions, une succession de lois complexes, constituent des éléments qui inhibent les initiatives. Le secteur s'est lentement transformé en un secteur administré et bureaucratique. Les lois de modernisation (LME, qui est réputée avoir été mal appliquée, puis LMA, par exemple) se succèdent, sans par ailleurs emporter l'adhésion, et sans que de vrais bilans soient tirés chaque fois. Cette inflation de lois et de règlements ne fait qu'alourdir le secteur, au moment où les outils de régulation du marché sont abandonnés au niveau européen. Par ailleurs, s'il est patent que les exploitations françaises n'ont pas trouvé encore leur taille optimale, dans leur ensemble, il convient de créer des outils plus efficaces que celui de la SAFER. Les exploitations doivent devenir plus concentrées et spécialisées pour que l'agriculture française puisse continuer à jouer un rôle mondial. A ces facteurs négatifs, s'ajoute le décrochage en matière de recherche et de développement. La crise économique ne peut expliquer donc ce recul incessant de l'agriculture française, comme on le prétend trop souvent en France, car les autres partenaires y ont été aussi confrontés. Pis, en interdisant fermement les cultures OGM, la France, à travers les mesures prises dans le cadre du ''Grenelle de l'environnement'', a porté un coup de grâce à la recherche française, en déclassant toute la recherche effectuée en France en matière de biotechniques.

Le démantèlement de la PAC ne permettra plus à l'agriculture française d'écouler avec facilité sa production en Europe et dans le monde. Déjà, deux filières, jadis florissantes, se retrouvent en grande difficulté: il s'agit tout d'abord de la filière du lait, dont les prix à la production se sont effondrés avec la fin des quotas laitiers, mais il faut y ajouter aussi celle des fruits et légumes, dont les producteurs sont sommés de rembourser les aides du passé, considérées aujourd'hui comme illégales. De façon générale, tous les secteurs où le coût de la main-d'œuvre représente de 40 à 60 % du prix du produit fini sont condamnés à disparaître lentement, compte tenu du différentiel du coût de la main-d'œuvre entre pays, notamment entre la France et l'Allemagne. Le secteur de la viande viendra alors s'ajouter à ceux, déjà sinistrés, des fruits et légumes et des produits laitiers. On sait déjà, depuis juin 2011, en raison des intoxications alimentaires qui se sont propagées dans le Nord de la France, qu'une partie de la viande hachée vendue en France provient de carcasses achetées en Allemagne. L'agriculture française doit se mobiliser face au choix de l'ouverture des frontières, et donner priorité à la vision nordique de l'agriculture basée sur la rentabilité.

Dans un autre domaine, le partage de la valeur ajoutée du secteur agricole n'a toujours pas trouvé en France un juste équilibre. Les producteurs sont restés prisonniers des diktats de la grande distribution en matière de prix, et il semble bien que la plus grande part de cette valeur ajoutée soit toujours accaparée par la grande distribution, malgré quelques mesures de façade prises dans un passé récent. Cette situation ne fait que peser encore plus sur la baisse des revenus agricoles moyens et aggraver le malaise du secteur.

Dans un monde globalisé, l'agriculture française ne pourra affronter, ni les produits compétitifs des pays émergents, ni ceux bien protégés des États-Unis, si elle ne modifie pas ses structures et ses méthodes de travail. En particulier, la concurrence avec les pays émergents est désormais difficile dans le cadre d'un marché ouvert, car ces pays peuvent jouer à la fois sur le registre des coûts salariaux, du fait de l'absence de normes sociales, mais ils peuvent jouer aussi sur celui des taux de change : le Brésil a dévalué sa monnaie à plusieurs reprises, pour pouvoir mieux exporter, entre autres, ses produits agricoles. Quant à la concurrence avec les produits américains, elle est faussée à la base par les abondantes subventions accordées sans relâche aux agriculteurs par le gouvernement fédéral, aides qui ne sont pas prêtes à disparaître.

En Europe, l'agriculture française continuera à affronter dans de nombreuses filières, comme celles des fruits et légumes et du vin, ses partenaires méditerranéens qui bénéficient de coûts salariaux plus attractifs, d'autant qu'ils ne sont pas hostiles à certaines formes de dumping social qu'ils alimentent en embauchant de la main-d'œuvre extracommunautaire. Elle y affrontera aussi l'agriculture des ex-pays PECO, dont les prix de revient sont très bas, malgré de très mauvais rendements.

L'époque glorieuse de l'agriculture française touche à sa fin, et c'est une agriculture de niches qui lui succédera. Peut-être est-ce pour cette seule raison que 10 000 jeunes courageux s'installent encore en France dans le secteur agricole, d'après les rapports des Chambres d'Agriculture.

Pendant cette longue période de transition, une chute des revenus moyens agricoles est fort probable, laquelle, à son tour, entrainera une disparition encore plus rapide des petites exploitations. En effet, sur le marché interne européen, le filet protecteur entretenu par les lissages de prix et les mécanismes de régulation aura disparu. La nouvelle politique agricole européenne aura avant tout comme objectif de peser sur le niveau des prix des produits agricoles, pour que ces derniers contribuent à la politique anti-inflationniste de l'Union, politique que l'Allemagne a contribué à faire inscrire parmi les objectifs majeurs de la BCE (Banque centrale européenne) ; dans un tel contexte réducteur, il faut considérer que la situation qui prévaudra après ce démantèlement découpera la France agricole en trois parties :

- une zone qui survivra grâce à la pratique d'une agriculture intensive et qui dépendra de la force capitalistique des producteurs (Bassin Parisien).

- des zones de production de qualité et de niches (surtout dans le domaine des fruits et légumes) dispersées sur le territoire.

- une vaste zone en friche correspondant en gros au Massif Central et à une partie du grand Ouest, terre des petites exploitations actuelles condamnées à disparaître. L'avenir économique de cette immense zone sinistrée restera une des préoccupations majeures de la France. Cette désertification du Massif central pourrait vite s'accélérer si le Commissaire européen au Commerce extérieur concrétise l'ouverture du marché européen à la viande d'Amérique latine dans le cadre de l'OMC (Organisation mondiale du Commerce). La France du ''Grand Paris'' n'aura que peu de points communs avec ce nouveau désert français.

De grands et graves problèmes sont devant nous, et pourtant le pire n'est pas encore arrivé.

7- un phénomène de délocalisation de l'agriculture est en route qui risque d'appauvrir encore plus le secteur agricole français :

On peut distinguer, tout comme pour le secteur industriel, deux manifestations de ce phénomène :

- délocalisation spatiale des exploitations : ce phénomène est en marche depuis des années et il affecte les grandes exploitations, ce qui ne peut qu'appauvrir les capacités d'investissement et de modernisation du secteur, pourtant déjà ébranlées. Ainsi, l'Ukraine avec ses coûts peu élevés et ses rendements historiques est en passe de devenir la ''terre promise'' de nombreux céréaliers. Mais on observe de telles locations dans d'autres filières, telles que celles de la production du vin (avec des délocalisations en Amérique, laine, en Australie, en Afrique du Sud et même en Chine). Quant à la filière des fruits et légumes, elle est attirée de plus en plus par les conditions avantageuses offertes par le Brésil, déjà champion de l'agrobusiness. On peut observer que de plus en plus de grosses entreprises agricoles, tous secteurs confondus, font des acquisitions dans les pays émergents à coûts bas et contribuent à diminuer la production française. Ainsi, le groupe Tereos, second groupe sucrier européen, se développe de plus en plus au Brésil. De grandes exploitations agricoles se délocalisent donc en totalité ou en partie, avec les mêmes conséquences sur le secteur agricole français que celles décrites pour les délocalisations industrielles sur le secteur industriel.

- délocalisations furtives, en raison de l'incorporation d'un plus grand nombre d'ingrédients étrangers dans des produits alimentaires ''made in France''. C'est un phénomène tabou sur lequel les producteurs de l'agroalimentaire refusent de faire des commentaires, et on estime, comme pour les produits industriels, à près de 30 %, la part de ces ingrédients étrangers contenus dans les produits agroalimentaires français. La profession se défend en indiquant qu'il est impossible d'indiquer la provenance des ingrédients, malgré les demandes des consommateurs : cela concerne aussi bien les fruits dans les confitures, les poêlées de légumes, que les jambons industriels. La FNSEA (qui regroupe les grands exploitants) se plaint que les grandes marques alimentaires françaises refusent le plus souvent d'indiquer la provenance de leurs matières premières. En tous les cas, cette pratique contribue aussi à appauvrir durablement le secteur agricole français, une partie de la valeur ajoutée des produits vendus étant alors générée en dehors de nos frontières.

8-l'Allemagne et la France dont les filières agricoles étaient jusqu'ici distinctes se retrouvent désormais en compétition :

Dans ce nouveau combat, l'Allemagne part cependant avec des atouts certains, dont les principaux sont :

- la modération de ses prix de revient, conséquence de meilleures économies d'échelle réalisées.

- des conditions salariales avantageuses depuis les orientations prises au niveau national sur la base des ''lois Hartz''. A ces avantages, s'ajoutent encore l'absence de salaire horaire minimum, et pour les exploitations bavaroises, des aides du Land pour financer les équipements jusqu'à 30 %.

- une TVA forfaitaire qui voisine 10 % dans le secteur agricole.

L'Allemagne a déjà gagné la bataille des produits laitiers, dont les prix étaient environ inférieurs de 35 euros aux 1000 litres en 2009, et de 9 euros en 2010 par rapport aux prix français. En conséquence, les grandes surfaces commerciales en France ont commencé à importer de grandes quantités de lait allemand, au détriment du lait français. On a pu estimer, en 2009, que près de 4 % du lait consommé en France provenait désormais de l'Allemagne et pas loin de 2,3 % du fromage vendu dans le commerce. Les raisons économiques de ce différentiel ont déjà été expliquées. Il faudrait y ajouter, pour être complet, le meilleur esprit entrepreneurial des agriculteurs allemands, lesquels se sont mieux adaptés à la disparition des mécanismes européens de régulation du marché, en acceptant de se plier à la dure loi de la compétition mondiale. Les rendements par kg/an par vache étaient de 6 827 en Allemagne et de 6 340 en France. Ainsi, les meilleures conditions de production en Allemagne ont eu des répercussions sur le marché français, en déstabilisant la filière française, et en générant un puissant flux d'achat de la part du secteur commercial français, situation qui aurait été impensable il y a une dizaine d'années.

Dans un autre domaine important déjà cité, à savoir, celui des industries agroalimentaires, la France a cédé sa place de leader à l'Allemagne dans le domaine des exportations, et ce, depuis 2005 ; elle se retrouve même au 3e rang mondial dans ce domaine, derrière l'Allemagne et les États-Unis. Les raisons de cette régression sont à rechercher aussi dans les explications déjà exposées ci-dessus.

Ainsi l'Allemagne s'est lancée avec de réels atouts économiques à la conquête des marchés agroalimentaires internationaux, et ce, malgré le démantèlement de la PAC, phénomène qui n'a créé qu'un traumatisme relatif dans le pays, alors qu'il a généré en France un véritable séisme qui a profondément ébranlé, non seulement le secteur agricole, mais aussi l'économie nationale dans son ensemble. Alors que les niveaux de production et de revenus moyens des agriculteurs sont sur le déclin en France, l'Allemagne pourrait bien un jour devancer la France en matière agricole. La ministre de l'Agriculture allemande, Ilse Aigner, ne fait pas mystère « d'ancrer l'agriculture allemande dans la logique des marchés ». Elle évoque la logique des marchés internationaux prometteurs, alors qu'en France, beaucoup d'agriculteurs s'élèvent toujours contre ce qui est dénommé ''la dictature des marchés''. En guise de compensation, certains spécialistes pensent que la France serait très bien placée pour saisir l'opportunité de l'immense marché mondial de produits halal, estimé à près de 440 milliards d'euros, afin de se propulser à nouveau de façon pérenne au premier rang des futurs exportateurs mondiaux de produits manufacturés agroalimentaires. La création d'une norme AFNOR dans ce domaine semble poser problème. L'Allemagne pourrait bien saisir l'opportunité si la France s'y refuse.

Pendant ce temps, l'accélération du déclassement joue contre la France et il faut s'attendre à ce que d'autres pays passent devant elle, comme l'Ukraine, le Brésil et la Chine. Ce déclassement se poursuivra tant que l'agriculture française refusera de se tourner vers les défis de la mondialisation inéluctable, en y adoptant son offre, comme l'a fait l'agriculture allemande, au lieu de revendiquer une pseudo protection que seule une économie administrée pourrait lui accorder, mais qui n'est plus de mise.

Pourtant, quand leurs intérêts financiers sont menacés par un même danger, la France et l'Allemagne savent se retrouver ensemble pour faire face à l'adversité. Ainsi, devant la menace d'une réduction globale de 40 % des subventions agricoles dans le cadre de la future PAC, la France et l'Allemagne, principaux bénéficiaires actuels, ont décidé de faire front commun contre les pays du Nord, et particulièrement contre le Royaume-Uni. Une coopération contre un adversaire commun pourrait les réunir.

CHAPITRE IX

LE CHOC DE MODÈLES ÉNERGÉTIQUES OPPOSÉS

« Der einzige Weg zu einer langfristig sicherer und gesellschaftlich akzeptierter Energieversorgung führt über die eineuerbaren Energien. »
(Norbert Röttgen, Bundesunweltminister)

« La seule voie menant à une couverture de besoins énergétiques sûre à long terme et socialement acceptable passe par les énergies renouvelables. »

(Norbert Röttgen, ministre fédéral de l'Environnement)

« Les industriels de l'atome sont des dinosaures assis sur la défense des acquis au lieu de chercher de nouvelles voies prometteuses. »

(Renate Künast, Présidente des Verts Au Bundestag)

« Si le postulat est que le nucléaire ne doit jamais tuer personne, alors cette énergie sera disqualifiée quel que soit le raisonnement, mais si le postulat est qu'il ne doit pas être plus dangereux qu'une autre installation industrielle majeure placée dans les mêmes conditions, alors le tsunami japonais constitue un stress test. »

(Jean-Marc Jancovici, expert de Nicolas Hulot, cité par le Nouvel Observateur du 19/05/2011)

Selon une boutade qui contient une part de vérité, « le nucléaire serait français et le gaz carbonique allemand.» En fait, la France produit son électricité en recourant seulement pour 11 % à des ressources fossiles, tandis que l'Allemagne a recours à 66 % de ces ressources pour produire son électricité. En réalité, de façon plus analytique, et en ne retenant que les principales sources énergétiques, la France recourt pour ce faire à hauteur de 76 % à l'énergie nucléaire quand l'Allemagne n'y a recours qu'à hauteur de 22 %. La France ne recourt qu'à hauteur de 5,1 % au charbon quand l'électricité allemande provient à 44 % de ce combustible. La France recourt à hauteur de 11 % à l'énergie hydraulique pour ses besoins électriques, quand la part de l'Allemagne est de 3,9 %. Par contre, les parts respectives de l'énergie éolienne sont de 6,3 % pour l'Allemagne et de 1,4 % pour la France, et en matière solaire, de 1 % pour l'Allemagne et de 0,03 % pour la France, toujours pour la production électrique.

Si nous devons résoudre les problèmes environnementaux qui inquiètent la communauté mondiale, nous devons accepter l'idée qu'il est impossible de produire toute l'énergie dont nous avons besoin à partir des combustibles solides ; l'Allemagne et la France souscrivent à cette requête, mais en y donnant deux réponses différentes, voire opposées.

La France s'enorgueillit toujours du fait que 87 % de sa consommation électrique proviennent pour l'essentiel de l'énergie nucléaire et de l'énergie hydraulique, deux modes de production qui ne génèrent pas d'émission de gaz carbonique. Elle n'a recours aux ressources fossiles, comme on l'a vu, que pour 11 % de ses besoins électriques. En fait, 76 % de la production électrique française repose sur l'énergie nucléaire, ce qui constitue un record mondial.

L'Allemagne, dont les besoins électriques sont satisfaits à 66 % par des ressources fossiles, a fait un choix historique contraire, basé sur un objectif à long terme : passer de la situation actuelle à une économie verte basée sur des énergies renouvelables, en réduisant, autant que faire se peut, la période intermédiaire du recours à l'énergie nucléaire. Bien que prolongées de quelque de douze ans, en moyenne, par rapport à l'échéance initiale d'une fermeture totale programmée pour 2020, les centrales nucléaires allemandes étaient destinées à disparaître après 2032. Cette année limite sera avancée à 2022. Certes, par pur opportunisme politique, après la catastrophe nucléaire de Fukushima, la Chancelière a cru bon de faire un nouveau geste en ordonnant l'arrêt immédiat de la plus vieille centrale et la fermeture provisoire de 7 vieilles centrales, le temps d'un examen général de leur sécurité pendant trois mois. Puis, prenant acte du courant antinucléaire croissant qui tétanise l'opinion allemande pour qui le nucléaire rime d'abord avec Hiroshima et puis avec Fukushima, la Chancelière a même annoncé une sortie globale du nucléaire pour 2022, en prenant l'hypothèse d'avancées technologiques en matière d'énergie renouvelable, tout en faisant de l'Allemagne de demain un pays industriel majeur. La victoire des Verts aux élections régionales du Bade-Wurtemberg et leurs perspectives de bon score aux prochaines élections nationales risquent de peser encore plus sur cette stratégie. Est-ce une mesure tactique dictée par l'émotion ? Seul l'avenir le dira. L'Allemagne a ainsi voulu répondre, à sa manière, à une question fondamentale : comment rester une puissance industrielle majeure tout en respectant les engagements mondiaux pour le changement climatique et en abandonnant définitivement le nucléaire ? Cette stratégie, opposée à la stratégie française, a pour le moment en Allemagne deux conséquences majeures :

- elle rend l'économie allemande plus dépendante du gaz, et donc de la Russie : en effet, en réduisant au maximum le recours à ses centrales nucléaires dans un premier temps, avant de les éliminer, alors que ses besoins énergétiques industriels augmentent sans cesse, l'Allemagne est obligée de recourir plus intensivement à la consommation de gaz. Cette option politique a poussé l'Allemagne à se rapprocher beaucoup plus de la Russie, au profit d'ailleurs de son industrie, qui y trouve des débouchés supplémentaires. Cela a contribué à développer au niveau gouvernemental un certain tropisme oriental que lui reprochent non seulement certains de ses partenaires européens, mais aussi une part de sa classe politique (CDU/CSU/FDP). Une telle stratégie ne fait qu'accroître la dépendance énergétique du pays. Le taux d'indépendance énergétique qui était de l'ordre de 51 % en 1973 est tombé à 39 % de nos jours, et il va continuer à décroître. Un tel phénomène dans le cadre d'un monde instable est sans nul doute un handicap majeur que certains responsables allemands voudraient bien atténuer. Ce recours intensif au gaz risque de ne pas suffire et il est probable, par ailleurs, que le pays soit obligé aussi de construire une vingtaine de centrales classiques (charbon ou lignite), mais cette stratégie engendrera un paradoxe : augmenter les émissions de gaz à effet de serre et par là s'éloigner de la lutte contre le réchauffement de la planète et s'écarter des quotas européens en matière de gaz carbonique.

- elle permet à l'Allemagne de développer les meilleures technologies dans le domaine des énergies renouvelables ou vertes, et constituer ainsi une véritable force de frappe industrielle, particulièrement pour la fourniture d'énergie d'origine éolienne et solaire, en prenant la place de leader européen dans ce domaine, et en espérant le demeurer longtemps. A ce projet a contribué à œuvrer Hermann Scheer, qui est le père de l'énergie solaire allemande.

Il convient de remarquer cependant que, si l'Allemagne a fait un choix politique différent de la France en se distançant du nucléaire civil, elle tient à ce que son industrie conserve jusqu'ici un certain savoir-faire dans ce domaine, afin de pouvoir le vendre à l'étranger ; ainsi, sauf décision contraire, l'Allemagne va se distancer progressivement de l'énergie nucléaire en tant que mode national de production d'énergie, mais son fleuron de taille internationale, le groupe Siemens, après avoir partagé avec le groupe français Areva la maîtrise du nucléaire civil (c'est en effet Siemens et Framatone qui ont développé conjointement l'EPR), et s'être associé au russe Rosatom, n'a toujours pas décidé d'abandonner totalement son activité nucléaire, notamment à l'étranger. Il n'est pas exclu que l'Allemagne pratique la politique du ''NIMBY'' : « pas de production d'énergie électrique à partir de l'énergie nucléaire chez moi, mais pour ce qui est de la production à l'étranger, un de mes grands groupes industriels s'en charge ». Ceci est d'autant plus singulier que l'Allemagne consomme et consommera de l'énergie d'origine nucléaire, et en importera de plus en plus de la France sans souffler mot.

Il convient de souligner aussi que, dans ce domaine, l'Allemagne (suivie par l'Italie, après référendum, mais pour d'autres raisons liées à la possibilité de secousses telluriques sur son territoire) a fait aussi un choix plus incisif que ceux de ses autres partenaires de l'Union, qui, bien au contraire, à la demande de la Commission, ont déjà inclus le développement de l'énergie nucléaire dans leurs objectifs de production d'énergie non polluante. Ces contradictions rendent caduques pour longtemps toute politique énergétique européenne. On peut comprendre d'ailleurs que, dans ce contexte, l'Allemagne n'ait jamais poussé à la création d'une politique européenne commune. Les prérogatives essentielles en matière énergétique appartiennent d'abord aux États, même si quelques objectifs communs en matière de production d'énergies non renouvelables ont été adoptés au niveau communautaire, précisément au moment de la présidence allemande de l'Union.

La France s'enorgueillit, contrairement à ce qui est souvent affiché, d'être la première production européenne d'énergies renouvelables, grâce aux filières du bois et à son énergie hydroélectrique. Force est de constater, cependant, qu'en pourcentage de l'électricité produite dans chaque pays, l'Allemagne a presque rattrapé son retard dans ce domaine. Cependant, près de la moitié de la production électrique allemande est encore produite à partir du charbon, ce qui fait que l'Allemagne pollue environ deux fois plus l'atmosphère que la France.

La France s'enorgueillit aussi d'avoir l'électricité la moins chère d'Europe (128 € le Mwh), le différentiel moyen de coût atteignant 40 % avec ses principaux partenaires, grâce au recours au nucléaire. Cependant, certains commentateurs ont fait remarquer que le coût réel du Mwh avait été volontairement minoré en France en vue d'améliorer sa rentabilité relative à l'égard des autres formes d'énergie, notamment renouvelables, comme le montrerait le récent relèvement brutal du prix de rachat de l'électricité EDF imposé à ses concurrents. Ainsi, le prix affiché de 34 euros le Mwh serait passé depuis peu à 55 euros, intégrant désormais le coût de remplacement des centrales et serait devenu proche du prix de revient de l'énergie produite par un EPR. Avec une certaine ironie, l'Allemagne constate que la France, autrefois exportatrice nette d'électricité, est de plus en plus dépendante, pour couvrir ses pics de consommation, en hiver et en été, de l'électricité allemande, laquelle est produite en grande partie à partir de l'énergie fossile (notamment charbon) décriée en France.

L'énergie nucléaire française a donné naissance à un important secteur énergétique qui a fait émerger des géants mondiaux et des techniques de pointe comme l'EPR de 3e génération. Les énergies vertes ont donné naissance en Allemagne à des entreprises de haute technicité qui essayent aussi de conquérir les marchés mondiaux.

Les ambitions industrielles des deux pays ont commencé à se heurter par entreprises interposées. Ainsi, le groupe Siemens, qui voulait accroître sa participation capitalistique au sein de la filiale commune Areva-Np, a décidé de se désolidariser de cette filiale. Son départ précipité a plongé alors Areva dans une crise financière en l'obligeant à rembourser les 34 % de capital que possédait jusqu'ici Siemens. Pis encore, faisant fi des engagements contractuels de clause de non-concurrence, Siemens, en se rapprochant d'un concurrent russe, le groupe Rosatom, pensait créer un géant susceptible de faire face demain à Areva en lui permettant, en plus, de désorganiser la production énergétique européenne. La situation est plus qu'embrouillée, d'autant que la nouvelle politique de sortie précipitée du nucléaire de l'Allemagne risque de faire perdre à Siemens tout espoir de gérer cette filière.

Pour son approvisionnement en gaz, l'Allemagne a conclu avec la Russie, un pipeline exclusif sous-marin, le pipeline North Stream, dont la France a été à l'origine exclue, comme en étaient exclus aussi ses autres partenaires de l'Europe de l'Est. Ce n'est que dans une seconde étape que GDF Suez a obtenu un ''ticket d'entrée'', mais de second rang.

Mais ce sont autour des grands projets de production d'énergie solaire en Afrique saharienne que les ambitions nationales risquent de se heurter : au projet allemand, prestigieux, mais dispendieux ''Desertec'', fait désormais face un projet français plus pragmatique et plus restreint, le projet ''Transgreen'', chacun des deux leaders de projet ayant attiré des partenaires différents. Jusqu'où ira cette confrontation, d'autant qu'en matière de politique énergétique, l'Union n'a pas, pour ainsi dire, son mot à dire, et ce, à la demande même de l'Allemagne, qui a voulu toujours préserver l'autonomie de sa politique énergétique ?

Pourtant la raison aurait pu l'emporter, mais ce serait oublier les décisions politiques influencées par de puissants lobbies : celui du nucléaire civil en France, celui des énergies dites vertes en Allemagne. En effet, une solution raisonnable aurait du consister dans chaque pays en une solution mixte, à base d'énergie d'origine nucléaire et d'énergie verte. C'est ce que proposent les États-Unis avec leur réseau intelligent de ''smart grid'' permettant un panachage des sources d'énergie à l'échelle nationale. Beaucoup de pays l'ont compris, d'autant que les nouveaux EPR ont besoin de 15% de moins d'uranium par rapport aux centrales antérieures, et qu'ils produisent moins de déchets naturels, toutes proportions gardées. De plus, ils ne peuvent être que plus ''propres'', puisqu'ils n'utilisent pas d'uranium enrichi, mais de l'uranium naturel. Il ne faut pas oublier, non plus, que les performances des centrales solaires vantées par l'Allemagne, sont loin d'être à la hauteur des centrales nucléaires. Ainsi, selon les experts, pour obtenir 11 milliards de kWh produits par un EPR, il faudrait une superficie équivalente à 44 000 terrains de football recouverts tous de panneaux solaires. De plus, ces centrales ne peuvent fonctionner qu'en fonction de la présence du soleil, élément non maîtrisable, dans un contexte où, de plus, l'énergie électrique ainsi produite ne peut être stockée que marginalement. Cette source énergétique ne peut donc constituer une ressource énergétique régulière et constante pour les besoins de l'industrie, mais semble plutôt adaptée aux besoins domestiques. En conséquence, elle ne peut donc être utilisée qu'avec d'autres sources dont la production a un caractère régulier. Enfin, il est notoire que le coût de production d'un tel kilowattheure d'origine solaire est nettement supérieur à celui d'un kilowattheure produit à partir de l'énergie nucléaire, et que ce différentiel de coût, fondamental en matière économique, est susceptible de se pérenniser pendant longtemps.

Malgré ces considérations, la décision politique de l'Allemagne a été d'anticiper la sortie du nucléaire de façon intempestive et d'opter pour l'énergie verte (malgré les récriminations de ses industriels) ; elle avait déjà exercé à cet égard une forte pression sur la Commission pour que cette énergie verte constitue un des objectifs majeurs de l'évolution des sources énergétiques en Europe dans le cadre de la réduction du gaz carbonique. Cela lui permettait de sauvegarder ses intérêts ainsi que l'avance incontestable prise dans ce domaine. La France, au contraire, a pris une autre décision, tout aussi politique, donnant priorité au nucléaire civil afin de sauvegarder pendant longtemps ses intérêts nationaux. Malgré la catastrophe japonaise, la France n'a que modestement modifié sa stratégie à long terme, même si les partis d'opposition semblent vouloir anticiper une sortie douce s'étalant sur une génération. Le duel a commencé, les armes sont affinées et les lobbies des deux pays prêts à intervenir dans le monde.

Chacune des deux nations possède des géants d'envergure internationale. C'est certes une chance pour l'Europe qui abrite, rien qu'en Allemagne et en France, trois géants mondiaux. Cependant, si, jusqu'ici, aucun choc violent ne s'est produit entre ces géants, rien ne dit qu'il en sera de même à l'avenir. Jusqu'en 2009, c'est le géant énergétique allemand EON qui, toutes énergies confondues, avait le chiffre d'affaires le plus élevé. En effet, en 2009, son chiffre d'affaires a atteint 81,8 milliards d'euros, contre 79,9 milliards pour GDF Suez et 66,3 milliards pour EDF. Cependant, en matière de production d'électricité, c'est EDF qui, avec 136 gigawatts, est le véritable leader mondial, devant d'ailleurs GDF Suez, qui, avec l'absorption du groupe ''International Power'', atteint un niveau de production de 107 gigawatts, les producteurs allemands régionalisés n'ayant pas atteint encore un statut mondial, et étant même devancés dans ce domaine par le géant italien "ENEL'' (95 gigawatts). Cependant, contrairement à ce qui se passe dans d'autres secteurs d'activités, ces géants ne font qu'accroître leur taille et leur pouvoir, comme si la Commission européenne était impuissante à freiner leurs ardeurs. C'est dans le cadre de cette stratégie de consolidation permanente et d'appétit de croissance que se trouve le danger de rivalités d'intérêts et de guerre économique. Jusqu'ici, la guerre des géants énergétiques des deux pays a pu être évitée, mais elle a éclaté ailleurs, sous forme d'une OPA hostile, notamment entre le géant allemand EON et l'espagnol ENDESA, en 2006, suscitant une crispation entre l'Allemagne et l'Espagne, crispation qui a dégénéré en une action en justice devant la Cour européenne de Justice.

Si, en termes de chiffre d'affaires, le leadership énergétique appartient pour le moment à la France, il n'en va pas de même en matière de rentabilité. Selon une étude des consultants ''Roland Berger Strategy'', en 2009, ce sont les géants allemands qui détiennent le meilleur palmarès, si on tient compte du ratio résultat net/chiffre d'affaires. Ainsi, EON, avec un ratio de 10,3 %, et RWE avec un ratio de 7,7 %, sont bien loin devant EDF avec seulement 5,9 % et GDF Suez avec 5,6 %. Si ce différentiel de rentabilité (presque un rapport de 1 à 2) devait se poursuivre, on peut estimer que les entreprises énergétiques allemandes pourraient reprendre vite le leadership énergétique européen, grâce à une meilleure rentabilité qui leur offrirait plus de disponibilités financières pour investir dans la recherche et les investissements.

Cependant, le choc psychologique mondial de la catastrophe de Fukushima risque de bousculer ces considérations. L'avenir brillant du nucléaire mondial pourrait être compromis. On a parlé d'un début d'hiver nucléaire. Des gels de programmes nucléaires sont attendus en Inde (où la promesse de création de deux réacteurs est compromise), en Italie (où un référendum vient de sonner le glas du nucléaire), en Australie, en Grèce, au Danemark, tandis que le groupe Areva est condamné désormais à intégrer ce choc, notamment en ce qui concerne l'avenir de son dernier EPR, déjà tant critiqué, de même que les autres acteurs du nucléaire français (EDF, GDF Suez, Bouygues). Le doublement attendu de la capacité installée du nucléaire dans le monde d'ici 2035, qui aurait donné de nombreuses chances à la France, est peu probable. Et pourtant, dans ce contexte empreint d'incertitudes, des recherches ont toujours lieu en France sur les centrales nucléaires dites de quatrième génération, censées garantir ''une sécurité sans faille''. Même certains Verts français, comme Jean-Marc Jancovici, plaident pour cette nouvelle génération de centrales sans faille qui pourrait être financée, selon lui, par l'abandon de tarifs de rachat de l'éolien et du photovoltaïque ainsi que par le budget de développement d'Iter (projet de réacteur à fusion nucléaire par confinement magnétique).

1-l'énergie nucléaire divise à jamais les deux pays :

1.1-le renoncement de l'Allemagne :

L'Allemagne a eu de tout temps un rapport délicat avec l'atome, et ce, depuis la fin de la Seconde Guerre mondiale. Malgré ses velléités, l'Allemagne avait été interdite d'activité nucléaire après la Seconde Guerre mondiale. Le traité de non-prolifération nucléaire (TNP) de 1968 avait exclu l'Allemagne du club étroit des pays habilités à se doter de l'arme nucléaire. Ceci n'a pas empêché la RFA de développer un programme civil, en se dotant, dès 1961, d'une première centrale nucléaire civile, et en développant un programme ambitieux de centrales de 1966 à 1989. Les ambitions de l'Allemagne devaient cependant être remises en cause lors de la création du groupe franco-allemand EADS en l'an 2000. En effet, la partie allemande a été alors exclue de toute la gestion nucléaire du nouveau groupe, restriction qui est toujours d'actualité.

Malgré cela, jusqu'ici, l'Allemagne, dont 22 % de l'électricité produite provient encore de l'énergie nucléaire, sur la base du fonctionnement de 12 centrales et de 17 réacteurs, a continué à développer des rapports ambigus, voire contradictoires, avec l'atome.

a) la programmation ambigüe de l'abandon du nucléaire civil :

Cette stratégie porte le nom de ''Atomausstieg''. Déçue par les restrictions imposées par la communauté internationale, et faisant écho au grand scepticisme de la population, la coalition rouge-verte a décidé, dès 2002, d'arrêter progressivement la production d'énergie nucléaire, malgré l'opposition du monde industriel, lequel voyait dans l'énergie nucléaire une énergie bon marché susceptible d'améliorer la compétitivité de l'économie allemande. Ainsi, dans un premier temps, la décision fut prise de renoncer à la création de nouvelles centrales, et de programmer une fermeture progressive des centrales existantes, en fixant à l'année 2020 le démantèlement des dernières centrales ; compte tenu de la croissance des besoins énergétiques de l'économie, cela a obligé le pays à se doter d'une rapide politique de substitution, basée sur une plus forte dépendance au gaz (principalement d'origine russe), et de développer, plus rapidement qu'ailleurs, une politique basée sur les énergies renouvelables, principalement éolienne et solaire.

Plus sensible aux desiderata du monde des affaires, la nouvelle coalition centre-droite (CDU/ CSU/FDP) de la Chancelière Angela Merkel a réussi, en 2009, à temporiser, en repoussant de douze années la date limite de fermeture des 17 centrales existantes, la date butoir étant ainsi ramenée à 2020. Les centrales anciennes proches de leur fin de vie ont bénéficié alors d'un sursis de 8 ans, tandis que les plus récentes ont vu leur fin de vie augmenter jusqu'à 14 années. La catastrophe de Fukushima devait à nouveau, comme on l'a vu, modifier ce calendrier. La Chancelière, tenant compte de son opinion publique, a en effet annoncé la sortie totale du nucléaire civil pour 2022. Cet effet d'annonce à caractère politique sera-t-il suivi ? L'avenir le dira. Un tel abandon précipité devrait coûter cependant 16 milliards d'euros, sans compter l'abandon des moins-values fiscales (en effet, la prolongation, qu'avait réclamée le patronat allemand, avait été assortie d'un impôt de 2,3 milliards d'euros par an, somme qui sera perdue par les finances publiques). Par ailleurs, le prix du kWh, déjà parmi le plus cher d'Europe, devrait augmenter entre 20 et 30 % d'ici 2020, les trois quarts devant être supportés par les entreprises, ce qui va à l'encontre de la stratégie globale de compétitivité maximum. L'Allemagne est entrée ainsi dans une zone de turbulence énergétique et économique comportant certains risques. Cette volonté de sortie du nucléaire comporte néanmoins deux avantages :

- affiner la période de transition et le rééquilibrage de la nouvelle politique énergétique nationale reposant sur une forte dépendance au gaz, grâce à une montée en puissance progressive des énergies renouvelables.

- faire émerger l'Allemagne comme une nouvelle puissance de la production d'énergies vertes, en consolidant un leadership mondial dans ce domaine, leadership financé désormais par l'impôt nouveau prélevé sur les producteurs actuels d'énergie nucléaire.

En matière nucléaire, une telle rupture stratégique, même progressive, pourrait avoir des effets pervers, car la réduction des bénéfices que cette stratégie implique à moyen terme au niveau des grands producteurs d'énergie allemands pourrait réduire leur marge de manœuvre dans le cadre des investissements des énergies renouvelables. Dans ce contexte, quel sera, de plus, l'avenir du fleuron nucléaire allemand, Siemens, dont le savoir-faire était éprouvé, d'autant que, ce qui est peu connu, il constituait le plus rentable des producteurs d'énergie nucléaire d'Europe? Que deviendra la production nucléaire du géant EON ? En effet, c'est l'Allemagne qui, selon les experts, obtenait jusqu'ici le meilleur coefficient de ''production nucléaire nette'', et, en tous les cas, meilleur que celui obtenu par la France (soit 91 % pour EON et 83,5 % pour EDF, selon les statistiques disponibles).

L'Allemagne, malgré ce renoncement, continue toujours pour le moment à produire de l'uranium enrichi, grâce au groupe ''Urenco'', créé en 2001. Ce groupe sera-t-il obligé de se reconvertir ? Le pays continue et continuera toujours, selon toute vraisemblance, à importer de l'électricité de la France, électricité en majorité d'origine nucléaire. Déjà, ses importations depuis la

France ont doublé depuis l'arrêt des sept réacteurs les plus anciens. Et on ne sait pas si l'Allemagne a l'intention d'interrompre sa collaboration dans le domaine de la recherche nucléaire au sein de l'organisme communautaire Euratom. En conséquence, la politique nucléaire allemande actuelle est des plus ambigües.

b) conséquences logiques de cette politique :

En abandonnant progressivement l'énergie d'origine nucléaire, et dans l'attente espérée de l'utilisation d'énergies renouvelables, l'Allemagne a misé, pendant une période intérimaire, sur la consommation accrue de gaz. Une telle stratégie implique nécessairement un accroissement d'importation de gaz et particulièrement de gaz russe. Il s'en est suivi, comme on l'a vu, une détérioration du taux d'indépendance énergétique du pays. Alors que pour la France, entre 1973 et 2005, le taux d'indépendance énergétique s'est sensiblement amélioré, grâce au recours à l'énergie nucléaire, passant de 23,9 à 46,9, il a évolué pendant cette période en sens contraire en Allemagne, passant de 50,8 à 39. Une telle évolution témoigne d'un renforcement de la fragilité géostratégique de l'économie allemande dépendante de plus en plus pour ses approvisionnements de pays politiquement peu stables comme la Russie. C'est inévitablement un aspect négatif pour l'Allemagne, ce qui explique son empressement à créer un nouveau pipeline quasi exclusif la reliant directement à la Russie pour son approvisionnement en gaz. Cependant, pour mieux défendre ses intérêts gaziers et sa politique tarifaire en Europe et mieux affronter la concurrence, certaines entreprises allemandes, comme EON, n'ont pas hésité à rompre l'indexation des produits gaziers par rapport au cours du pétrole, ce que n'a pas su ou voulu faire GDF Suez.

Mais, comme on l'a vu, une demande accrue de gaz de la part de l'Allemagne se heurte aussi aux possibilités exportatrices des pays producteurs, au premier rang desquels se trouve la Russie. En conséquence, pendant la période intérimaire, l'Allemagne devra à nouveau créer une bonne vingtaine de centrales à charbon ou lignite, rendant difficile le respect de ses quotas internationaux en matière de gaz à effet de serre. Le paradoxe n'est pas mince, puisque l'abandon du nucléaire se fera au détriment de la lutte contre le réchauffement climatique, dont l'Allemagne était le chantre dans le monde. Le recours intensif aux énergies vertes est aussi un pari, quand on connaît le rendement médiocre actuel des éoliennes (5 à 7 mégawatts pour une grosse éolienne).

1.2-le choix exclusif de la France pour la production d'énergie nucléaire :

La France a misé sa politique énergétique sur le nucléaire. Avec 58 réacteurs sur 129 sites, la France est le second pays nucléaire du monde après les USA. Pour le nombre d'unités de production. Un réacteur sur sept dans le monde est français. Si l'énergie nucléaire représente 17 % de la consommation finale d'énergie française, la proportion d'énergie électrique produite à partir du nucléaire représente 76 %, pourcentage bien supérieur à celui des autres pays européens, lequel, en moyenne, s'élève à 20 %. Il est vrai qu'avec les engagements du Grenelle de l'environnement ce pourcentage était appelé à baisser quelque peu. La catastrophe de Fukushima pourrait contribuer à accélérer ce déclin, d'autant que des partis de gouvernement se sont depuis prononcés pour une sortie progressive du ''tout nucléaire''. Une page nouvelle et inattendue va s'écrire.

C'est le premier choc pétrolier qui a constitué l'élément déclencheur de cette stratégie, qui a été à nouveau validée par la loi d'orientation énergétique du 13/07/2005, laquelle a conféré un caractère majeur à la production d'énergie nucléaire, même si elle encourageait la production de certaines énergies renouvelables, en particulier celle de la biomasse et de l'éolien.

Avec ses 58 réacteurs à eau pressurisée sur 129 sites et ses 1100 sites renfermant des déchets nucléaires, la France détient le record des pays les plus nucléarisés au monde par rapport au nombre d'habitants. Trois raisons expliquent cette stratégie pronucléaire française en matière civile :

- la volonté d'assurer l'indépendance énergétique du pays : d'ores et déjà, le taux d'indépendance de la France a doublé entre 1973 et 2005.

- la volonté de préserver au mieux l'environnement : la France est le pays européen qui émet le moins de gaz à effets de serre.

- la volonté de produire une énergie bon marché, en particulier un prix de kWh électrique attractif.

Ces objectifs ont été tous atteints jusqu'ici. Mais ces choix sont structurels et ne permettront pas de passer rapidement d'une source d'énergie dominante à une autre, ou plusieurs autres, comme certains analystes le voudraient après les dysfonctionnements graves survenus au Japon. En effet, la filière nucléaire française emploie 200 000 salariés qu'il serait difficile de reconvertir rapidement, mais surtout, le passage au ''modèle allemand'' impliquerait une forte et brusque augmentation des prix énergétiques se répercutant directement sur la compétitivité économique du pays, mais aussi sur la consommation des ménages, en raison des effets sur les tarifs ferroviaires et le prix du kWh. Ainsi, le mégawatheure électrique coûte 34 euros pour le nucléaire, 60 euros pour le gaz, 70 euros pour l'hydraulique, 150 euros pour l'éolien, et 500 euros pour le photovoltaïque. La France, à moyen terme, est donc prisonnière de ses choix. Tout renoncement intempestif à l'énergie nucléaire entrainerait un recours croissant au charbon, au gaz et au pétrole, tous émetteurs de gaz carbonique, et surtout plus dispendieux. Il en résulterait nécessairement une onde de choc négative pour l'ensemble de l'économie. Par ailleurs, la France, tout comme l'Allemagne, se trouvant hors des frontières des plaques tectoniques, donc dans des zones de faible sismicité, une catastrophe de type japonais y apparait improbable, d'autant que les centrales françaises ont été conçues pour résister à des séismes de magnitude de 6,3, pratiquement impensables en France. Par ailleurs, le fait que toutes les centrales soient basées sur le même principe de réacteur à eau pressurisée limite le nombre d'anomalies potentielles. Cependant la peur engendrée par la catastrophe japonaise a poussé des chercheurs indépendants à élaborer un modèle de sortie du nucléaire en France, d'autant que le nucléaire de nouvelle génération pourrait se révéler difficile à financer et servirait déjà de repoussoir aux investisseurs internationaux, notamment américains. C'est le cas de l'association ''Négawatts'', qui met l'accent sur la nécessaire montée en puissance des énergies renouvelables, sur l'obligation d'accélérer les économies d'énergie (notamment dans le domaine des transports où les économies potentielles sont énormes) et sur la production de chaleur par cogénération et biomasse. Si ces conditions étaient remplies, on pourrait alors prévoir, selon ces experts, la fermeture progressive des centrales jusqu'à 2035, sans remplacement par des centrales de troisième génération, tout en doublant l'usage de l'électricité. Certes, de telles préconisations constituent un défi, mais elles auraient été impensables avant la catastrophe japonaise.

Ceci étant, des problèmes majeurs sont venus ébranler la filière nucléaire, suite au duel que les groupes Areva et Siemens se sont livrés, duel lié aux déboires des premiers EPR et aussi à la gestion sous-optimisée des centrales détenues par EDF. La filière nucléaire n'a rien d'une filière tranquille, d'autant les deux grandes entreprises majeures de la filière (Areva, en tant que fabricant de réacteur, et EDF, en tant que maître d'œuvre à Flamanville, et gérant de centrale) ont des rapports exécrables. Chacun des géants français a une vision différente de la filière. Areva est en faveur d'un modèle intégré (comprenant l'enrichissement et le retraitement de l'uranium ainsi que la construction de réacteurs et la gestion des mines) tandis qu'EDF ambitionne d'accaparer une partie des activités d'Areva afin de retrouver son leadership sur la filière, alors qu'il est devenu un simple exploitant de centrales. EDF essaye aussi de sortir du modèle de l'EPR, et ce, en se rapprochant des Russes et des Chinois, provoquant la colère de son partenaire. Plus récemment encore, EDF, n'ayant pu entrer au capital d'Areva, et ne voulant plus payer l'uranium au prix du marché, a insisté pour que les pouvoirs publics créent une filiale visant à gérer les activités minières dans laquelle il aurait pu prendre une participation de 30 %. Il n'y est pas arrivé complètement. Le duel franco-français a rebondi de mois en mois, ce qui passionne la presse allemande en particulier.

Mais le duel n'oppose par seulement à court terme ces deux géants. Le groupe GDF Suez, autre géant français, voudrait bien accroître sa production d'électricité domestique, mais il se heurte, de son côté, aux intérêts hégémoniques d'EDF, qui rêve de conserver une position de quasi-monopole. Il vient de manifester son mécontentement en refusant de continuer à participer à la construction de l'EPR de Penly en Normandie, faute d'une coopération suffisante, et il menace d'installer un réacteur nucléaire dans la vallée du Rhône. Entre EDF et GDF Suez, la guerre a commencé. Cette inimitié s'est étendue aussi à Areva et au groupe Bouygues (actionnaire d'Alstom), lequel aurait voulu s'emparer du module de la construction des centrales. Tous ces géants se toisent ainsi dans un marché hexagonal, maintenant réputé libéralisé. Vue de l'étranger, et particulièrement de l'Allemagne, cette situation donne l'idée d'un chaos, lequel aurait pu motiver l'arrêt de la coopération de Siemens. Une refondation du partenariat entre tous ces acteurs s'avère nécessaire, et seul l'État, qui possède 84 % du capital d'EDF, 36 % de celui de GDF Suez et la plus grosse part du capital d'Areva (sa part était encore de 90 % avant l'augmentation du capital) est capable de remettre de l'ordre dans ce véritable puzzle. Jusqu'à maintenant, il a sans cesse tergiversé, accroissant de ce fait le scepticisme allemand à l'égard des fondements du nucléaire français et de sa fiabilité.

1.3-les conséquences du duel entre les groupes Areva et Siemens :

Comme on l'a vu, les désaccords suscités par la volonté du groupe Siemens d'augmenter sa participation au capital d'Areva NP en vue de mieux peser sur la politique de ce groupe, et le refus du gouvernement français d'accéder à cette requête, ont précipité une rupture qui était latente. Le départ précipité de Siemens a impliqué la nécessité pour Areva de rembourser la part de 34 % de capital détenue jusqu'alors par son partenaire. Cette situation a provoqué une crise financière au sein du groupe Areva, et un rapide gonflement inattendu de son besoin de financement estimé à 10 milliards d'euros, à couvrir en 2012 au plus tard :

a) la cession de l'activité de transmission et de distribution, conjuguée à d'autres cessions non stratégiques, lui ont permis de récupérer près de 6 milliards d'euros, soit un peu plus de la moitié du besoin de financement.

b) la nécessité d'avoir recours à une augmentation de capital forcée, en intégrant de nouveaux partenaires dont le choix était compliqué, en raison des velléités de concurrence potentielle : déjà, un besoin de financement s'était manifesté dès 2004, mais il n'avait jamais été honoré et les déboires actuels n'ont fait que l'accroître. Cette augmentation a été finalement souscrite par le fonds KIA du Koweït, à hauteur de 600 millions d'euros, et complétée à hauteur de 300 millions d'euros par l'Agence des Participations de l'État (APE). Cette augmentation est donc inférieure aux besoins pressentis. Le groupe devra donc encore rechercher d'autres moyens de financement et procéder vraisemblablement à une nouvelle augmentation de capital de l'ordre de 15 %. Le groupe EDF, premier client d'Areva, pourrait être sollicité, de même que d'autres bailleurs de fonds. La couverture de ce besoin de financement, exacerbé par le départ intempestif du groupe Siemens, reste une des questions les plus importantes à régler à court terme, dans le contexte d'une activité hautement capitalistique. Or, aucun échéancier précis n'a été trouvé jusqu'ici. Par ailleurs, d'importantes provisions ont été passées par le groupe pour couvrir les dysfonctionnements rencontrés sur le site finlandais, et les bénéfices publiés pour 2010 étaient la conséquence de fortes plus-values de cession laissant apparaître un résultat opérationnel négatif. Les résultats financiers d'Areva sont donc peu convaincants. Mais ce ne sont pas les seuls problèmes au niveau de la filière nucléaire. Les lendemains d'Areva sont encore incertains.

1.4- les déboires des nouveaux EPR et leur perte de crédibilité:

Initialement constructeur de réacteurs, Areva, en Finlande, a voulu aussi devenir un assembleur dans le cadre du projet de construction de la centrale. Cette nouvelle fonction a été en partie à l'origine du retard du projet. Mais la construction du réacteur a aussi posé problème. La complexité du réacteur de troisième génération est maintenant connue et le rapport de l'ancien président d'EDF, François Roussely, l'a soulignée avec clarté. Les deux nouveaux EPR construits par AREVA en France (Flamanville) et en Finlande (Olkiluoto) ont connu une suite ininterrompue de déboires au point qu'on a pu parler dans ce domaine d'un ''Concorde de l'atome''. Cette génération de centrales dont le but, après Tchernobyl, était de renforcer la sécurité est un produit de la collaboration de Framatone et de Siemens, collaboration qui s'est avérée être plus un empilement des procédés particuliers de chaque partenaire qu'une remise à zéro de la conception de l'ensemble du projet. La complexité technologique des nouvelles centrales est la conséquence directe de cette situation ; les déboires qui en ont découlé étaient alors inévitables : retards importants dans le calendrier d'implantations prévu (au moins deux ans à Flamanville, trois ans en Finlande), surcoûts inconsidérés, et même échec à l'exportation (marché d'Abu Dhabi remporté par la Corée). L'Autorité de sûreté nucléaire française (ASN) a même demandé, conjointement à ses homologues anglais et finlandais, de revoir en totalité le module de contrôle de commande informatique du réacteur. Cette perte de crédibilité en matière de nouveaux réacteurs est suivie avec beaucoup d'intérêt, voire avec une pointe d'ironie, par l'Allemagne, depuis que le groupe Siemens s'est détaché d'Areva. Cependant, a contrario, la catastrophe de Fukushima ne plaide plus pour des centrales ''low cost'', mais pour des centrales hautement sécurisées, du moins tant que l'énergie nucléaire aura un avenir. Areva pourrait voir ainsi l'intérêt que portent certains pays sur son EPR s'accroître.

1.5- la sous-optimisation de la gestion des centrales d'EDF :

Malgré tous ses atouts, la France, en période de pointe, est devenue de plus en plus dépendante de l'électricité allemande, produite pourtant en grande partie à partir des énergies fossiles. En effet, les besoins en électricité en période de pointe (hiver et été), sont couverts par l'importation de courant, et ce, parce que de nombreuses centrales restent à l'arrêt en été, que les inspections et réparations des installations dépassent les délais impartis, et aussi parce que de nombreuses ruptures dans la chaîne d'approvisionnement de pièces lourdes se manifestent (en raison, notamment, de la diminution des investissements). Leur coefficient de disponibilité ne dépassait pas 78 % en 2010, alors qu'en Allemagne, les centrales fonctionnent toute l'année et offrent donc un bien meilleur taux de disponibilité. Certes, EDF vise pour 2015 un taux de disponibilité de 85 %, mais, en attendant, en termes de rendement et de disponibilité, les installations allemandes dépassent celles de la France.

1.6- les grandes incertitudes sur les approvisionnements en uranium :

Jusqu'ici, le groupe Areva est arrivé sans trop de difficultés à sécuriser ses approvisionnements d'uranium, mais l'avenir apparaît sombre dans ce domaine, compte tenu des appétits nucléaires de nombreux pays émergents, la Chine en particulier, qui construisent déjà environ 12 centrales nucléaires par an. Pour sécuriser à son tour ses approvisionnements, la Chine est en train de constituer d'énormes stocks de précaution, bien au-delà des besoins actuels, ce qui l'amène à devenir acheteur massif de minerai sur le marché international, mais aussi à acquérir des mines ou à y investir, partout où elle le peut. On estime que, rien que pour l'année 2010, la Chine, à elle seule, aurait déjà acheté un volume d'uranium égal à sept fois ses besoins. Que pourra faire Areva à long terme dans un tel contexte de boulimie chinoise, d'autant que l'Inde ne tardera pas à emboîter vite le pas à la Chine ?

1.7- le ''syndrome du minitel'' :

Les détracteurs du nucléaire commencent à s'inquiéter même de l'avance nucléaire de la France, car le culte du nucléaire la pousserait, voire l'obligerait, à négliger les recherches indispensables à la maîtrise des énergies renouvelables, laissant le champ libre à ses concurrents, autant en matière d'énergie d'origine éolienne que solaire, ainsi qu'en matière de ''bio fiouls''. Or, selon le cabinet ''Clean Energy Trends'', les revenus retirés désormais de ces nouvelles formes d'énergies au niveau mondial, augmenteraient très fortement (40 % pour le solaire, 30 % pour l'éolien), marchés que la France a quasiment totalement négligés. Cela rappelle les mauvais souvenirs de la télématique et du minitel français qui, en 1990, avaient fait annihiler toute recherche dans le domaine informatique, tant la France était alors persuadée de la pérennité de sa découverte. On sait ce qu'il en est advenu quand Internet est arrivé sur le marché. Le retard français en matière d'internet s'est alors compté en années. Quant aux États-Unis, on rapporte qu'ils auraient déjà perdu leur appétence pour l'énergie nucléaire, le gaz de schiste dont ils sont dotés abondamment devenant leur première préoccupation énergétique. Dans un tel contexte mondial, ''le tout nucléaire à la française'' a-t-il encore un grand avenir ? Même si c'est le cas, le renoncement fracassant allemand à l'énergie nucléaire constitue un défi pour la France qui risque de se retrouver isolée en Europe. Peut-elle rester longtemps encore une exception ?

2-le recours accru aux importations de gaz et l'émergence d'une nouvelle dépendance pour l'Allemagne :

A l'avenir, pendant une longue période intermédiaire, l'Allemagne, en abandonnant progressivement l'énergie nucléaire, aura recours au gaz, et donc aux importations de gaz. Aucune autre alternative n'existe dans l'attente de la lente montée en puissance des énergies renouvelables, dans un contexte où, de plus, elle devra abandonner aussi, pour des raisons écologiques, la production d'électricité d'origine fossile. Cette stratégie est par essence politique et a engendré dans certains milieux conservateurs un certain scepticisme, car elle entrainera une dépendance énergétique accrue, à commencer eu égard à la Russie dont l'avenir est loin d'être stabilisé. Certes, l'Allemagne a toujours rêvé d'en faire un partenaire économique, mais force est de constater que le degré de dépendance de l'Allemagne par rapport à la Russie sera bien plus fort que celui de la Russie par rapport à l'Allemagne. L'Allemagne va donc entrer dans un premier temps dans une relation de dépendance unilatérale avec les risques associés à une telle situation. Les partis conservateurs (CDU, CSU, FDP) n'ont jamais été très partisans d'une telle dépendance, mais le choix a été fait et c'est un choix qui engage inévitablement le long terme et qui sera difficilement réversible.

Dans un tel contexte, on comprend que l'Allemagne ait eu besoin de créer rapidement un lien fixe exclusif pour son approvisionnement en gaz en provenance de Russie, en rejetant, dès le départ, le doublement du gazoduc terrestre ''Yamal'', dont il ne pouvait avoir la maîtrise absolue. Le choix du gazoduc ''Northstream'', immergé entre les deux pays et évitant ainsi tout transit terrestre, est devenu vite un problème politique, que la Pologne a pu appeler ''un nouvel accord Molotov-Ribentropp''. Non seulement, un tel projet était onéreux, son prix avoisinant 7,4 milliards d'euros, mais il était surtout exclusif, du fait qu'il écartait les autres pays de l'Union. Il a, par ailleurs, porté préjudice aux deux autres projets de lien fixe terrestre à l'étude (respectivement les projets ''Nabucco'' et ''Southstream'').

Ce faisant, cette stratégie avait quelques avantages évidents pour les intérêts économiques allemands : elle permettait de consolider l'avenir de deux grands groupes énergétiques allemands, respectivement ''EON Ruhrgas'' et ''Wintershall '' (filiale commune de Gasprom et de Basf).

L'exclusivité de cette relation germano-russe a été fortement critiquée. Le contrat signé refusait de faire entrer dans le dispositif de nouveaux pays européens, et, en conséquence, la France en a été donc exclue dès le début. Ce n'est qu'au cours d'une seconde étape que les sociétés allemandes, en tant que sociétés contractuellement liées au projet, ont accepté de rétrocéder une partie de leurs titres au groupe français GDF Suez, qui toutefois, ne jouera qu'un rôle secondaire. Il est vrai que GDF Suez, pour lequel l'Allemagne joue un rôle important puisque ce pays constitue son second site de stockage et son troisième marché, ne pouvait rester à l'écart de ce projet, d'autant que le groupe français était déjà en concurrence avec des investisseurs financiers allemands, comme Deutsche Bank, pour l'acquisition d'autres sites de stockage dans le pays, notamment ceux déjà mis en vente par les pétroliers Exxon Mobil et Shell.

3- la grande avance de l'Allemagne en matière de production d'énergies renouvelables :

Certes, la France peut s'enorgueillir d'être, en quelque sorte, leader européen de la production d'énergies renouvelables basées sur sa filiale du bois et ses ressources hydrauliques, mais elle n'a encore constitué aucune percée remarquable dans les deux domaines-clé que constituent respectivement l'énergie éolienne et l'énergie solaire, domaines où elle a laissé l'Allemagne avancer à pas de géants. Comme on l'a dit souvent : « EDF s'accommode assez mal de l'énergie solaire dépendante des jours et des nuits ». Or, l'Union européenne a fixé à 20 % la part d'électricité qui devra être produite à long terme à partir des énergies renouvelables. Dans cette course, l'Allemagne semble bien partie en première position.

S'étant désolidarisée de l'énergie nucléaire, l'Allemagne a du se reconvertir rapidement dans la production d'énergies renouvelables, en vue de prendre le leadership mondial dans ce domaine. Le scientifique allemand, Herman Scheer, a joué un rôle prépondérant dans cette stratégie, persuadé que ni la production basée sur les énergies fossiles, ni celle d'origine nucléaire ne pouvaient subsister à long terme, à la fois pour une raison évidente d'épuisement progressif des ressources et aussi pour des raisons écologiques majeures.

3.1- l'Allemagne a pris une avance capitale dans la production d'énergie d'origine éolienne :

En répartition de capacités éoliennes installées, l'Allemagne, avec un taux de 19,8 %, talonne les États-Unis, leader mondial, avec un taux de 20,8 %. La France, qui, de 1990 à 2000, a fait le choix du tout nucléaire, est loin derrière, et au niveau mondial, sa production n'offre aucune visibilité. Alors que la France représente par sa géographie le second site potentiel d'Europe - après l'Écosse - en matière de production d'énergie d'origine éolienne, et qu'elle bénéficie de 3 500 kilomètres de côtes, ses capacités installées représentent 1 500 MW contre 20 000 MW en Allemagne, pourtant moins bien dotée par sa géographie. La France n'arrive, en conséquence, qu'en 4e position en Europe, derrière l'Allemagne, l'Espagne et l'Italie. Il est vrai que les lobbies défavorables à l'électricité d'origine éolienne se sont multipliés en France, décourageant à la fois les producteurs et les responsables politiques. Alors que l'Allemagne ne cesse d'augmenter son parc d'éoliennes, la France n'a jusqu'ici installé que 2 600 éoliennes, toutes sur terre, et pratiquement aucune sur mer, alors que c'est le pays européen qui possède le plus de côtes maritimes. La production d'électricité d'origine éolienne ne représente actuellement que 1,4 % de la production électrique totale française, ce qui est fort peu, alors que ce taux est de 6,3 % en Allemagne. Il est vrai qu'EDF a toujours pesé sur le prix de rachat de cette électricité, et qu'en conséquence, le tarif de rachat actuel, qui s'élève à environ 130 € le mégawatheure, est dissuasif pour les producteurs.

Certes, en fixant à 23 % la part des énergies renouvelables à l'horizon 2020, le ''Grenelle de l'Environnement'' va inévitablement contribuer à développer ce type d'énergie. Dans cette perspective et pour combler son retard incompréhensible sur l'étranger, la France vient de lancer un vaste projet d'installation de 600 éoliennes off-shore de plus de 10 milliards d'euros qui devraient offrir dans un premier temps une puissance de 3 000 MW, première tranche qui devrait être suivie d'une seconde tranche de même puissance. Parallèlement, devrait être créée une filière qui fait défaut à la France. En effet, seules 150 entreprises travaillent dans ce secteur occupant à peine 10 000 personnes. Dans ce contexte, le groupe Alstom s'est lancé dans la filière et a racheté l'entreprise espagnole ''Ecotecnia'', tandis que le groupe Areva a remporté un contrat de 400 millions d'euros dans l'éolien offshore à l'étranger et a racheté par ailleurs 51 % du capital du fabricant allemand d'éoliennes ''Multibird''. Ils espèrent, tous deux, pouvoir ainsi répondre aux nouveaux appels d'offres français. Le groupe Alstom s'est déjà allié avec ''EDF Energie'' dans cette perspective, tandis que GDF Suez se prépare de son côté à nouer des alliances. Ce développement dépendra de toute façon du niveau du prix de rachat de l'électricité produite, et donc du coût accepté à la fois par la profession et la collectivité. Le retard historique de la France sera pourtant dur à rattraper. La France espère qu'en 2020 les éoliennes produiront 3,5 % de la consommation nationale d'électricité.

3.2- l'avance énorme de l'Allemagne en énergie d'origine solaire :

Le scientifique allemand Herman Scheer a été le père de l'énergie électrique d'origine solaire en Allemagne. Convaincu que ce serait l'énergie de l'avenir, et la seule solution au problème mondial d'épuisement de toutes les autres formes d'énergies, il a poussé l'Allemagne à prendre le leadership de cette filière, tandis qu'un puissant lobby était organisé au niveau national. L'Allemagne a développé de ce fait toute une politique d'installations de panneaux solaires, consacrant, de 2000 à 2010, près de 53,3 milliards d'euros de subventions à cette filière. La puissance installée est d'ores et déjà de 3 800 mégawatts, ce qui permet de couvrir un peu plus de 1 % de sa consommation nationale d'électricité. Outre ces subventions, le gouvernement a aussi financé la recherche dans ce domaine, et pour encourager la production, le gouvernement n'a pas hésité à fixer un prix élevé pour le rachat de chaque kWh dans le cadre de contrats d'une durée de vingt années, tandis que l'importation de certains panneaux chinois contribuait à faire baisser le coût des installations. C'est ainsi que s'est consolidé une importante industrie nationale d'installations photovoltaïques, possédant la maîtrise de la technologie et susceptible de l'exporter. Certes, l'Allemagne, en proie à des réductions budgétaires, a du, dès 2010, procéder à une révision à la baisse des prix garantis allant de 11 à 16 %, selon l'ancienneté des panneaux, mais sa technologie reste éprouvée et son avance importante, dans un contexte mondial où les experts pensent que, d'ici dix ans, le prix de l'électricité photovoltaïque sera le même que celui du réseau. L'entreprise ''Q Cells'' est même devenue le premier fabricant mondial de cellules photovoltaïques. On estime que la filière emploie d'ores et déjà 300 000 personnes en Allemagne. Elle contribue donc à l'emploi.

Alors que la France bénéficie pourtant, en moyenne, d'une période annuelle d'ensoleillement supérieure de 30 % à celle de l'Allemagne, un puissant lobby nucléaire a contribué à freiner la production d'énergie solaire qui ne présente qu'un poids marginal dans l'ensemble de la production d'électricité, de l'ordre de 0,03 %, et qui, contrairement à la situation qui prévaut en Allemagne, n'emploie pas plus de 10 000 personnes. Cette industrie balbutiante risque d'être par ailleurs découragée, d'une part, par le récent moratoire de trois mois sur l'achat de l'électricité photovoltaïque des gros projets par EDF, et d'autre part, par la baisse du prix de rachat de chaque kWh ainsi produit. On a eu tendance à accuser cette filière de tous les maux, jusqu'à contribuer au déficit commercial de la France (pour près de 100 millions d'euros), étant donné que les panneaux installés proviennent à 90 % de Chine.

Certes, il est clair qu'à court terme, la production de l'énergie solaire ainsi abondamment subventionnée n'est pas rentable dans aucun des deux pays. Les deux pays se différencient pourtant par la vision que chacun d'eux a de la filière. Ainsi, les Allemands ont fait le pari que l'énergie solaire est à long terme l'énergie d'avenir, et de ce fait, cela devrait lui permettre de devenir rentable. Elle veut par conséquent en assurer le leadership mondial. La France a fait un pari contraire, estimant que pour une très longue période, l'énergie nucléaire resterait prioritaire, et elle veut en assumer le leadership mondial. Le divorce est donc complet. Certes, la France peut aussi mettre encore quelques espoirs dans l'extraction du gaz de schiste, par injection d'eau dans le sol à haute pression, car son sous-sol contient suffisamment de gaz pour alimenter le pays pendant vingt ans, mais ce procédé semble soulever beaucoup d'oppositions d'ordre écologique et un moratoire vient même d'en retarder les premiers forages d'exploration. Certes, le coût d'exploitation de cet hydrocarbure non conventionnel s'avère inférieur à celui des hydrocarbures en offshore profond, mais son exploitation, même partielle, pourrait repousser aussi le recours aux énergies renouvelables.

4- les nouvelles ambitions africaines de l'Allemagne :

Dans le cadre du partenariat énergétique Europe/Afrique, créé à Lisbonne en 2007, et dont le but est d'augmenter la sécurité énergétique des deux continents, l'Allemagne commence à avoir de grandes ambitions et elle vient de dessiner l'esquisse d'un immense projet appelé ''Desertec''.

4.1- les ambitions du projet allemand ''Desertec'':

Considérant qu'en l'espace de six heures, les déserts emmagasinent autant de mégawatts que le monde en a besoin en un an, l'Allemagne a développé un projet visant à installer au Sahara des fermes solaires, en vue de produire de l'électricité qui serait transportée ensuite en Europe par de nombreux liens fixes à créer depuis le Maroc jusqu'à l'Égypte, ce qui, dans 40 ans, pourrait couvrir 15 % des besoins de consommation électrique européens, et lui permettre de contribuer à souscrire à ses objectifs de production d'électricité sur la base d'énergies renouvelables. Cependant, outre son coût exorbitant estimé à 400 milliards d'euros, les nombreuses déperditions d'énergie liées au transport de l'énergie sur de longues distances, les problèmes de sécurité difficilement maîtrisables dans une région politiquement instable, ce projet est considéré en Afrique comme une spoliation de ressources, alors que jusqu'à maintenant, un quart de la population africaine n'a pas accès à l'électricité. Certes, on pourrait imaginer un partage de la ressource, mais alors les investisseurs du projet ne seraient plus assurés de retrouver la rentabilité escomptée. Ce projet fondamentalement allemand a été signé en juillet 2009 : on y retrouve beaucoup de très grands acteurs de l'économie allemande, dont EON, RWE, Siemens, Deutsche Bank. A l'exception de Saint-Gobain, on ne trouve aucune entreprise française parmi les signataires du projet. Sur le plan géopolitique, certains ont voulu présenter le projet comme la volonté politique de l'Allemagne de prendre un ascendant au sein de l'Union pour la Méditerranée, en démontrant qu'elle était capable de présenter dans ce cadre un projet majeur, damant le pion à ses nombreux autres partenaires, la France en particulier.

4.2- la modeste réplique française : le projet ''Transgreen'':

La France, ''gardienne'' des projets entre l'Afrique et l'Europe, s'est crue dans l'obligation de répliquer, en présentant son propre projet, plus pragmatique, et surtout beaucoup moins onéreux, projet appelé ''Transgreen''. Ce projet consiste à renforcer les câbles sous-marins du détroit de Gibraltar pour transporter l'électricité ''verte'' produite au Maghreb, sans avoir à créer un grand nombre de nouveaux liens fixes entre les deux continents. Le coût de ce projet est naturellement modeste, eu égard au précédent, de l'ordre de 5 milliards d'euros, et sa faisabilité plus évidente de ce fait. Les déperditions de courant y seraient de ce fait limitées, de l'ordre de 4 % au maximum. Ce projet français a réuni les grandes entreprises françaises comme RTE, Areva, Nexans, Veolia, Atos, et des acteurs de la vie économique marocaine et italienne.

Ainsi, une fois de plus, comme dans de nombreux autres domaines, l'Allemagne et la France se retrouvent à nouveau face à face, projet contre projet, l'enjeu étant cette fois la captation, et donc la maîtrise, de l'énergie solaire en Afrique.

En conséquence, comme on l'a vu dans les autres chapitres, et pour d'autres thématiques, les politiques énergétiques suivies par les deux pays sont des plus divergentes.

Alors que la France a donné la priorité absolue à l'énergie nucléaire, en vue de consolider sa position de leader mondial, l'Allemagne a donné sa priorité absolue à la production des économies renouvelables, développant dans ce nouveau domaine une avance technologique remarquable et consolidant un rôle de leader. La sortie du nucléaire s'est accélérée rapidement en Allemagne, suite au choc psychologique produit par la catastrophe japonaise dans l'opinion publique allemande, tandis que ce choc n'a pas eu le même impact en France, même si la filière nucléaire française en sort ébranlée. La sortie du nucléaire civil a été annoncée pour 2022 en Allemagne. Il est peu probable, sauf s'il existait tout d'un coup une politique européenne dans ce domaine, hypothèse irréaliste, que les deux pays se retrouvent dans une stratégie de sortie précipitée et simultanée du nucléaire, même si la part du nucléaire en France a toutes les chances de baisser désormais. Après tout, avec 26 ans de moyenne d'âge, le parc français est encore jeune et pourrait durer près de 40 ans. Un écart, voire un fossé, séparera encore pendant longtemps les deux pays dans ce domaine. L'Allemagne sortira la première et avec vigueur du nucléaire. La France le fera plus lentement, dans l'espace d'une génération. Comme le développement des énergies vertes est une stratégie de longue haleine, l'Allemagne a du consolider entretemps une politique de mix énergétique, en recourant au gaz d'origine russe, accroissant ainsi sa dépendance vis-à-vis de ce pays. A moyen terme, la stratégie allemande n'en sortira pas forcément gagnante, car, outre cette dépendance dangereuse en terme de géopolitique, elle ne pourra pas bénéficier pendant longtemps de prix modérés pour son énergie utilisée, et ce, par ailleurs, dans un contexte de besoins industriels croissants. La sobriété énergétique n'est pas son fort, en raison de l'importance de son industrie. Dans le long terme, par contre, il se pourrait que sa stratégie courageuse soit payante, au moment où la production mondiale d'énergie nucléaire sera sur son déclin, et à plus forte raison si ce déclin est imposé par les peuples. Sa longue expérience et ses avancées technologiques dans les diverses énergies renouvelables lui permettront alors d'assurer vraisemblablement un leadership, si ce n'est mondial, au moins européen.

Au contraire, la France risque d'accumuler un retard important en matière d'énergie renouvelable. Déjà, le président du SER (Syndicat des énergies renouvelables) estime que plus d'un tiers des objectifs nationaux de développement ne seront pas réalisés en 2020, faute de moyens financiers adéquats, et qu'en conséquence, l'objectif de 23 % assigné aux énergies renouvelables en 2020 ne sera pas atteint. C'est pour cela que, depuis avril

2011, on sent un certain frémissement du côté de la France, comme si le rattrapage du retard en matière d'énergie verte devenait une affaire nationale. C'est ainsi qu'EDF a acquis l'intégralité de sa filiale verte ''EDF Énergies nouvelles'' pour mieux se diversifier ; de son côté, le groupe Total investissait 1 milliard d'euros dans le solaire en lançant une OPA amicale sur 60 % du capital de l'entreprise américaine ''Sun Power'', 3e producteur de cellules photovoltaïques mondial et reprenait à EDF les 50 % du capital de ''TENESOL'', préparant ainsi l'affrontement avec la firme allemande Q.Cells.

Toutefois, bien qu'ayant des stratégies opposées en matière énergétique, les deux pays se sont retrouvés unis pour défendre devant la Commission, dans le cadre de libéralisation du secteur énergétique européen, la position de leurs champions nationaux respectifs. Les deux pays ont exprimé souvent avec la même force leur scepticisme à l'égard de l'accélération forcée de cette libéralisation, particulièrement en ce qui concerne la dissociation de la propriété des anciens opérateurs entre actifs revenant aux producteurs et actifs revenant aux distributeurs.

CHAPITRE X

LE CHOC DES FONDAMENTAUX ÉCONOMIQUES DES DEUX PAYS

« Il nous faut retourner aux fondamentaux.»

(Peter Löscher, Président et Chief Executive de Siemens)

« Notre modèle n'est pas un modèle idéologique, mais pragmatique ; dans la crise il nous a rendu grand service. »

(Steffen Kampeter, secrétaire d'État allemand aux Finances)

« Nous sommes en voie d'atteindre le plein-emploi. »

(Rainer Brüderle, ministre allemand de l'Economie)

« Les Français ont refusé de voir le changement. Aujourd'hui, qu'ils le mesurent, ils ressentent une angoisse d'autant plus forte qu'ils ont le sentiment d'être depuis le début du XXe siècle sur une pente descendante avec quelques parenthèses, comme celle de la période 1956-1980. »

(Valéry Giscard d'Estaing, ancien Président de la République française : interview à l'hebdomadaire le Point du 13/01/2011)

Comparer les fondamentaux sur lesquels reposent les deux économies n'est pas chose aisée. Une question préalable doit se poser : quels sont les critères d'identification et de mesure de ces fondamentaux ? Dans le cadre d'une économie de marché, par ailleurs ouverte sur le monde, que les deux pays ont librement adoptée au sein de l'Union, l'objectif fondamental de toute économie moderne est celui de l'efficacité économique, qui s'exprime en matière de valeur, de croissance et donc d'emplois. Comment y parvenir au mieux ? C'est dans ce contexte que se situe la problématique des fondamentaux économiques qui déterminent la robustesse et la pérennité de toute économie. Quels sont-ils ? La France et l'Allemagne partagent-elles les mêmes fondamentaux, et si oui, leur accordent-elles la même importance ?

Nous ne reviendrons pas sur les mérites du modèle rhénan qui est à la base du pacte d'entreprise allemand qui associe patronat et syndicats pour créer une culture de consensus qui fait défaut à l'économie française. Ce pacte a donné naissance au concept d'entreprise ''qui respire''. Nous ne reviendrons pas non plus sur le choix qu'a fait l'Allemagne de donner la priorité à l'emploi plutôt qu'au revenu, ni sur le choix donné à la compétitivité plutôt qu'à la consommation, ni sur le choix qui a conduit à une politique d'activation du chômeur plutôt que celle du traitement social du chômage. Nous ne reviendrons pas non plus sur le choix qui a été fait en Allemagne de ne délocaliser que les activités non essentielles par rapport aux cœurs de métier, lesquels sont restés souvent sur le sol national. Ces choix ont déjà fait l'objet de longs commentaires dans les chapitres précédents.

Nous retiendrons donc parmi les fondamentaux moteurs de la croissance, cinq éléments susceptibles de structurer toute économie et d'agir sur la croissance de façon décisive :

- la politique budgétaire
- la politique fiscale et parafiscale
- la politique des retraites
- la politique de modération des coûts
- la politique d'éducation et de formation

Force est de remarquer que dans le cadre d'une économie de marché, obéissant aux règles du libéralisme, qui donne le primat à l'efficacité économique, l'Allemagne a, pour tous les critères cités ci-dessus, une vraie longueur d'avance sur la France, ce qui lui confère en matière de compétitivité une position de leadership.

1-le credo budgétaire allemand ou la culture de la stabilité :

Le slogan ''Stärke und Stabilität'' (''Force et stabilité'') a été le slogan de la dernière campagne d'Angela Merkel. L'Allemagne n'a jamais été un vrai pays keynésien, y compris à l'époque de la coalition rouge-verte sous l'autorité du Chancelier Gerhard Schröder, lequel fut obligé de se débarrasser, pour cette raison, de son gênant allié Oskar Lafontaine. En effet, ce dernier voulait imposer au pays une cure de keynésianisme. Ceux qui ont fréquenté les grands forums économiques allemands depuis une vingtaine d'années savent fort bien que beaucoup d'Allemands sont attachés à l'équilibre budgétaire, auquel ils attribuent beaucoup de vertus, telles que la garantie d'une stabilité financière, un moyen de minimiser les tendances inflationnistes, et ils le considèrent de plus comme un instrument efficace de sauvegarde de l'indépendance économique du pays sur le plan international. De la même manière, ils se sont progressivement détachés de la théorie de la tarification au coût marginal des grandes infrastructures, théorie économique qui contribue à faire financer le différentiel de coût (entre le coût complet et le coût marginal) par les finances publiques. Certes, il existe en Allemagne des tenants de cette théorie, mais ils restent très minoritaires dans le pays, contrairement à ce qui se passe en France. Ceci explique les réticences profondes qui se sont manifestées en Allemagne au cours de la grande crise économique pour renflouer les banques avec les deniers de l'État, de même que pour renflouer les systèmes bancaires des pays PECO de 2007 à 2008. Certes, compte tenu de la gravité de la crise, l'Allemagne s'est trouvée contrainte à pratiquer une politique de déficit public pour aider certains secteurs industriels défaillants ainsi que son système bancaire, mais elle ne l'a fait que de façon exceptionnelle et provisoire, avec la ferme volonté de retourner vite à une situation d'équilibre.

Alors que l'addiction au déficit budgétaire de la France, depuis trente années, est considérée en Allemagne comme une piètre performance génératrice d'endettement, et que seul Raymond Barre y est salué comme le seul digne argentier que la France ait connu pendant cette période, l'Allemagne a érigé la discipline budgétaire en devoir national, inscrit dans sa Constitution. Désormais, la Loi Fondamentale prévoit que le déficit ne pourra pas dépasser 3 % du PIB, et que les périodes de croissance devront être mises à profit pour combler les déficits. En France, bien au contraire, où les dépenses des administrations représentent 57 % du PIB, contre 47 % en Allemagne, l'attachement quasi viscéral à la doctrine solidariste de Léon Bourgeois (un des chantres du radicalisme socialiste sous la troisième République) se matérialise par une sacralisation de la cause des services publics, ce qui va presque toujours à l'encontre de la discipline budgétaire.

Certes, certains analystes peuvent faire remarquer que le déficit budgétaire allemand de 2010, qui a atteint 3,5 % du PIB, a été plus fort que celui de 2009 (3 % du PIB), mais ce serait oublier que le pays a du faire face en 2010 à deux situations imprévisibles et donc exceptionnelles : le renflouement de la banque régionale ''West LB'' et le remboursement des cotisations sociales versées par les entreprises au titre des mesures de chômage partiel. Ces contraintes vont s'estomper et le déficit budgétaire allemand devrait ainsi diminuer progressivement. Pour y parvenir, et se conformer désormais à la nouvelle clause constitutionnelle, des sacrifices ont été annoncés : réduction progressive des forces armées de 40 000 personnes, réduction progressive de 15 000 fonctionnaires, taxe sur les centrales atomiques (tant qu'elles existeront), réduction des allocations de chômage et d'aide au logement, taxe sur le tabac, pour ne citer que les plus importants, sans qu'il soit fait appel à une nouvelle augmentation de la TVA ou à une hausse des impôts. C'est ce que l'Allemagne a appelé ''la culture de la stabilité''.

Pour l'Allemagne, ''la culture de la stabilité'' dont le but est d'alléger la dette de l'État passe par la réduction des dépenses publiques et non par une augmentation des impôts. En cela, la culture allemande est en contradiction avec certaines théories empreintes de keynésianisme qui ont toujours cours en France, comme celle exprimée récemment par le ''Manifeste d'économistes atterrés'' pour lequel « la culture allemande de stabilité mènerait l'Europe droit au mur.»

Il est clair que, dans cette lutte idéologique, l'Allemagne, sûre de ses performances, ne fléchira pas. Elle ne comprend pas qu'une ''coupe budgétaire'' soit considérée systématiquement comme une menace, voire comme une régression. En ce sens, elle rejoint l'analyse récente de Timothy B. Smith (Professeur d'histoire à l'université de Queens au Canada), auteur de l'ouvrage ''La France injuste''. Les Allemands pensent, contrairement aux Français, que seule la croissance peut permettre de maintenir le pacte social, et qu'il convient de ce fait de favoriser au maximum tous les facteurs de croissance. Les Français pensent, au contraire, qu'il convient de défendre d'abord ce pacte social, quitte à lui sacrifier un tant soit peu la croissance.

L'Allemagne soupçonne d'ailleurs la France de financer indirectement certaines politiques budgétaires ''de grandeur'', symboles ''de la grande nation'', telles que sa coûteuse puissance nucléaire militaire ou sa politique de culture, grâce à un euro fort, et donc, indirectement, grâce à l'Allemagne qui soutient presque seule la devise commune. Sans création de l'Union monétaire communautaire, ce n'est certainement pas avec un franc condamné à des dévaluations permanentes, en raison des déficits budgétaires récurrents et du taux d'endettement du pays, que la France aurait pu maintenir ces dispendieuses politiques. Certains journaux allemands ont demandé, à certains moments où les relations entre les deux pays étaient crispées, un certain ''droit d'inventaire'', estimant que la rigueur allemande, gage d'un euro stable et de haut niveau, permettait à la France d'accumuler un peu trop facilement des déficits liés à d'excessives dépenses qu'elle n'aurait jamais pu assumer sans la devise commune. Ainsi auraient pu être financées les ''grandes politiques'' de la France. Ce débat de fond pourrait reprendre si les performances économiques médiocres de la France devaient se poursuivre. En effet, à titre d'exemple, l'Allemagne ne consacre que 0,7 % de son PIB à la culture quand la France y consacre 1,5 %.

2-la politique fiscale et parafiscale, ou le choix allemand de la compétitivité fiscale :

Le premier reproche que l'Allemagne fait souvent à la France dans ce domaine est le manque de stabilité du modèle fiscal français, lequel se modifie chaque année, sans parler des changements propres aux alternances politiques. Mais, même dans le cadre d'une même législature, des modifications importantes sont apportées chaque année au système. Ainsi, les changements ont été nombreux récemment (loi Tepa, modification du calcul de l'impôt sur la fortune, modification du bouclier fiscal, variation des déductions fiscales pour investissement dans les PME, à titre d'exemple). Selon la Cour des Comptes, l'IS (impôt sur les sociétés) aurait été modifié 40 fois de 2004 à 2009. Cela nuit à la visibilité et à la crédibilité du système fiscal français, et introduit un facteur d'insécurité, voire de risque, pour les entreprises. Le cadre fiscal allemand, sans être immuable, est cependant plus stable dans le temps. Les deux pays ont cependant un système fiscal complexe.

L'Allemagne, dans le cadre de sa politique de stabilité, a toujours privilégié la réduction des impôts à celle de l'augmentation des dépenses publiques. En tant qu'adepte des théories libérales, elle a toujours pensé que la réduction d'impôts avait un meilleur effet sur le niveau de croissance que l'augmentation des dépenses publiques. En ce sens, elle se différencie des écoles françaises keynésiennes qui voient dans l'augmentation de l'impôt un levier de justice sociale et un moyen de diminuer le déficit budgétaire sans toucher au niveau de la dépense publique.

Le trait essentiel de la fiscalité allemande est qu'elle est en harmonie parfaite avec la stratégie globale d'accroissement de la compétitivité allemande, et qu'elle constitue, en quelque sorte, un de ses piliers fondamentaux. En concordance avec les objectifs suprêmes de l'économie, il ne faut pas s'étonner que la fiscalité allemande repose sur une moindre imposition des bénéfices de l'entreprise par rapport à la France, une plus grande imposition des ménages et une TVA sociale, même si les niveaux nominaux de TVA ont eu tendance à se rapprocher, la TVA sociale allemande étant désormais peu différente de la TVA qualifiée de ''non sociale'' à la française. L'Allemagne a donc choisi de moins taxer les entreprises et le capital, donc ce qui est mobile dans le cadre d'une économie mondialisée. Au contraire, la fiscalité française, au demeurant mouvante dans le temps, ne laisse pas apparaître de fil conducteur très significatif sur le plan économique, sauf dans quelques cas précis, s'avérant être plutôt le fruit de compromis historiques incessants et de considérations politiques, recherchant notamment l'objectif d'une certaine équité et la justice sociale. Un modèle fiscal d'essence économique

(Allemagne) est donc en concurrence avec un modèle fiscal d'essence politique (France). Tout compromis ou toute convergence des deux systèmes s'avère difficile.

Si on s'en tient aux résultats globaux, l'ensemble des prélèvements fiscaux des deux pays est proche, mais c'est quand même la France qui possède le taux le plus élevé (soit 42,8 % en France contre 39,5 % en Allemagne). Si globalement les pays sont assez proches, ils se différencient par contre au niveau des rendements fiscaux des divers types d'impôts.

En ce qui concerne les impôts indirects tels que la TVA., la convergence nominale s'est opérée désormais, puisqu'après la décision d'augmenter de trois points le taux de TVA prise par la nouvelle coalition au pouvoir en Allemagne, le taux allemand normatif est passé à 19 % ; il est de 19,6 % en France. Cependant, les taux réduits de TVA sont très différents dans les deux pays, non seulement en raison de la nature des secteurs où ils sont appliqués, mais surtout en raison de leurs niveaux respectifs. Ainsi, les niveaux dits réduits sont en moyenne plus élevés qu'en France (de l'ordre de 7 % en Allemagne), ce qui renforce l'homogénéité du système allemand. Par ailleurs, il est clair que ce choix de ''TVA sociale'' a été fait en Allemagne au nom de l'accroissement de la compétitivité économique nationale, le coût du travail (et donc des charges sociales) étant reporté sur tous les consommateurs en vue d'épargner les entreprises et les salariés. Le gouvernement français, en raison de sa culture sociale, s'est refusé jusqu'ici à transférer certaines charges patronales pesant sur le travail pour atténuer le coût de ce dernier. La ''Commission Attali'' avait proposé un transfert de 26 milliards d'allocations familiales, aujourd'hui à la charge des entreprises, vers la TVA, en augmentant cette dernière de 3,2 points. Mais le gouvernement n'a pas voulu prendre un tel risque social, alors que, de plus, une telle mesure pourrait avoir un effet inflationniste important, du fait de l'insuffisance de concurrence caractérisant l'économie française.

L'impôt sur les sociétés (IS) n'est pas le même dans les deux pays. En effet, l'entreprise allemande est, en moyenne, taxée à un taux légèrement inférieur : ce dernier est de 30 %, alors que les entreprises françaises subissent un taux de 33,33 %, donc supérieur au taux allemand, différence significative quand les entreprises des deux pays sont en concurrence. Cette différenciation explique les rendements différents de l'impôt dans les deux pays : 1,9 % en Allemagne contre 2,9 % en France. C'est d'ailleurs le premier gouvernement de grande coalition d'Angela Merkel qui a abaissé le taux de l'IS, au nom de l'objectif d'une meilleure compétitivité.

Les cotisations sociales pesant sur les entreprises sont aussi différentes. Elles sont plus importantes en France (16,1 % du PIB) qu'en Allemagne (13 % du PIB). Si on ajoute les effets de l'IS et des cotisations sociales, on voit qu'il existe un handicap au détriment des firmes françaises.

Les droits de succession en ligne directe, même complexe dans les deux pays, ne dépassent pas 30 % en Allemagne, alors qu'ils peuvent atteindre 40 % en France, bien qu'en moyenne, 95 % des droits de succession soient exonérés de cet impôt en France. De plus, en Allemagne, la transmission des entreprises n'est pratiquement pas taxée.

Il n'existe plus d'impôt de solidarité sur la fortune en Allemagne, supprimé par le gouvernement de l'ex-Chancelier Helmut Kohl en 1997, alors que cet impôt controversé existe toujours en France ; il était assorti, il est vrai, d'un bouclier fiscal, qui en raison des polémiques soulevées a été aboli au moment où l'impôt sur la fortune a été considérablement amoindri.

L'impôt sur le revenu s'avère au contraire plus important en Allemagne où il représente 9,8 % des recettes fiscales contre 7,5 % en France, pays dans lequel un ménage sur deux en est par ailleurs dispensé. Alors que la dernière tranche d'imposition est de 42 % en Allemagne, elle est de 40 % en France. Cependant, en Allemagne, un ''impôt sur les riches'' (gagnant plus de 250 000 euros) est prélevé au taux de 45 %. Globalement, les ménages allemands sont donc plus prélevés que les ménages français, d'autant que n'existe pas dans le système fiscal allemand de notion de quotient familial. Par ailleurs, aux taux normatifs, s'ajoutent une surtaxe de 5,5 % pour la réunification, et un impôt facultatif pour le culte. Le taux marginal des ménages les plus riches atteint donc 48 %. Les ménages y sont imposés dès un qu'ils atteignent un revenu annuel de 8 000 € (contre 5 964 € en France), mais le taux d'imposition est déjà pour ce montant de 14 % en Allemagne. Mais, en revanche, il n'y a pas de CSG en Allemagne. Par contre, certains placements sont défiscalisés dans les deux pays comme l'assurance-vie et l'assurance-retraite. Enfin, le taux allemand est linéaire et ignore le système du calcul par tranches, de sorte que le taux marginal d'imposition s'applique à l'ensemble du revenu.

Jusqu'ici, les systèmes fiscaux des deux pays ont été sensiblement divergents. Comme on l'a vu, alors que l'Allemagne a réussi, dans les dix dernières années, à transférer un montant important de charges sociales représentant près de 1,2 % de son PIB des entreprises vers les ménages, la France a au contraire pratiqué une politique inverse pour un montant de 0,4 % de son PIB. Cette divergence de politique fiscale a créé un différentiel de 1,6 % de PIB en matière de compétitivité, au détriment des entreprises françaises et au bénéfice des entreprises allemandes.

Dans ce contexte, la France a exprimé le souhait d'une harmonie fiscale, d'abord au niveau de l'Union, où le dumping fiscal est devenu la règle, comme le rapport de l'IREF 2010 l'a révélé, et où coexiste un double clivage, d'abord entre les pays préférant la fiscalité indirecte à la taxation des revenus, et ensuite, entre ceux qui privilégient plutôt les revenus des entreprises que ceux des particuliers. Une telle harmonisation n'est pas pour demain dans un contexte où les anciens pays PECO de la ''jeune Europe'' ne sont pas prêts à se voir confisquer un des rares leviers de compétitivité qu'ils ont entre leurs mains. C'est pourquoi la France a souhaité d'abord une convergence avec l'Allemagne, sans se poser pourtant la question de savoir ''qui devait s'aligner sur qui''. Si des convergences sont possibles en matière d'IS et d'IR, il n'en sera pas de même pour la TVA sociale, compte tenu de sa résonnance idéologique en France, et surtout du fait que les niveaux nominaux des TVA sont déjà convergents dans les deux pays. Créer une TVA sociale en France impliquerait d'en augmenter le niveau actuel, et donc de diverger à nouveau avec l'Allemagne. Pour l'imposition du patrimoine, s'il doit y avoir convergence, cela supposera un alignement de la France, car on ne voit pas l'Allemagne réintroduire un impôt sur la fortune. Cela supposera aussi de modifier l'imposition de l'immobilier, qui constitue une ressource majeure des communes et des départements, à travers les taxes foncières, lesquelles rapportent près de 23 milliards d'euros, soit six fois plus que l'ISF. S'il existe des taxes foncières en Allemagne, elles sont trois fois moins lourdes et la taxe d'habitation n'y existe pas.

Il s'avère donc qu'en Allemagne la fiscalité est orientée en faveur du capital et au détriment des ménages, ce qui rendra délicate toute stratégie de convergence entre les deux pays. Dans quel sens peut fonctionner alors la convergence ?

Cependant, il existe, au-delà de ce souhait de convergence formelle, une divergence de taille entre les deux pays. L'Allemagne qui est en train d'assainir ses finances publiques (en réduisant rapidement certains postes de dépenses publiques et son endettement) aura inévitablement, toutes proportions gardées, moins besoin de recettes fiscales à l'avenir et donc pas besoin d'augmenter ses impôts. Pour la France, rien n'est moins sûr. Par ailleurs, les dépenses de défense et de culture sont fortement réduites en Allemagne, ce qui facilite son équilibre budgétaire, au détriment de la France qui se retrouve historiquement en situation contraire.

Il n'empêche que les deux pays se sont déjà retrouvés pour lutter ensemble contre l'accroissement du dumping fiscal (notamment irlandais en matière d'IS), l'évasion fiscale (avec les succès que l'on sait, de la part de l'Allemagne) et le contrôle des impôts des grandes sociétés qui, avec le grand nombre de niches de déductibilité existant dans les deux pays, n'acquittent qu'une part de leurs impôts dans leur pays respectif. De plus, les grands groupes qui ont des filiales dans le monde tentent de délocaliser leur production et les services annexes dans des pays à fiscalité généreuse, puis de la revendre le plus cher possible, ce qui permet dans le premier cas de maximiser les profits et de les minorer dans l'autre : c'est ce qu'on appelle l'optimisation fiscale. Enfin les deux pays se sont aussi retrouvés pour rechercher les moyens d'une imposition des activités numériques (notamment celles de Google et d'e Bay), activités qui sont taxées aujourd'hui dans les pays où ces sociétés ont leur siège social et non dans les pays où ces activités sont réellement exercées, pratiques qui font perdre aux deux pays des milliards d'euros de recettes fiscales.

3-la politique des retraites et la place des seniors :

On se trompe souvent en accusant les économies libérales d'être à l'origine du recul progressif de l'âge de départ à la retraite. Ce recul est un défi de tous les pays du troisième millénaire, défi auquel la Chine et la Russie sont aussi confrontées, en raison du vieillissement des populations lié à l'allongement de la vie. L'Allemagne et la France n'échappent pas à ce défi.

Les deux pays ont fait certes le choix, à la base, d'un système de retraites par répartition, que Bismarck avait déjà instauré après l'unification allemande, et qui porte souvent le nom de ''système de retraites bismarckien''. Certains autres pays, prenant appui sur les préconisations de l'ancien premier Ministre britannique, Sir Beveridge, ont préféré instaurer un système de répartition, dit de base, complété par un système par capitalisation (cas du Royaume-Uni et des Pays-Bas). D'autres pays, enfin, qui appartiennent à la ''jeune Europe'', ont préféré adopter le système américain, préconisé, par ailleurs, par le FMI, à savoir un système de capitalisation pur et dur. Dans ce domaine, la France et l'Allemagne se retrouvent donc du même côté de la barrière, alors que la Suède et puis l'Italie ont mis sur pied, de leur côté, un système à points pour éviter d'avoir à fixer un âge légal. L'Allemagne et la France se sont donc inspirées des mêmes sources historiques. Pourtant, c'est là leur seul point commun.

La politique des retraites a été en effet traitée de façon différente dans les deux pays. Le point de départ des analyses est d'ailleurs fort divergent. Déclinant à nouveau son objectif d'accroissement de compétitivité, l'Allemagne a eu une démarche essentiellement économique, à savoir : évaluer la part de la richesse nationale que le pays peut consacrer à ses retraites sans affaiblir sa compétitivité. La France a eu au contraire dans ce domaine une approche purement dogmatique, déterminant par la loi, de façon empirique, l'âge légal de départ de la vie active souhaitée ou souhaitable. Alors qu'en Allemagne l'âge de départ a été la résultante de tout un processus de réflexions et de calculs économiques, cet âge a été, en France, bien au contraire, une donnée de départ du processus d'analyses et de calculs. Ce sont par des procédés sensiblement antagonistes que la politique des retraites a donc été conçue dans les deux pays. Par ailleurs, alors que la France se caractérise encore par une pluralité de régimes de retraite, l'Allemagne n'a qu'un régime de répartition unique pour toutes les professions, correspondant à la fois au régime français de la Sécurité sociale et aux deux caisses complémentaires ''Agirc-Arrco''.

S'agissant de l'Allemagne, il parait indispensable d'ajouter qu'une seconde raison a également motivé ce nouveau dispositif, à savoir la situation démographique défavorable du pays, ce qui en rend sa mise en place urgente. La proportion des personnes âgées de plus de 64 ans qui était de 15 % en 1985 passera à 33 % en 2050 (soit un tiers de la population globale). En France au contraire, ce taux passera pendant cette période de 14 à 26 %. Donc, en Allemagne, en 2050, deux actifs devront cotiser pour un retraité, contre quatre aujourd'hui. C'est aussi dans un tel contexte que l'Allemagne a mis aussi sur pied un système national d'assurance dépendance, dès 1990, basé sur des caisses d'assurance autonomes de droit public rattachées aux caisses d'assurance maladie, les cotisations (soit 1,95 % du traitement) étant payées par moitié par l'employeur et le salarié.

L'Allemagne, pour atténuer l'impact du régime de retraite sur l'économie globale, n'a cessé de modifier les règles de ce régime. Déjà, le Chancelier Konrad Adenauer avait conçu un ''un pacte de générations'' indexé sur l'évolution des salaires, indexation qu'avait fortement critiqué son ministre de l'Économie de l'époque, Ludwig Erhard. C'est pourquoi, devant la baisse de natalité et l'absence de plein emploi, le système allemand a commencé à présenter des faiblesses, et c'est en 1992, que l'indexation sur les salaires bruts fut transformée en indexation sur les salaires nets. Puis, en 1997, l'ex-Chancelier Helmut Kohl créa un lien entre le nombre de retraités et celui des cotisants, en vue de freiner l'évolution des retraites et d'amoindrir leur poids sur l'économie. Annulée par son successeur, Gerhard Schröder, la mesure se transforma alors en un système de capitalisation subventionné par l'État, mesure suivie ensuite par un gel des retraites pendant trois ans. Une réforme progressive fut ensuite mise sur pied par la première coalition d'Angela Merkel en vue d'un passage progressif à la retraite de 65 ans (âge encore en vigueur) à 67 ans, mesure qui devait s'échelonner de 2012 à 2029. Il est à remarquer que le SPD, membre de cette coalition, n'a nullement entravé cette nouvelle loi phare, le président du SPD d'alors affirmant même que la mesure était ''malheureusement nécessaire''. La Bundesbank a même pu affirmer en 2007 « qu'il était erroné de donner l'impression que l'âge de 67 ans pourrait être la fin de l'évolution ». Ceci n'est pas peu dire. La transition devrait s'opérer, par une augmentation d'un mois par an, entre 2012 et 2024, puis de deux jusqu'en 2029. Bien évidemment, le niveau des retraites qui était jusque-là de 52,4 % du dernier traitement devait être réduit à 46, 6 %. Dès 2003, on a assisté à une baisse des pensions incitant les salariés à souscrire des retraites complémentaires. Les cotisations devaient passer, de leur côté, de 19,5 à 20 % du salaire brut en 2020, puis à 22 % en 2030, partagées par moitié entre employeurs et salariés. Dans tous les cas, tout départ anticipé fait l'objet d'une décote.

A côté de ce système, un second système facultatif par capitalisation, organisé au niveau des entreprises, a été instauré, mais en raison de la crise, son succès a été très limité. Un troisième système par capitalisation, mais individuel cette fois, a été aussi instauré. Ces deux systèmes ont cependant un rôle marginal dans le dispositif global.

Un tel processus retardant l'âge légal de la retraite ne peut s'effectuer sans mesures drastiques d'accompagnement. Déjà, le projet ''Initiative 50+'' visant à faciliter l'emploi des seniors a été lancé avec succès, et en Allemagne, le nombre des retraités gardant un emploi après 65 ans s'est accru de près de 50 % depuis 2002. Toutes les grandes entreprises ont modifié leur organisation afin d'offrir un meilleur confort de vie professionnelle à leurs seniors. Ainsi, BMW a modifié sensiblement sa chaîne d'assemblage pour qu'elle soit mieux adaptée à l'âge ; les rotations de personnel se sont multipliées aussi pour vaincre la fatigue. Suite à de tels changements, le groupe a pu même faire état d'une hausse de productivité de 7 %.

Face aux mesures drastiques prises en Allemagne, la réforme française promulguée le 10/11/2011 fait figure de mesure sans envergure aux yeux de l'opinion allemande. Conçue tout d'abord pour maintenir le niveau des retraites des retraités actuels et futurs, et pour établir un équilibre du dispositif jusqu'en 2018 seulement, la réforme française n'a eu pour but que de retarder l'âge légal de départ de 60 ans à 62 ans seulement, en augmentant de quatre mois par an l'âge d'ouverture des droits à compter du 01/07/2011, pour atteindre progressivement 62 ans pour les assurés nés en 1956. Ce dispositif est retardé pour les régimes spéciaux qui ne l'appliqueront qu'à partir de 2017. Pour les Allemands, la France n'a conçu qu'un dispositif a minima, devant être revu en 2018, tandis que de grands groupes comme Renault continuent toujours à négocier des départs dès 58 ans. Pour les Allemands, la réforme française apparaît nettement insuffisante.

Au cœur de cette problématique figure le taux d'emploi des seniors. Selon Eurostat, l'Allemagne se situe en première position au sein de l'Union avec un taux d'emploi légèrement supérieur à 70 %, suivie du Royaume-Uni, de la Tchéquie, de l'Autriche et du Portugal. La France n'est que très moyennement classée, avec un taux voisin de 60 %, proche de la moyenne de l'Union, et donc inférieur de 10 points au taux d'emploi allemand. Pour certains, le fait que l'âge de départ à la retraite soit très précoce en France et que les seniors se retrouvent en général sans emploi deux ans avant leur départ expliquerait le score français. Selon d'autres statistiques, l'écart entre la France et l'Allemagne est encore plus flagrant si on découpe l'âge des seniors en deux classes. Ainsi, pour la classe d'âge allant de 55 à 59 ans, le taux d'occupation des seniors serait respectivement de 76,5 % en Allemagne et de 62.5 % en France, soit un écart moyen de 14 points. Mais si on observe la classe d'âge allant de 60 à 64 ans, le taux d'occupation est de 41,5 % en Allemagne contre

18,1 % en France, soit un écart phénoménal de 23,4 points. Le problème de l'emploi des seniors au sein d'une population qui bénéficie d'une espérance de vie plus grande est un problème vital pour nos sociétés. Alors que l'Allemagne a pris à bras le corps ce problème, la société française continue à tergiverser, sans qu'aucune solution d'envergure n'ait été trouvée jusqu'ici.

4-la politique de modération des coûts :

Dans ce domaine, et bien que l'écart entre les deux pays ne se soit manifesté que récemment, à l'issue de l'application des ''lois Hartz'' en Allemagne, la convergence entre les deux pays bute et butera sur deux éléments importants :

- l'impossibilité pour la France de renoncer, soit de façon directe ou indirecte, à la notion institutionnelle de SMIC, érigée en véritable monument socioculturel, alors qu'en Allemagne une telle disposition nationale n'existe pas et que seuls quelques accords de branche ont introduit timidement cette notion.

- l'impossibilité pour la France d'instaurer dans sa législation l'équivalent des ''lois Hartz'' allemandes, qui sont largement incompatibles avec les fondements mêmes de la culture française. Seuls des aménagements à la marge sur certains aspects du droit du travail, sur le montant des charges par exemple, pourraient être introduits dans l'arsenal législatif français.

En conséquence, des divergences majeures sur la notion du droit de travail vont continuer à coexister dans les deux pays. Elles constitueront un obstacle important dans le cadre des tentatives de convergence économiques entre les deux pays.

Un exposé a déjà été fait dans cet ouvrage sur les conséquences des ''lois Hartz'' et l'absence de salaire minimum sur les coûts industriels et des services en Allemagne. Il n'y a pas lieu d'y revenir. Mais il convient d'insister sur l'impact de cette situation en matière de compétitivité. Alors qu'il est patent que la France jouissait d'un avantage salarial sur l'Allemagne avant l'an 2000 et donc d'un écart de compétitivité positif, cet avantage a disparu au profit de l'Allemagne. Selon l'OCDE, le coût de la main d'œuvre unitaire (par unité produite) dans l'industrie manufacturière selon une base 100 en 2005, est passé en 2008 à 112,2 pour la France et à 108 pour l'Allemagne. En particulier, depuis 2005, la progression du coût mesurée par cet indice s'avère plus rapide en France, dénotant une perte permanente de compétitivité. Une véritable comparaison économique devrait certes intégrer aussi les gains de productivité des deux pays, de sorte que seul le différentiel entre le taux de progression du coût nominal du salaire et le taux de progression de la productivité soit pris en compte. Or, ce différentiel est difficile à calculer, car les travaux sur la productivité des facteurs de production, et ceux sur le facteur travail en particulier, sont délicats et peuvent donner lieu à de nombreuses méthodologies. On a pu observer cependant en France, qu'au cours de la précédente décennie, le salaire réel avait augmenté plus vite que la productivité pendant certaines années, afin de maintenir un haut niveau de consommation. Il s'agissait alors pour l'essentiel de mesures volontaristes prises au niveau gouvernemental. En Allemagne, au contraire, dans la mesure où la consommation n'est pas jusqu'ici le moteur essentiel de l'économie, même si un frémissement de changement s'est opéré récemment, les salaires réels ont eu tendance à stagner afin de favoriser l'emploi. Pendant la dernière décennie, l'Allemagne n'a que très peu distribué de gains de productivité, de sorte que ses salariés n'en ont pratiquement pas bénéficié. Comme certains économistes l'ont affirmé, « ces gains de productivité n'ont donc pas été consommés. » En conséquence, ils ont donc bénéficié aux entreprises. Par ailleurs, et c'est une différence notoire dans le cadre de la comparaison des prix de revient, l'État allemand a diminué le niveau des charges sociales de 2004 à 2008, alors que ces dernières augmentaient en France pendant cette période. Or, le niveau des charges est déterminant dans toute comparaison du coût du travail entre pays.

La France se glorifie un peu vite d'avoir la meilleure productivité du monde en se référant à un ratio très général et peu opérant, consistant à diviser le PIB par la population active au travail. En particulier, selon une statistique ''Alternatives économiques'', ce ratio, en 2009, sur une base 100 pour la France, aboutirait à un résultat de 79,3 pour l'Allemagne. D'où la satisfaction qui s'est manifestée en France. Un tel résultat est pourtant peu significatif, tout d'abord parce qu'il ignore tous les autres facteurs productifs complexes d'une économie moderne qu'il conviendrait de retenir, lesquels diffèrent d'un pays à l'autre, surtout quand les poids respectifs des secteurs primaire, secondaire, tertiaire divergent énormément. A minima, un ratio par secteur serait plus instructif. Même en retenant un ratio global, on obtiendrait des ratios très différents selon que l'on prenne, au dénominateur, la population active en âge de travailler, ou la part de cette population réellement employée. Il est assez paradoxal que la France, qui possède un taux de chômage structurel élevé, ne prenne en compte que la population active réellement employée qui, bien sûr, offre un bien meilleur rendement que celle, pourtant importante quantitativement, qui n'est pas employée, car étant souvent non qualifiée. Il est alors aussi paradoxal de comparer alors ce résultat avec celui d'une économie allemande qui évolue vers une situation où la population en âge de travailler est de plus en plus employée et qui englobe donc des potentiels professionnels de toutes catégories, y compris ceux des travailleurs moins qualifiés, alors que ces derniers sont en France souvent en situation de chômage et hors du champ du dit ratio global. Or, ces différences sont essentielles. Ainsi, pour la catégorie d'âge de 15 à 24 ans, le taux d'emploi n'est que de 31,4 % en France alors qu'il est de 46,2 % en Allemagne. Pour la tranche d'âges de 60 à 64 ans, le taux d'emploi est de 18,1 % en France contre 41,5 % en Allemagne.

Par ailleurs, on obtiendrait aussi d'autres résultats, en considérant, non plus la population active employée, mais les heures annuelles réellement travaillées. En effet, toutes choses étant égales par ailleurs, et à effectifs de population active identiques, les différentiels nationaux de temps de travail (et les manières de le calculer), l'existence ou non d'une durée légale de travail, de congés payés, et la définition variable des heures supplémentaires en vigueur dans les deux pays, ont un impact évident sur le résultat du ratio. Certes, selon les statistiques qui ne sont pas d'une fiabilité éprouvée, le salarié français aurait travaillé en 2010 plus que son homologue allemand : 1 469 contre 1 309 heures. Mais, toutes proportions gardées, cette comparaison est peu probante dans la mesure où l'économie allemande a été plombée pendant la crise par le temps partiel, diminuant d'autant les heures annuelles travaillées, phénomène presque inconnu en France. Au contraire, au fur et à mesure que la croissance va reprendre, le temps partiel va disparaître en Allemagne, de sorte qu'il est probable que l'on constate désormais une relation inverse que celle constatée en temps de crise. De même, si le ratio était exprimé en fonction de la valeur ou du coût des heures de travail annuelles, le résultat du ratio serait encore différent. En supposant les problèmes résolus, comme le coût horaire du travail en France est maintenant supérieur à celui de l'Allemagne, le résultat d'un tel ratio (production par heure de travail valorisée à son coût) a toutes les chances d'être moins favorable à la France (en prenant en compte les résultats des coûts horaires du secteur de la manufacture des deux études déjà citées, à savoir: 37,41 € en France contre 33,37 € en Allemagne selon l'étude COE-Rexecode ; 34,36 € en France contre 33,35 € en Allemagne selon l'INSEE). On touche là à la fragilité pratique de ce concept de productivité dont on peut donner de nombreuses versions contradictoires, d'autant qu'il est délicat de comparer des chiffres qui, pour la France, reposent sur une durée légale alors qu'ils sont calculés sur une durée contractuelle, et donc variable par branche, en Allemagne. La prudence s'impose et les conclusions hâtives sont donc dangereuses. Nul ne sait, sur le terrain scientifique s'il est vrai que la productivité française est la meilleure du monde. Quand on connaît la qualité de l'organisation du travail allemande appliquée désormais dans tous les secteurs, et même dans le secteur agricole, on a beaucoup de peine à penser que la productivité du travail en Allemagne puisse être inférieure de façon pérenne à celle de la France.

Quoi qu'il en soit, des analyses plus fines restent à entreprendre, et dans l'attente, il ne faut attribuer qu'une valeur relative au dit ratio global, et c'est d'ailleurs ce que pensent la plupart des économistes étrangers. Enfin, la forte délocalisation croissante de nombre d'activités françaises (industrie, services et même agriculture) introduit dans ce ratio un biais important. Une partie de la richesse économique dite française, mais produite à l'étranger, qui se retrouve au numérateur du ratio - du fait des centralisations comptables des chiffres d'affaires opérées au niveau des sièges français des grands groupes transnationaux- est introduite dans le calcul du PIB français, alors que cette richesse a été souvent produite par une main d'œuvre non nationale. Ce faisant, on augmente indument le numérateur du ratio eu égard aux facteurs de production pris en compte au dénominateur. Ce biais est de plus en plus important au fur et à mesure que s'étend le phénomène de délocalisation. Il touche certes les plus grands pays, mais ce biais est plus fort pour une France qui délocalise de plus en plus que pour une Allemagne qui délocalise moins et qui relocalise même. Il s'ensuit donc une distorsion de plus en plus forte entre le numérateur et le dénominateur du ratio, ce qui enlève encore de la crédibilité au résultat du ratio global.

Les comparaisons relatives au coût du travail en France et en Allemagne ont enflammé les esprits ces temps derniers, chacun y allant de son calcul, de sa définition : coût horaire, avec ou sans charges salariales, coût annuel par salarié, par heure de travail, déflaté ou pas de la productivité, etc. On trouve tout et son contraire, les cotisations sociales ayant par ailleurs un impact capital sur ces comparaisons. La prudence s'impose.

S'il est vrai que pendant longtemps les Allemands ont été, en moyenne, mieux payés que les Français (en 1975, par exemple, le salaire horaire ouvrier était de 4,52 $ en France contre 6,31 $ en Allemagne), l'Allemagne a par la suite fortement freiné l'évolution des salaires nominaux avec les ''lois Hartz'' au cours de la décennie passée, de sorte que la tendance s'est inversée, comme toutes les études précitées le démontrent, même si les niveaux de salaires moyens retenus dans diverses études diffèrent. Il est patent que le coût moyen du travail est désormais inférieur en Allemagne. Certes, il convient de savoir si, comme certains l'affirment, ce décrochage est du seulement aux ''35 heures françaises'', ou uniquement, comme d'autres l'affirment, à la politique de désinflation compétitive entreprise en Allemagne, ou bien encore, à un mix des deux. Certains vont même jusqu'à affirmer que la perte de compétitivité de la France ne se vérifie qu'à l'égard de l'Allemagne et non à l'égard des autres partenaires, ce qui n'est pas entièrement faux. Le débat est devenu plus idéologique que scientifique, surtout en France.

Ajoutons par ailleurs un autre élément, lié à la durée de travail calculée cette fois par habitant. Pour beaucoup d'économistes allemands, la durée de travail par habitant et le taux de chômage national sont étroitement corrélés. Ainsi, on croit fermement en Allemagne que, quand la durée du travail par habitant est élevée, le taux de chômage est plus faible, car c'est l'activité qui créé l'emploi. Les Allemands sont d'avis par ailleurs que si on travaille moins on s'appauvrit, au niveau d'un individu comme au niveau d'une nation. Les

Allemands font remarquer qu'en France, seuls 41 % de la population totale travaillent, alors que ce taux est bien plus élevé en Allemagne, notamment, comme on l'a vu, parce que les seniors et les jeunes sont fortement intégrés au monde du travail. Nombreux sont ceux, en France, et particulièrement parmi les ''partisans des 35 heures'', qui pensent le contraire, même si cette politique coûte 22 milliards d'euros par an à l'État (dont 12 milliards directement liés à la compensation). Il ya, entre les deux pays, une divergence profonde portant sur la durée optimale du temps de travail appréhendé d'un point de vue économique.

Enfin, il faut bien noter qu'en Allemagne, il n'y a pas d'exonérations de charges pour les bas salaires, exonérations qui existent par contre en France. Selon une étude de la Direction du Trésor et de la Dares de 2088, une remise en cause de ces allégements pourrait détruire 800 000 postes. On voit l'importance que cette situation présente pour la France.

Les deux économies divergent donc largement sur la politique du travail et un consensus sur ce thème fondamental est aujourd'hui hors de portée. Pourtant, on parle en France de s'attaquer à la rigidité du SMIC trop uniforme et même trop élevé pour certains (selon les économistes Pierre Cahuc, Gilbert Cette, et André Zylberberg), de ''déverrouiller les 35 heures'', de ''sortir en douceur des 35 heures'' sans toucher à la notion historique de la durée légale. La route du consensus est encore longue, car selon un sondage BVA, 54 % des Français restent attachés encore aux 35 heures.

5-la politique éducative et la politique de formation :

5.1-la politique éducative s'est nettement améliorée en Allemagne et détériorée en France :

Les dépenses publiques et privées consacrées à l'éducation présentent ''un retour d'investissement'' inversé entre les deux pays. Ces dépenses représentaient en 2006 respectivement 3,1 % du PIB en Allemagne et 3,9 % en France (selon une étude de la Cour des Comptes). Cet écart est structurel, puisque l'étude de l'ONU citée au début de l'ouvrage (index IDH) fait état, pour l'an passé, d'un taux de dépenses de 4,4 % du PIB pour l'Allemagne et de 5,6 % pour la France. La France dédie donc, année après année, une part plus grande de son PIB à la politique éducative et d'ailleurs le budget de l'éducation nationale représente à lui seul 22 % du budget de la nation. Les taux bruts de scolarisation qui reflètent cette hiérarchie d'engagements financiers présentent des écarts dans des proportions semblables : alors que le taux brut de scolarisation atteint 88,1 en Allemagne, il grimpe à 95,4 en France. On pourrait alors s'attendre à ce que la France retire de cet effort plus important de meilleures performances. Or, il n'en est rien. En effet, selon l'étude PISA menée par l'OCDE en 2006, la note globale obtenue par l'Allemagne pour son système éducatif est de 510, contre 493 attribuée à la France, cette dernière note étant même inférieure à la moyenne OCDE qui s'élève à 497. Bien qu'il s'agisse d'un benchmarking, le système éducatif français apparaît donc à la traîne et surtout, chaque euro qui y est investi a un rendement économique moindre qu'en Allemagne. Ce recul s'est vérifié encore lors du dernier test opéré en 2009 pour chaque rubrique qui a fait l'objet d'un test. Pour la rubrique ''lecture'', l'Allemagne, avec un score de 497 points, devance la France qui obtient 496 points. L'Allemagne est désormais en 17e position, la France en 19e position. Pour la rubrique ''mathématiques'', pour laquelle la France avait autrefois une position d'excellence (score de 511 points en 2003), cette dernière a obtenu en 2009 un score de 497, inférieur à celui de l'Allemagne qui a atteint 513 points. Désormais, selon le test, l'Allemagne est, pour cette rubrique, en 11e position alors que la France est en 17e position. Enfin, pour la rubrique ''sciences'', l'Allemagne avec un score de 520 points devance de très loin la France qui n'atteint qu'un score de 498 points, inférieur à la moyenne OCDE qui s'élève à 501 points. L'Allemagne se retrouve alors pour cette rubrique en 10e position et la France en 22e. Le recul de la France est patent et s'accentue même.

Le mal scolaire français est à imputer à au moins quatre types de causes distinctes :

- l'écart des performances se creuse de plus en plus entre celles de l'élite et celles de la jeunesse, en difficulté particulièrement à l'école primaire. Le système éducatif qui était avant un système de promotion de l'égalité sociale tend à devenir de plus en plus un système qui accroît les inégalités. Les résultats des jeunes les moins performants ont tendance à se dégrader sans cesse, creusant ainsi l'écart avec les meilleurs. L'impact du milieu social d'origine de l'élève joue de plus en plus sur les performances.

- l'école primaire a été longtemps abandonnée sur le plan financier, au profit des lycées, et son taux d'encadrement est un des plus mauvais en Europe. Le coût qui y est consacré est inférieur de 10 % au coût moyen des pays de l'OCDE. Il est alors compréhensible que 40 % des élèves sortent de l'école primaire avec de grosses lacunes. Par ailleurs, la France n'a que trop lentement pratiqué une politique de dispersion spatiale de l'école primaire, suivant en cela une tradition historique. Alors que l'Allemagne compte environ près de 18 millions d'habitants de plus, elle ne compte que 16 000 écoles primaires contre 38 000 en France, laquelle, il est vrai reste toujours marquée par une forte ruralité.

- pour beaucoup de sociologues, le rythme scolaire n'a jamais été déterminé pour maximiser les performances des enfants, mais plutôt pour faciliter la vie des parents et satisfaire les intérêts du secteur de tourisme. La vie scolaire est concentrée, en semaine, sur quatre jours, accroissant le stress et la fatigue des élèves, puisque les journées de cours peuvent atteindre 6 heures. Avec 140 jours d'école par an, la France reste un des pays européens où le nombre de jours d'école est le plus faible, car le plus concentré dans le temps. En Allemagne, la semaine scolaire s'étend, selon les Länder, sur 5 à 6 jours, au lieu de 4 jours en France. On y compte, selon les Länder, entre 188 et 208 jours de travail. Un vrai rééquilibrage de la semaine scolaire s'impose donc en France. Un rééquilibrage des vacances s'avère aussi nécessaire, selon le modèle 7/2, c'est-à-dire 7 semaines de travail pour 2 de repos. Enfin et surtout, un raccourcissement des vacances d'été s'avère aussi nécessaire pour alléger aussi la journée scolaire. Or, cette dernière mesure nécessaire se heurte aux intérêts du secteur touristique. La France est un des rares pays de l'OCDE où les professionnels du tourisme sont consultés pour décider des rythmes scolaires et de la durée des vacances. Ces professionnels ont toujours joué un rôle capital dans ce domaine. En Allemagne, les vacances d'été sont concentrées sur six semaines, ce qui satisfait d'ailleurs l'ensemble des parties prenantes. Le 15 août de chaque année, de nombreux élèves allemands du primaire et du secondaire ont d'ailleurs repris les cours. Pour les Allemands, les vacances d'été des élèves français paraissent hallucinantes, d'autant que, la préparation des examens aidant, les écoles et les lycées sont déjà désorganisés dès la mi-juin.

- l'évolution de la consistance hebdomadaire des cours entre l'Allemagne et la France évolue en sens inverse. Alors que l'Allemagne était devenue dans ce domaine le symbole de l'école à mi-temps, réservant l'après-midi aux disciplines d'éveil et aux sports, elle vient de reconnaître ses erreurs, source de faibles performances scolaires dans le passé, et elle en train de faire rapidement marche arrière. En effet, le gouvernement fédéral, mais surtout les Länder qui sont investis de la politique scolaire, ont débloqué de 2003 à 2009 un budget de 4 milliards d'euros pour recréer des écoles à temps plein (''Ganztagsschulen''). Or, pendant ce temps, pour des raisons d'économie budgétaire, la France a commencé à expérimenter l'école à mi-temps, méconnaissant ainsi l'ensemble des inconvénients que l'expérience allemande a mis en lumière, au risque de précipiter toujours plus les performances scolaires françaises vers le bas.

5.2- le mauvais classement des universités françaises :

Le classement annuel effectué par l'Université de Shanghai a depuis plusieurs années déclassé les universités non anglo-saxonnes, françaises comme allemandes, en mettant en exergue le critère de ''l'effet de taille'' pour évaluer l'amplitude et la qualité de la recherche entreprise dans chaque université. Le nouveau classement mondial des 200 meilleures universités élaboré par le mensuel britannique ''Times Higher Education'' en collaboration avec l'agence Thomson Reuters, donne une importance plus grande à la qualité par rapport à la taille. Cinq critères majeurs sont pris en compte : la recherche, l'influence de la recherche, l'enseignement, l'international et les revenus de l'industrie. Si les critères ont changé, les résultats s'avèrent toujours médiocres pour les universités ou grandes écoles non anglo-saxonnes. L'École Polytechnique de Paris n'émarge dans ce classement qu'à la 39e place et l'École normale supérieure de Paris qu'à la 42e place. Cependant, il apparaît, selon ce palmarès, que les universités les mieux dotées financièrement sont aussi les mieux classées. C'est ainsi que la France n'est citée que quatre fois dans ce palmarès des 200 meilleures universités mondiales, alors que l'Allemagne arrive à placer quatorze universités. Il s'ensuit un déclassement relatif du système universitaire français eu égard au système universitaire allemand, ce qui indique que les pays qui investissent le plus sont ceux où les universités réussissent le mieux. Ce n'était pas le cas de la France jusqu'ici. L'écart constaté pourra, peut-être, être corrigé par le grand emprunt et la part qui y sera consacrée à l'enseignement supérieur. Le plan Campus de 2008 a déjà ouvert la voie en incitant à de vastes regroupements universitaires. Les pôles de recherche et d'enseignement supérieur (''Pres''), créés en 2006, devraient compléter la stratégie, tandis que le projet ''Idex'' (Initiative d'excellence) a pour ambition de sélectionner une dizaine de sites d'enseignement et de recherche de qualité sur le territoire, et que les grandes écoles (qui constituent une particularité française) sont incitées à se rattacher aux nouveaux pôles en formation, ce qui suppose que les obstacles liés à leur statut et à leur financement soient surmontés.

Cependant, il faut remarquer que ce système ne permet pas de satisfaire tous les besoins en ingénieurs de l'économie française. La société Altran a fait récemment état de cette pénurie. Le système élitiste des grandes écoles françaises est en partie responsable de cette pénurie. L'Université est venue complémenter récemment cette formation, et c'est grâce à elle que le nombre d'élèves ingénieurs est passé de 58 000 en 1990 à 110 000 en 2010. Malgré cela, les besoins français ne sont pas tous couverts. Il semble qu'au-delà de la dichotomie française classique, grandes écoles/universités, un autre facteur culturel vienne s'ajouter au malaise national dans le cadre de la confrontation France/ Allemagne. Le système de formation français des ingénieurs met beaucoup trop l'accent sur les connaissances théoriques et donc abstraites (surtout mathématiques) alors que le système allemand, copiant dans ce domaine le système américain, a mis d'abord l'accent sur la technologie et les sciences appliquées, attirant de ce fait beaucoup plus d'étudiants. Jusqu'ici, ce système ne semble pas avoir défavorisé l'industrie allemande qui peut faire état de plus de spécialistes par domaines, alors que la France se concentre plus sur les ingénieurs généralistes, de haut niveau certes, mais généralistes quand même. C'est aussi pour cela que beaucoup d'étudiants étrangers préfèrent suivre un cursus en Allemagne dans ce domaine. Des inflexions importantes seraient nécessaires en France, mais on a de la peine à en dessiner les contours.

5.3-l'insuffisance de la formation professionnelle en France :

La formation professionnelle est au cœur de la tradition germanique et elle appartient au patrimoine culturel de l'Allemagne, à telle enseigne que l'ex-RDA comme la RFA en avaient fait, chacune à sa manière, le fer de lance de leur essor industriel. Grâce à d'énormes crédits, les Länder poursuivent cette tradition qui se manifeste de façon multiple : formation professionnelle dans des écoles spécialisées, formation en alternance ou duale, contrats d'apprentissage passés avec des entreprises. L'éventail des possibilités est énorme en Allemagne : on peut choisir entre les lycées professionnels et les lycées techniques (''Fachoberschulen''). Ces derniers attirent de nombreux étudiants qui peuvent ainsi gravir les divers échelons de l'apprentissage jusqu'au dernier échelon, le baccalauréat technique (''Fachabitur''). L'Allemagne est vraiment le fer de lance de la formation professionnelle en Europe.

La France a certes cherché à développer aussi une formation professionnelle, mais elle n'y a jamais consacré autant de crédits que l'Allemagne et elle n'a jamais considéré cette orientation comme une ''voie prioritaire'', mais plutôt comme une voie de rattrapage, donnant toujours la priorité à l'enseignement classique. Les travaux manuels, contrairement à ce qui se passe en Allemagne, n'ont jamais eu un franc succès en France, à telle enseigne que l'ex-premier Ministre, Raymond Barre, avait pu dire à cet effet « qu'une bonne partie de la difficulté d'emploi des jeunes tenait à leur refus d'emplois manuels ». Ceci reste toujours vrai. Alors que la France veut préserver son secteur industriel en déclin, seul le lycée général y est reconnu comme une filière de réussite et les filières techniques sont toujours malaimées. Pour la France, cette formation technique est en quelque sorte réservée aux élèves qui n'ont pas réussi dans leur cursus d'enseignement général, et, en conséquence, elle n'a jamais été considérée comme un cursus qu'il fallait élever au rang de priorité nationale. Là, réside le véritable hiatus avec l'Allemagne, laquelle a fait de la formation professionnelle un instrument privilégié au service de sa croissance et de sa puissance industrielle. Certes, la France voudrait rattraper son retard, et un objectif de 800 000 jeunes en alternance a été fixé pour 2015, contre 550 000 aujourd'hui. L'idée même d'un bonus-malus de la taxe d'apprentissage a été évoquée et une conditionnalité des aides publiques à l'embauche d'apprentis pressentie. Mais le déclin industriel en France incite peu les entreprises à embaucher des apprentis, et par ailleurs, il existerait un différentiel entre les profils demandés et les profils offerts sur le marché. Le problème reste entier. En conséquence, il ne faut pas s'étonner de la différence du taux d'emploi des jeunes dans les deux pays respectifs. Selon une statistique de l'OIT (Office international du travail) publiée en 2009, le taux de chômage des jeunes n'était que de 10 % en Allemagne et il était de 24 % en France. Alors qu'un étudiant ayant suivi un cursus professionnel en Allemagne trouve facilement un emploi, la France, qui n'a que marginalement développé cette filière, ne peut se prévaloir d'un tel succès.

CHAPITRE XI

MALGRÉ SES SUCCÈS, DES NUAGES NOIRS SE PROFILENT SUR L'ALLEMAGNE

« Des enfants, ils en feront toujours. »

(Konrad Adenauer)

« Deutschland schafft sich ab. »

(Thilo Sarrazin)

« L'Allemagne se désintègre. »

(Thilo Sarrazin)

« Il faut réduire nos acquis et instaurer seulement quatre semaines de congés si nous voulons soutenir la croissance.»

(Ursula Frerichs, Présidente de l'Association des PME allemandes, citée par le journal ''Bild'')

Depuis une décennie, l'Allemagne a progressivement construit et fortifié son incontestable puissance économique au sein de l'Europe communautaire, grâce à une stratégie de compétitivité qui repose sur l'application de certains principes fondamentaux, érigés en dogmes économiques, lesquels, comme tout dogme, ont leurs partisans et leurs adversaires. L'Allemagne croit en ses dogmes, qui, selon elle, lui ont apporté l'efficacité qui lui avait fait défaut durant la dernière décennie du siècle dernier. Le culte de la stabilité et de la diminution à tout prix de ses coûts lui ont ouvert les portes de la puissance économique reconnue au niveau mondial. Cela est vrai pour presque tous les secteurs de son économie, secteur bancaire excepté, et même, depuis peu de temps, pour son secteur agricole. Rien ne semble, à court et moyen termes pouvoir contrarier cette progression. Pourtant, de gros nuages noirs semblent vouloir obscurcir son avenir à long terme. Plusieurs risques majeurs pointent désormais à l'horizon. Ils sont de deux types : économique et démographique.

1-les risques économiques :

Ces risques ont trait, d'une part, à la nature même du ''cœur de métier de son économie'', et d'autre part, à la pérennité de son modèle économique exclusif reposant sur une stratégie volontariste de baisse permanente de ses prix de revient.

- le cœur de métier de son économie, et particulièrement de son industrie, s'il n'évolue pas, risque à long terme d'être obsolète et fortement concurrencé, voire dépassé, par celui des pays émergents. En effet, depuis une trentaine d'années, ce sont les mêmes sous-secteurs d'activités qui ont fait le succès et la gloire de son industrie et qui ont constitué le véritable moteur de sa croissance. Force est de constater, pourtant, qu'ils n'ont pas depuis beaucoup varié. On y retrouve toujours les secteurs de la métallurgie, de la construction mécanique (fabrication de machines-outils notamment), de la construction automobile, de l'industrie de composants électriques, de la production de produits chimiques et pharmaceutiques, et de l'optique. Somme toute, il s'agit d'un éventail de productions, et donc de technologies, d'un type qu'on pourrait qualifier de classique et donc d'invariant. Certes, l'Allemagne a fait de vrais progrès dans le domaine des techniques appliquées aux énergies éolienne et solaire, mais les nouveautés s'arrêtent là. L'Allemagne, même si elle possède de bons spécialistes d'applications informatiques reconnus au niveau mondial, est restée en retrait des conceptions et des productions de haute technologie, lesquelles sont devenues l'apanage des États-Unis et de certains pays asiatiques, comme la Chine, le Japon et la Corée. Or, ces industries nouvelles sont les seules qui génèreront une forte valeur ajoutée demain. Au contraire, pour une grande partie de sa vaste gamme de production, dite classique, l'Allemagne risque d'être rapidement égalée, et même dépassée, par les pays émergents, tels que la Chine, la Corée, l'Inde, et même le Brésil, qui pourront, non seulement maîtriser très vite les technologies en cause, égaler les niveaux de qualité requise, mais surtout, en raison de leurs coûts salariaux favorables, les vendre beaucoup plus facilement sur les marchés internationaux. Sauf à opérer une délocalisation massive de son appareil productif dans ces pays, ce qui remettrait en cause son modèle industriel et sa politique de plein emploi, l'Allemagne risque donc de voir sa suprématie dans ces domaines remise en cause. Déjà, suite aux transferts de technologie ferroviaire du groupe Siemens en Chine, ce dernier pays est en train de fabriquer des TGV de dernière génération et de les vendre sur le marché mondial à ''prix cassés'', concurrençant ainsi le groupe qui lui avait transféré la technologie. Ces exemples se multiplieront dans tous les secteurs dits classiques, et les clauses de non-concurrence seront peu efficaces à terme dans la jungle du commerce international. L'Inde est en train de se spécialiser dans l'industrie pharmaceutique. Le Japon est leader incontesté dans l'électronique et il a toutes les chances de le rester. La Chine se spécialise dans l'informatique. Or, l'Allemagne n'a pas su anticiper cette concurrence rapide et menaçante en provenance des pays émergents, et elle a cru trop naïvement que cette concurrence se cantonnerait à des produits de faible technologie et de faible valeur ajoutée. Ce n'est plus le cas et les relais de croissance allemands sont largement absents en dehors de quelques secteurs. En conséquence, un grand doute subsiste à long terme sur la pérennité et l'aura de son modèle industriel. Est-il trop tard? Peut-être.

- le succès et la pérennité du modèle économique reposent avant tout actuellement sur une stratégie d'abaissement permanent des prix de revient. Or, dans la plupart des cas, ce n'est pas le taux de productivité dégagée par l'économie qui a aidé à financer la baisse des coûts. Bien au contraire, pour ce faire, l'Allemagne a utilisé tout un arsenal législatif, dont les quatre ''lois Hartz'', et elle a refusé délibérément d'instaurer un salaire minimum national. Les gains de productivité ont été presque entièrement captés par les entreprises et n'ont donc pas été distribués. De telles stratégies ne peuvent pas se pérenniser. Déjà, en 2010, se sont manifestées dans certaines branches des velléités de rattrapages salariaux, dont certains se sont matérialisés (dans la métallurgie notamment). Le prix des produits importés en Allemagne évolue désormais au rythme annuel de 12 % et la Banque centrale allemande s'attend, en conséquence, à une inflation de 6 à 7 % par an dans les prochaines années. Dans ce contexte, les salariés de la chimie réclament déjà des augmentations salariales de 6 à 7 %, ceux du BTP pareil. Toutes ces revendications risquent de déstabiliser le modèle allemand qui avait si bien fonctionné depuis une douzaine d'années. D'autre part, le nombre des branches qui signent des accords de salaire minimum augmente, une des dernières ayant été celle des opérateurs ferroviaires. Tous ces phénomènes expliquent que la compression volontariste des salaires a trouvé une limite. Il en serait différemment si la baisse permanente des coûts avait été générée par des créations de gains de productivité d'ordre technique ou organisationnel ; on aurait donc eu affaire alors à un cercle vertueux, mais cela n'a été que rarement le cas. On peut penser, à juste titre, que la stratégie volontariste d'accroissement de la compétitivité par la seule compression des coûts salariaux ne peut plus être sérieusement extrapolée, ce qui met en péril, à terme, le modèle allemand que l'Allemagne voudrait exporter en Europe.

2-le risque majeur démographique :

L'Allemagne se caractérise à présent, bien au contraire, par un manque de plus en plus évident d'enfants, contrairement à la célèbre phrase de l'ex-Chancelier Konrad Adenauer, selon laquelle « des enfants, ils en feront toujours ». Le taux de fécondité par femme est tombé à un taux très bas, de l'ordre de 1,4, alors qu'il est de l'ordre de 2,01 en France (taux le plus élevé d'Europe, après l'Irlande). L'Allemagne enregistre chaque année 200 000 naissances de moins que la France, alors qu'elle compte 18 millions d'habitants de plus. A ce rythme, l'Allemagne, qui a déjà perdu 200 000 habitants en 2009, en aura perdu en 2050 près de 10 millions. Et comme un malheur n'arrive jamais seul, le nombre de femmes en situation de procréer diminue aussi. La France, bien au contraire, se caractérise par un bond exceptionnel de vitalité qui a permis, en trente ans, une augmentation de 18 % de sa population, alors que le taux moyen d'accroissement de la population européenne était de 10 % seulement pendant cette période ; de plus, la crise économique n'a eu aucun impact sur cette dynamique démographique française, contrairement à ce qui s'est passé dans d'autres pays. Certes, les mouvements migratoires ont joué un certain rôle sur ces performances françaises, mais pas un rôle majeur, puisqu'ils n'expliquent que 25 % de l'accroissement constaté, alors que ce même facteur représente au contraire dans le reste de l'Europe communautaire 80 % de la performance constatée. En Allemagne, l'année 2009 a été une des années les plus noires en matière de naissances dans l'histoire de la République fédérale, avec le seuil jamais atteint de 650 000 naissances, soit 30 000 de moins qu'en 2008. Si ces tendances actuelles étaient extrapolées, ce qui constitue certes un exercice aléatoire, et sauf accidents migratoires possibles, la population française pourrait atteindre 75 millions d'habitants en 2050, alors que celle de l'Allemagne ne devrait pas dépasser 70,8 millions à cette même époque. Cette perspective tient aussi compte de la longévité des femmes françaises qui s'avère la plus élevée d'Europe avec celle de l'Espagne, avoisinant le seuil de 84,8 ans. Une telle perspective rebattra inévitablement en Europe la hiérarchie des performances et des pouvoirs, tant il est vrai, en principe, que toute expansion démographique est en principe source de croissance économique, car avant tout, source d'innovation et de progrès.

Ce risque majeur de régression démographique allemande, aux conséquences incalculables, a de nombreuses origines, parmi lesquelles, on peut citer, l'engagement généralisé des femmes dans la vie professionnelle, le manque patent de crèches, les rythmes scolaires basés jusqu'ici sur la journée à mi-temps, ce qui obligeait les mères à interrompre leur carrière pour s'occuper de leurs enfants dans l'après-midi. Dans les faits, une femme qui a deux enfants s'arrête de travailler, et pour n'avoir pas à le faire, beaucoup de femmes ne voulaient pas avoir plus d'un enfant. D'ailleurs, toute femme qui a des enfants et qui continue à travailler suscite une désapprobation ("Rabbenmutter"). Mais la motivation première de cette situation est d'ordre sociologique et elle est constituée par une forme de désespérance vitale que le directeur des publications du grand quotidien allemand "Frankfurter Allgemeine", Frank Schirmacher, a systématisé dans son œuvre célèbre "Le complot de Mathusalem" qui fut suivie par un second ouvrage au titre évocateur: "Minimum". Il est vrai que seulement 50 % des Allemands pensent qu'avoir des enfants est un enrichissement dans une vie, ce qui explique que, dans les grandes villes, un foyer sur sept seulement possède des enfants. La situation est grave, et malgré certains avantages consentis depuis peu aux femmes mariées pour élever leurs enfants (politique familiale introduite par l'ex-ministre de la Famille, Ursula Von der Leyen : salaire parental, augmentation de places en crèches), il n'y a pas eu d'infléchissement de tendance notoire ; il faudra du temps pour changer les mentalités, s'il n'est pas trop tard. Ce pessimisme ambiant, qui est une réaction viscérale à l'encontre du régime nazi qui s'était immiscé profondément dans la sphère privée pour promouvoir les naissances, avait déjà, dans les années 68, contribué à l'éclosion d'une nouvelle philosophie que Günter Grass a su très bien analyser : il s'agissait de « ne plus se reproduire pour ne pas produire ». Ce pessimisme récurrent a donné naissance à l'œuvre récente et controversée de Thilo Sarrazin "Deutschland schafft sich ab" ("L'Allemagne se désintègre"). La thèse centrale de l'auteur est qu'une Allemagne sans enfant est vouée à disparaître de l'échiquier mondial, d'autant plus que les rares naissances ne proviennent plus des classes supérieures, mais des classes inférieures de la société ("Unterschicht"), notion qui englobe la population immigrée d'origine turque et africaine. Pour l'auteur, et bien que cette analyse ait des accents diffamatoires, il s'agit d'un suicide collectif, économique et culturel de l'Allemagne.

Dans un tel contexte lugubre, si on suit le raisonnement de Thilo Sarrazin, avant de disparaître lentement de la scène internationale, l'Allemagne est condamnée à vieillir. D'ores et déjà, le taux des personnes de plus de 65 ans en Allemagne est un des plus élevés d'Europe, avec 20,7 % de la population, contre 16,8 % en France. Mais ce taux est condamné à s'accroître encore en Allemagne, et il devrait atteindre 30,7 % vers l'an 2020. Cette évolution pose des problèmes de financement de la vieillesse et de la dépendance. Si cela est vrai pour tous les pays, c'est encore plus vrai pour l'Allemagne. L'impact de cette situation sur les retraites risque d'être dramatique pour l'Allemagne. On s'attend, en 2050, qu'il y ait deux actifs pour un retraité, mais en 2060, on estime qu'il pourrait y avoir seulement un actif pour un retraité, alors que la France en compterait encore 1,4. Une étude récente de l'agence Standard & Poor's y voit un futur risque d'endettement public vertigineux pour tous les pays ainsi exposés au vieillissement de leur population, risque pouvant entraîner une déflagration financière mondiale. L'Allemagne qui a déjà anticipé un financement de la dépendance ne pourra pourtant pas y échapper. A moyen terme, l'Allemagne, qui aura perdu 6,5 millions de sa population active d'ici 2025, en raison de son vieillissement, aura un besoin impératif de main-d'œuvre étrangère pour continuer à faire fonctionner son industrie qui pourrait être alors sur son déclin. Selon un reportage récent de l'hebdomadaire "Spiegel", l'Allemagne voudrait modifier la provenance de ses nouveaux immigrés, en recrutant désormais de la main d'œuvre non seulement dans les pays de l'Est, mais aussi en Espagne et au Portugal, lesquels croulent, eux, sous un taux de chômage excessif de près de 20 %. Mais il est probable que cette nouvelle main d'œuvre intracommunautaire, consciente de ses droits, et soumise aux mêmes règlements de l'Union, sera moins docile que la main d'œuvre qui provenait jusqu'ici de l'extérieur de l'Union. Elle exigera aussi d'être mieux payée, ce qui pourra diminuer le degré de compétitivité économique allemand. Elle imposera aussi ses standards et ses valeurs éthiques, bien différents de ceux de l'Allemagne actuelle, ce qui est susceptible de créer des remous au sein de la société, dans un pays qui vient de reconnaître officiellement n'avoir pas pu ou su intégrer ses émigrés. La France, toutes proportions gardées, et malgré la politique qui s'est emparée injustement de cette thématique, compte moins d'émigrés que l'Allemagne, à savoir 3 émigrés pour 1000 habitants. Il n'est pas sûr non plus que les gouvernements des pays d'origine concernés acceptent de voir partir leur main d'œuvre, d'autant que c'est plutôt de la main-d'œuvre qualifiée (ingénieurs, techniciens) dont l'Allemagne aurait besoin. Les obstacles sont nombreux sur la route de cette nouvelle stratégie, d'autant qu'il y a urgence : on estime déjà à 15 000 le nombre de postes d'apprentis non pourvus, et le manque global de main-d'œuvre, toutes catégories confondues, s'élèverait déjà à 2 millions de personnes en 2020. Et pourtant, contrairement à toute logique, s'est développé récemment en Allemagne, tout comme en France, un mouvement antimigratoire des plus surprenants, obéissant aveuglément à de simples impératifs idéologiques, feignant de croire que l'émigré est un usurpateur d'emplois. Dans les deux pays se développe l'idée que l'émigré est un délinquant ou un parasite et que le danger vient de dehors. Pourtant, comme l'a démontré le Rapport de la Banque Mondiale publié en 2006 (''Prévisions économiques mondiales 2006''), l'émigration constitue un moteur de croissance susceptible d'augmenter le revenu mondial, et, en ce qui concerne en particulier l'Europe, de stopper son évolution démographique négative qui se profile après 2015. Ceci est valable aussi bien pour l'Allemagne que pour la France. C'est d'ailleurs en se basant sur une double hypothèse d'un taux de natalité dynamique et d'un flux annuel net de 100 000 émigrés que l'INSEE démontre que la population française active continuera à croître à un rythme soutenu passant de 28,35 millions en 2010 à 31,7 millions en 2060. Si ce flux d'émigration annuel était réduit de moitié, la population active française diminuerait dès 2025, avec des conséquences fâcheuses sur la croissance et les retraites. Il est encore temps de le comprendre des deux côtés du Rhin.

En toute logique, et surtout en ce qui concerne l'Allemagne, le déclassement démographique devrait entraîner un déclassement industriel, mais l'Allemagne veut inverser les termes de ce raisonnement et elle en est arrivée à se demander de combien de travailleurs immigrés, qualifiés et non qualifiés, elle aura besoin pour conserver son potentiel industriel intact, et donc sa puissance économique. Même si elle réussit ce pari difficile, l'économie allemande n'aura plus rien d'allemand, car elle reposera de plus en plus sur le travail des étrangers. Il est vrai que l'Allemagne n'a plus le choix. Le dilemme est clair : ou mourir lentement ou importer de la main d'œuvre. En attendant, elle devra utiliser ses ressources humaines au maximum de leurs possibilités physiques et intellectuelles. Ceci explique les mesures prises sur l'âge légal de la retraite à 67 ans, sur l'aménagement des usines pour mieux utiliser les seniors (expérience BMW par exemple), et même la pression qui s'exerce pour diminuer les congés dans les PME afin de mieux "rentabiliser" le personnel existant (d'où la proposition de Mme Ursula Friedrichs, Présidente de l'association des PME, pour instaurer seulement quatre semaines de congés payés par an). Toutes ces mesures à l'aspect antisocial évident ont été prises pour endiguer les conséquences du déclin rapide de la natalité et de l'accroissement du vieillissement de la population. Pourtant, avec une population qui vieillit aussi vite, l'Allemagne devra s'habituer à ne plus être ni aussi riche qu'avant, ni aussi puissante. Elle devra méditer la célèbre formule de Jean Bodin, philosophe du 16e siècle : « Il n'ya de richesses que d'hommes ».

CONCLUSION

« Angela Merkel se trompe. Au lieu de germaniser l'Europe, elle devrait européaniser l'Allemagne. Si l'on veut tuer l'État social, les masses populaires réagiront. »

(Mario Soares, ancien Président de la République portugaise)

Le grand historien Georges- Henri Soutou avait déjà entrevu dans son œuvre majeure, ''L'alliance incertaine'', les vicissitudes du couple franco-allemand et la possibilité d'un divorce entre les deux pays. La France, après la Seconde Guerre mondiale, avait estimé que la seule manière de conserver un certain contrôle sur l'Allemagne était de l'insérer dans un ensemble européen dont le leadership devait revenir à la France. C'est bien ce qui s'est produit dans les années 50. Cependant, l'Allemagne a su vite reprendre son autonomie au sein de la première communauté européenne constituée par les six pays fondateurs. L'Allemagne d'alors, représentée seulement par la seule Allemagne de l'Ouest, a su très vite conquérir son émancipation, grâce à ce qu'on a appelé, déjà, ''le miracle économique allemand''. Il a fallu, à partir de 1958, tout le talent diplomatique du Président de Gaulle et du Chancelier Adenauer, ainsi qu'une vision prophétique de ces deux grands hommes d'État, pour que la relation franco-allemande se rééquilibre, sans préjudice pour les des deux parties. Cette démarche devait aboutir au traité d'amitié franco-allemand de 1963, lequel devait jeter les bases d'une coopération intensive entre les deux pays. L'OFAJ (Office franco-allemand de la jeunesse) était un de ces piliers. Cette coopération bilatérale a relativement bien marché et j'ai pu en mesurer moi-même, la profondeur et l'intensité de 1960 à 1990, lors de nombreux échanges, voyages et séjours dans l'Allemagne d'alors. Les deux pays étaient entrés dans une phase intensive de coopération et de reconnaissance réciproque. La France et la RFA, chacune dans des registres particuliers, avaient connu des avancées certaines, de sorte que l'alliance restait globalement équilibrée, sans qu'aucun des deux pays n'ait pris un ascendant. Cette égalité devait se rompre avec la réunification allemande, même si cette réunification, à ses débuts, a pu causer de véritables traumatismes économiques et sociaux au sein de l'Allemagne réunifiée. Mais, progressivement, l'Allemagne a redressé la tête, et les antagonismes liés à cette rupture d'égalité des performances et des chances ont commencé à se produire entre les deux pays, antagonismes parfois violents comme ceux qui se sont matérialisés lors de la préparation du Traité de Nice : les deux pays ne jouaient plus désormais dans la même cour. Les différences en matière de potentiel démographique et économique ont commencé à éclater au grand jour, ce qui devait amener la nouvelle Allemagne à prendre le leadership européen dans de nombreux domaines. L'Allemagne nouvelle a alors émergé sans conteste comme étant la première puissance européenne. La position de la France s'est alors soudainement crispée, d'autant que l'Allemagne a parfois, malheureusement de façon maladroite, proclamé ses nouvelles ambitions, lors de certaines conférences ministérielles. En ce qui concerne le monde des affaires, elle n'a pas manqué une occasion pour proclamer sa volonté, comme on l'a vu, par exemple, avec les velléités brutales d'absorption de la compagnie Alitalia ou d'Alstom en France. Elle a abandonné alors ''la culture de la retenue''. Cette puissance ne pouvait d'ailleurs que s'accroître en raison de la position centrale du pays au sein de l'espace géographique européen, et alors que pointait déjà un certain tropisme à l'égard des pays dits PECO qu'elle rêvait de convertir en véritable hinterland, ce qu'elle a réussi à réaliser. Ce tropisme devait d'ailleurs s'étendre peu à peu à la Russie, que l'Allemagne a su transformer en véritable partenaire économique, allant même jusqu'à établir des relations exclusives pour son approvisionnement énergétique (elle importe déjà 40 % du pétrole et 36 % du gaz de ce pays). Le partenariat germano-russe, commencé avec l'ex-Chancelier Helmut Kohl, continué avec son successeur, l'ex-Chancelier Gerhard Schröder, puis parachevé par la Chancelière Angela Merkel, a transcendé les alliances et les coalitions politiques, il est devenu un des piliers de la politique extérieure allemande. La ''nouvelle frontière'' de l'Allemagne se situe de plus en plus à l'Est, et l'Allemagne regarde désormais vers l'Ukraine, l'Asie centrale, sans pour autant contrarier une Russie toujours susceptible. Puis, récemment, ce tropisme s'est même étendu à la Chine dont elle partage le modèle de croissance basé sur la compétitivité et d'énormes surplus commerciaux. Cette montée en puissance et ce tropisme oriental inattendu ont eu tendance à créer un malaise entre l'Allemagne et ses partenaires, avec la France en particulier. La France, économiquement affaiblie eu égard à l'Allemagne au cours de ces dix dernières années, n'a jamais tenté d'ailleurs de s'opposer à la politique menée par son partenaire et elle s'est efforcée, lors des nombreux conflits d'intérêts, de rechercher toujours des compromis, tentant de sauvegarder à tout prix sa relation historique privilégiée, sachant qu'elle ne pouvait plus donner des leçons comme dans le passé, leçons que la nouvelle Allemagne n'aurait de toute façon jamais acceptées. La prophétie de Georges Henri Soutou s'est avérée en grande partie réalisée.

Déjà une question de concept de civilisation sépare les deux pays. La France a fait reposer sa puissance sur sa capacité militaire, son appartenance au club fermé des puissances nucléaires, sur une forte présence diplomatique et culturelle dans le monde, sans parler de ses liens privilégiés avec l'Afrique. La puissance, vue de l'Allemagne, est tout autre. Il s'agit, pour elle, d'un concept économique, permettant d'exercer un effet de domination sur ses partenaires, tout en établissant sur le plan interne une croissance soutenue et un taux élevé d'emploi. C'est en quelque sorte la pertinence du label ''made in Germany'' qui s'est imposée au monde, mais c'est aussi une façon de renouer avec son glorieux passé commercial, depuis l'époque de l'hégémonie des villes hanséatiques, jusqu'à sa pénétration commerciale dans le monde du XXe siècle, alors que le port de Hambourg, avec ses centaines de comptoirs et de centres de renseignements économiques était devenu le symbole de l'Allemagne conquérante (''das Tor zur Welt'' ou ''Porte ouverte sur le monde''). L'Allemagne qui, depuis la fin de la dernière guerre mondiale, n'a jamais pu avoir accès à la dissuasion nucléaire n'a pas eu de scrupule à faire l'impasse sur sa défense et à se placer d'emblée sous le parapluie protecteur américain, réduisant ainsi d'autant ses dépenses militaires et améliorant d'autant ses performances économiques. Ces visions différenciées de la civilisation se côtoient, se choquent, se toisent au sein de l'Union sans qu'une ait vraiment pris l'ascendant sur l'autre, permettant à chacun des deux pays d'être qualifié ou de se qualifier encore de ''grande nation''. L'Allemagne, d'ailleurs, malgré son tropisme oriental grandissant, n'a jamais voulu affaiblir sa relation historique avec la France. Une relation avec une France, même relativement affaiblie, sert ses intérêts, car sans cela, elle serait obligée d'assumer la solitude de son leadership européen. Cette relation se perpétuera donc, même si, à moyen terme, elle s'avère économiquement déséquilibrée pour la France.

Le concept de compétitivité sépare aussi largement les deux pays, alors que ce concept rapproche de plus en plus l'Allemagne et la Chine. Le moteur du modèle allemand repose sur ce concept, et l'Allemagne demande même aux autres partenaires européens de l'imiter et d'en faire la priorité essentielle de leur économie. C'est sans nul doute un concept d'économie libérale, qui implique la suprématie de la théorie dite de l'offre. Ce concept pose problème, s'il devait être élargi à tous les pays, pays qui rechercheraient alors à exporter plus et à importer moins. Le Prix Nobel d'économie, Paul Krugman, s'est élevé contre ce concept de compétitivité élargi au monde qui fait trop facilement croire que « ce qui est bon pour les entreprises d'un pays, est bon aussi pour ce pays », selon la formule inventée par l'industriel Ford. Il n'a pas manqué de dire à ce sujet : « On peut tous exporter plus, tout en important moins, jusqu'au moment où il faudra trouver une autre planète sur laquelle exporter ». Étendu au monde, un tel concept n'a pas de sens économique, outre le fait qu'il ouvre, de plus, la porte à la guerre commerciale, laquelle est susceptible d'entraîner la guerre tout court. La Chine l'a compris et elle modifie de ce fait à toute allure le moteur de sa croissance. Il est cependant impossible de nier l'importance de ce nouveau concept plus compétitif. Certes, si l'amélioration de la compétitivité provient essentiellement d'une meilleure organisation du travail, d'une meilleure politique d'innovation, d'une recherche de l'amélioration de la qualité, ce concept est alors économiquement positif. Mais le modèle de compétitivité choisi par l'Allemagne repose aussi et surtout sur la compression volontaire des prix de revient, grâce, en particulier, à une compression brutale des salaires et une régression des avancées sociales, politiques pour lesquelles l'Allemagne, depuis le Chancelier Bismarck, avait été toujours en pointe. Il s'agit donc d'un recul en matière d'éthique sociale. Est-ce le modèle à imiter à tout prix en Europe, d'autant qu'en matière économique, il contribue à déprimer la demande interne allemande, et donc, à pénaliser les exportations de ses partenaires commerciaux, rompant ainsi avec les fondements de solidarité qui ont cimenté l'Union européenne? On ne peut à la fois prôner pour tous un objectif de compétitivité, et donc d'accroissement des exportations, quand ce processus contribue à réduire les exportations des autres partenaires. Enfin, les sacrifices imposés depuis une décennie à la population allemande, au nom de ce concept, devenu dogme, sont énormes, et la souffrance est devenue grande dans ce pays. Conséquence directe de cette stratégie économique, l'inégalité sociale s'est accrue en Allemagne, comme les rapports économiques successifs l'ont démontré. En matière sociale, selon les indicateurs publiés même par la ''Fondation allemande'', le pays pointe désormais à la 5e place au niveau mondial (avec 6,89 points) alors que la France est à la 4e place (avec 7,24 points). Ce déclassement social de l'Allemagne provient de l'application des ''lois Hartz'', à l'absence institutionnelle de salaire minimal, à la montée de la précarité des emplois, aux travaux payés à 3 € l'heure (parfois beaucoup moins pour les chômeurs de longue durée), et aussi au temps partiel qui a connu une extension fulgurante ces dernières années. Les statistiques de l'OCDE démontrent cette extension progressive de la pauvreté dans le pays. Il parait indécent de parler alors, comme le font quelques commentateurs, de ''miracle allemand''. Il y a miracle quand le progrès économique et le progrès social vont de pair. C'était le cas dans les années 70, époque où il y a eu alors un véritable miracle allemand. Au-delà de la remarque pertinente de Paul Krugman, sur la dangerosité de l'extension d'un tel modèle au monde, il y a une certaine indécence de prôner un tel modèle basé en grande partie sur un déni social, ce qui ne veut pas dire, bien sûr, que les autres facteurs de productivité jouant positivement sur la compétitivité soient à proscrire. En effet, une compétitivité basée sur une progression pérenne des gains de productivité d'origine technique et organisationnelle serait louable. C'est au moment d'ailleurs où le gouvernement allemand demande à être imité par ses partenaires européens que le modèle chinois, qui reposait sur des critères identiques, est en train de s'infléchir pour promouvoir la demande intérieure. C'est aussi au même moment que les grandes centrales syndicales allemandes réclament de plus en plus fort, non seulement de fortes revalorisations salariales, mais aussi l'instauration d'un vrai salaire minimum, l'Allemagne étant un des derniers pays de l'Union à le proscrire politiquement. La France serait donc bien inspirée de ne pas recopier tel que le modèle allemand, même si, et il faut insister, les facteurs d'organisation, d'innovation et de qualité doivent être partout privilégiés pour réduire positivement les coûts. Tout modèle de compétitivité ne peut être que limité à moyen terme s'il est basé sur une trop forte et longue compression de la composante salariale. Ce n'est peut-être pas pour rien que l'Allemagne essaie, depuis quelques mois, de réintroduire timidement le levier de la demande intérieure, et donc celui de la progression de la consommation des ménages, dans ses préoccupations. La répartition de la valeur ajoutée s'est faite certes dans les deux pays au détriment du travail et au profit du capital, mais la tendance de ce processus a été bien plus marquée en Allemagne ces dernières années, aboutissant non seulement à un sentiment d'appauvrissement certain, mais aussi à la naissance d'une certaine désespérance du monde salarié. La France doit se garder d'arriver à ces extrémités.

Une autre conséquence malheureuse du modèle de croissance allemande basé sur la compétitivité, et donc sur la culture des exportations, est la très forte dépendance de l'économie par rapport aux crises économiques internationales. En période de croissance mondiale, la croissance allemande profite à fond de sa pénétration sur les divers marchés mondiaux en croissance. Elle obtient alors un meilleur taux de croissance, dont ses partenaires profitent, et l'Allemagne reçoit de toutes parts des satisfécits. En période de crise, et donc de contraction de la demande mondiale, c'est le phénomène inverse qui prévaut, et l'économie allemande est alors souvent injustement critiquée pour ses performances insuffisantes. Compte tenu de son poids dans l'Union, la contraction plus que proportionnelle de son taux de croissance amplifie alors la chute des exportations de ses partenaires, générant donc une baisse de leur taux de croissance. La structure d'un tel moteur est donc d'amplifier dans un sens puis dans un autre les vicissitudes de l'économie mondiale. Il ne peut qu'avoir des effets déstabilisants, non seulement sur la croissance allemande, mais aussi sur celle de ses partenaires. Pour ces raisons, il ne peut être présenté comme un modèle exclusif à suivre. La France, au contraire, présente un modèle plus équilibré, grâce au socle que constitue la demande intérieure. Il est grand temps que l'Allemagne, pour son propre intérêt à moyen terme, comme pour celui de ses partenaires, modifie le cœur de son modèle de croissance dans le sens d'un plus grand équilibre.

Si le modèle allemand se rééquilibre en amplifiant la composante ''demande intérieure'', et si, de son côté, la France, en recourant à des processus vertueux basés sur une meilleure politique de l'innovation, de l'organisation du monde industriel et une culture de qualité, améliore substantiellement sa compétitivité, et donc sa capacité à exporter, les deux modèles pourraient alors se rapprocher, à défaut de converger totalement. Il faut le souhaiter pour la stabilité future de l'Union, et la stabilité de l'euro. Il restera à régler cependant les conflits microéconomiques nés des rivalités des groupes industriels dans les deux pays. Ces rivalités, qui s'accélèrent, sont d'ailleurs le reflet de l'absence totale de politique industrielle au niveau communautaire, absence qu'avait tant stigmatisée l'ex-Chancelier Gerhard Schröder et qui n'a donc pas permis de créer des champions européens industriels. Si on met à part les cas d'Ariane et d'EADS, les groupes industriels des deux pays se retrouvent souvent en position de conflit. Les rivalités permanentes entre

Alstom et Siemens, la sortie précipitée de Siemens du groupe Areva pour fonder une alliance germano-russe, la guerre déclarée entre la SNCF et la DB, en sont les exemples les plus médiatisés, mais ils sont loin d'être les seuls. De plus, alors que l'agriculture avait été de toujours soustraite du champ des rivalités, voilà que depuis certaines années, pour certaines filières tout du moins, la rivalité s'installe entre les deux pays. Il faudra beaucoup d'imagination et de courage aux dirigeants de demain pour que cette guerre entre entreprises industrielles, filières agricoles, voire entre prestataires de certains services, dans le domaine du transport en particulier, ne se transforme en conflit économique tout court entre les deux pays.

L'Allemagne devra s'habituer aussi à l'idée que le pouvoir économique peut susciter des critiques et de la répulsion, voire de l'animosité. Beaucoup de voix se sont élevées récemment contre l'Allemagne pour stigmatiser un certain égoïsme au cours des dernières crises. Certaines entreprises allemandes ont bâti leur empire grâce à la corruption. On se souvient du rôle de ce qu'on a appelé il ya peu de temps encore ''les soldats de Siemens'' dans l'attribution de certains marchés au niveau mondial. Le degré de corruption de l'ancien directoire de ce groupe avait atteint un niveau peu égalé dans les relations industrielles. En mars 2011, le ministre grec de la Défense a accusé les entreprises allemandes d'avoir encouragé une large corruption pour obtenir des marchés d'État, allant jusqu'à affirmer « que toutes.les grandes sociétés allemandes en rapport avec l'État grec avaient créé des problèmes, mais qu'elles restaient impunies dans leur pays d'origine ». Après la Grèce, ce fut l'Irlande qui a accusé l'Allemagne d'incompréhension. L'Allemagne devra s'habituer à ce genre de critiques de plus en plus fréquentes. Tout pouvoir fort génère des répulsions. Un pays puissant est rarement aimé.

De son côté, dans certains domaines de la vie économique, la France craint un déclassement, d'autant qu'en matière de prix de revient notamment, elle se retrouve en situation d'infériorité, même si cette situation provient pour l'essentiel d'une politique délibérée de dumping social en Allemagne. De plus, comme on l'a vu sur le plan industriel, la déroute de la France est déjà bien avancée. La France se désindustrialise à une vitesse qu'aucun gouvernement n'a su maîtriser jusqu'ici, et par ailleurs, son industrie résiduelle est soumise à l'érosion des délocalisations. L'Allemagne au contraire a vu son secteur industriel prospérer, et elle a su encourager ses entreprises qui s'étaient délocalisées à se relocaliser en Allemagne. Les deux secteurs industriels évoluent dans des directions désormais opposées. La conséquence de cette situation est que la France n'est plus le premier fournisseur de l'Allemagne. C'est la Chine qui a pris sa place. La France a vu aussi ses parts de marché dans les importations allemandes passer de 12,3 % à 8,1 % tandis que les parts de marché des ex-pays PECO dans les importations allemandes dépassent désormais celles de la France et atteignent déjà 9,2 %. La France perd donc de plus en plus son statut de partenaire économique privilégié de l'Allemagne. Dans un tel contexte, il ne faut plus reprocher à l'Allemagne de développer un tropisme oriental. C'est la sauvegarde de ses propres intérêts qui la pousse dans cette direction. L'Allemagne amplifiera cette tendance à l'avenir, en poussant son tropisme jusqu'en Chine, son grand partenaire actuel, mais son futur concurrent de demain, avec qui elle partage le culte de la compétitivité. Déjà, les importations allemandes de l'Euroland sont tombées à 42 % de l'ensemble de ses importations. Mais cette relation germano-chinoise, prometteuse aujourd'hui, risque de devenir à moyen terme un handicap. Ainsi, les ICE de Siemens ont été complètement ''sinisés'' et sont déjà proposés au reste de l'Asie. L'Airbus chinois sera une réplique de l'Airbus européen. Progressivement, la Chine s'emparera du savoir-faire technologique allemand, et à ce jeu, l'Allemagne sera à moyen terme perdante sur le plan industriel. L'avenir n'est pas assuré pour l'industrie allemande, beaucoup trop caractérisée par une gamme classique de produits ; son industrie n'a pas su préparer le tournant historique vers les technologies de pointe.

Par ailleurs, il est vrai que sous le gouvernement de la Chancelière actuelle, l'Allemagne s'est, beaucoup plus que dans le passé, repliée sur ses propres intérêts financiers, créant une rupture avec la politique de solidarité des dernières décennies, pendant lesquelles l'Allemagne avait été un contribuable net du budget européen, contrairement à ses autres partenaires, dont la France. L'importance de la crise que l'Allemagne n'avait pas vu venir, et pour laquelle elle a été forcée d'inventer de façon plus que précipitée des solutions dans l'urgence, ainsi que le vieillissement inexorable de sa population, expliquent ce repli. Que ce soit pour la crise de liquidités des systèmes bancaires des ex-pays PECO au cours des années 2008/2009, ou que ce soit pour les crises récentes grecque et irlandaise, ce n'est qu'avec réticence, et donc avec retard, que son accord pour un sauvetage multilatéral a été donné. Cette attitude lui a été reprochée au sein de l'Union, de même que son refus vindicatif de créer un système mutualisé d'émission d'emprunts européens permettant aux pays économiquement plus faibles de profiter de meilleures conditions de taux d'intérêt. Pour la quasi-majorité de ses partenaires, cette attitude de repli égoïste a été très mal vécue. L'Allemagne, puissante économiquement, s'est ainsi retrouvée dans ces deux dernières années dans une situation extrême d'isolement, et si cet isolement a été rompu, elle le doit souvent à l'aide de la France qui a toujours recherché des compromis pour que l'Allemagne puisse sortir dignement de ces situations. Cette attitude surprenante et inattendue de la part de la puissance la plus riche de l'Union laissera des traces, et même au sein de l'Allemagne, des voix se sont élevées contre cette politique de repli. Ainsi, l'ex-Chancelier Helmut Schmidt a reproché à la Chancelière son manque de vision à long terme. Il n'avait certainement pas tort, quand on pense au ''cadeau'' involontaire que l'Allemagne a fait indirectement à la Chine, son actuel partenaire commercial, mais son concurrent redoutable à moyen terme. En refusant des aides trop importantes pour sauver financièrement la Grèce et le Portugal, la Chancelière a donné une occasion inespérée à la Chine d'intervenir économiquement en Europe, en lui permettant le rachat de leur dette souveraine, moyennant des compensations qui risquent d'être redoutables pour l'ensemble de l'Union, et donc aussi pour l'Allemagne. Ainsi, la Chine s'est installée au Pirée, en vue d'en prendre un jour le contrôle en toute vraisemblance, et d'en faire une base solide pour son commerce international. Elle est en train de renouveler la même opération au Portugal, et particulièrement à Lisbonne. Cette ''sinisation de l'Europe'' s'accélère et c'est en grande partie l'attitude intransigeante de l'Allemagne actuelle qui en est responsable. La Chine posséderait déjà 7 % de la dette globale européenne, soit 630 milliards d'euros, ce qui est une somme infime au regard de ses réserves de change, mais une opportunité importante pour la conquête économique de l'Europe. Grâce à l'Allemagne, la Chine retire indirectement le bénéfice maximum de ses récentes opérations financières en Europe. L'Allemagne a manqué de vision depuis deux ans, en privilégiant une stratégie comptable à court terme qui se retournera contre elle.

Enfin, l'Allemagne ne peut oublier son déclin démographique, qui, si rien n'est fait, rejaillira aussi sur son potentiel de croissance. Une nation qui vieillit, et dont la population décline, est condamnée à diminuer son potentiel de croissance, non seulement par manque de dynamisme, mais aussi parce qu'une part croissante de ses ressources s'orientera vers la couverture des besoins de ses seniors.

La France et l'Allemagne évoluent dans des directions inverses qui ne sont pas dépourvues de dangers : désindustrialisation de la France ; risque de préemption d'une grande part de la technologie allemande par la Chine et d'autres pays émergents, dans un domaine où l'Allemagne n'a pas su renouveler suffisamment ses filières technologiques ; un certain dynamisme démographique en France ; décroissance de la population en Allemagne. Pourtant les deux nations se retrouveront pour sauver l'euro, rare dénominateur commun qui les relie encore et sans lequel les relations entre les deux pays se seraient encore plus disloquées. Mais elles le feront pour des raisons complètement opposées. L'Allemagne ne peut se séparer de l'euro, malgré les menaces proférées en ce sens, mais vite démenties, car près de la moitié de ses exportations se fait encore dans la zone euro, et donc dans la même devise, ce qui est un avantage important pour elle. En l'absence de l'euro, ses partenaires commerciaux actuels seraient acculés à des séries de dévaluations, et compte tenu de termes d'échange dégradés, ils ne pourraient plus importer autant de produits allemands. Par ailleurs, en raison de ses performances économiques, l'Allemagne verrait sa nouvelle devise atteindre des niveaux élevés, ce qui péjorerait encore ses exportations. La France, non plus, ne peut se séparer de l'euro. En effet, l'Europe semble constituer désormais l'essentiel de son avenir réaliste. Le ''grand large'' que Churchill évoquait pour son pays n'existe plus pour la France. Sa politique africaine est en lambeaux. La France y est de plus en plus contestée, voire détestée, et cette situation périclite avec célérité. Elle n'a jamais réussi à créer un lien privilégié et intense avec le pays le plus prometteur, en termes économiques, des pays francophones d'Afrique, à savoir la RDC du Congo, pays où les intérêts anglo-saxons sont tout-puissants et où la langue anglaise progresse rapidement. La politique méditerranéenne était un très beau défi, mais ce projet a été vidé de sa substance par l'Allemagne qui ne pouvait tolérer en aucune manière une quelconque tutelle française sur un tel projet. L'Allemagne a réussi d'ailleurs le tour de force de transformer le cœur de ce projet institutionnel euro-méditerranéen en un simple ensemble de projets techniques euro-méditerranéens, pour lesquels, grâce à sa technologie, elle espère se tailler la part du lion. De plus, les récentes révolutions arabes risquent d'anéantir pour longtemps un tel projet, dont il ne restera que quelques miettes. L'image que nous renvoie la Méditerranée depuis le début de 2011 n'a rien de rassurant et elle démontre que les deux rives de cette mer intérieure n'ont que peu de ressemblance et sont en proie à l'incompréhension. La France n'a donc plus aucune autre alternative viable que l'Europe, et comme on l'a vu, elle a su tirer aussi profit de l'euro. En effet, elle n'aurait jamais pu dans un contexte de monnaie nationale, assumer tous les déficits budgétaires des dernières décennies sans être contrainte à recourir à des dévaluations successives et donc à une détérioration de ses termes de l'échange, présage d'appauvrissement. C'est à l'ombre bienveillante de l'euro qu'elle a pu ainsi financer en toute quiétude sa politique nucléaire ou sa politique de culture, deux piliers de sa puissance étrangère actuelle. Sans euro, elle n'aurait jamais pu financer la totalité de ces projets, contrainte qu'elle aurait été depuis fort longtemps de réduire sa voilure, en raison de la pression des marchés financiers.

En renforçant l'euro, l'Allemagne a ainsi aidé indirectement la France, pour un temps il est vrai. Pis encore, si la France devait lâcher l'euro, elle ne pourrait plus rembourser le montant abyssal de ses dettes avec une nouvelle monnaie nationale qui serait condamnée à s'affaiblir. Le prix à payer en retour par la France est maintenant constitué par l'introduction, dans la politique française, d'une certaine dose de culture de stabilité, une dose de culture germanique. Elle va être contrainte de pratiquer des choix budgétaires délicats, des choix qu'elle ne voulait pas faire jusqu'ici, notamment dans le domaine social. Certains ont parlé d'un certain suivisme de la France, voire d'un abandon politique de souveraineté pour se « réfugier sous le parapluie économique allemand ». De telles appréciations sont certes exagérées, même si elles contiennent une part de vérité. La France, en fait, n'a pas d'autres choix, vu l'état de son économie globale. Ce choix est donc raisonné et donc raisonnable. En contrepartie, et à condition que l'euro ne remonte pas vers des sommets, la France pourra appuyer ses stratégies économiques futures sur une monnaie saine qu'elle n'aurait vraisemblablement jamais pu créer seule et dont elle pourra profiter. D'ailleurs, malgré certains doutes émis par des économistes, l'euro a connu un regain de confiance depuis le début de l'année 2011. Ainsi, pour sa première émission d'emprunts, le FESF (Fonds européen de stabilité financière) a vu son émission couverte en un temps record. Un pacte franco-allemand pour resserrer la convergence des politiques économiques des 17 pays de la zone euro vient d'être approuvé. Un pacte de compétitivité commun devrait en résulter. Les convergences en matière fiscale, de régime des retraites, d'indexation, y seront évoquées. Ce n'est que si, à terme, cette harmonisation n'arrivait pas à se réaliser, qu'on pourrait alors envisager un éclatement de la zone euro, même s'il est vrai que l'Euroland n'a jamais été une zone monétaire optimale, ce qui aurait impliqué une gouvernance économique, un budget fédéral et une convergence des politiques économiques. Il devra le devenir, car seule une convergence des politiques économiques peut être un gage de pérennité de l'euro. En définitive, la sagesse l'emportera certainement, car c'est bien cette absence de convergence des politiques économiques qui créé un problème à l'euro ; de fait, l'économie française n'évolue pas comme celle de l'Allemagne, ses cycles sont différents. Il en va de même des autres pays, et pour cette raison, l'absence d'un taux de change optimal pour tous détériore la croissance des plus faibles. L'euro de demain ne peut pas être un euro trop fort. L'Allemagne devra le comprendre, ce qu'elle semble vouloir ignorer aujourd'hui. En fait, ni l'Allemagne ni la France n'ont intérêt à un tel éclatement dans un monde où, en raison de l'essor inexorable des pays émergents, leur poids relatif dans le PIB mondial est condamné à diminuer. S'isoler, ce serait s'exposer à disparaître.

A court terme, les deux pays vont aussi s'allier pour juguler la spéculation anglo-saxonne qui joue contre l'Europe. En effet, depuis l'époque de la gestion monétariste d'Alain Greenspan, il existe une volonté cachée de faire capituler l'euro en s'attaquant successivement aux maillons nationaux les plus faibles de l'Euroland, et en permettant ainsi aux groupes bancaires anglo-saxons d'encaisser des commissions. Près de 4 trilliards d'euros seraient mobilisés du côté de la spéculation. Cette bataille n'est pas terminée. L'Europe doit la gagner et faire prévaloir l'euro. Malgré ses détracteurs, l'euro n'est pas ''qu'un cadeau empoisonné'', même si certains dysfonctionnements bien réels se sont manifestés dans les pays périphériques. Une explosion de l'euro marquerait aussi la fin de l'Europe.

A plus long terme, les deux pays sont contraints ainsi à une sorte de mariage de raison, malgré des tensions palpables, des différenciations évidentes et des caractéristiques anthropologiques peu conciliables. Aucun des deux modèles économiques existant aujourd'hui ne pourra être dupliqué, chacun des deux pays devra apprendre à emprunter à l'autre. Une convergence parfaite des économies n'est pas possible sur le court terme entre tous les pays européens, et en particulièrement entre la France et l'Allemagne. Une convergence partielle est par contre possible. Cependant, la France devra retrouver des marges de manœuvre pour relancer sa compétitivité si elle ne veut pas transmettre un pays sans industrie à ses enfants. L'Allemagne devra assouplir sa politique salariale et sociale, pour éviter l'extension de la précarité et de la pauvreté décriées par tant d'analystes. Son modèle sera inévitablement amendé de plus par les gouvernements qui suivront, surtout s'ils sont à dominance sociale-démocrate. En effet, la grogne devient de plus en plus forte parmi les salariés de nombreuses branches et les revendications salariales prennent de l'ampleur. L'heure d'une déchirante révision a sonné aussi dans une Allemagne où la coalition actuelle a perdu sa crédibilité. Les solutions ne seront d'ailleurs pas nationales, mais supranationales, et elles passeront par un gouvernement économique qui devra trouver son juste équilibre avec la BCE. C'est ce qu'a voulu toujours éviter pourtant l'Allemagne, mais il va falloir qu'elle se fasse à cette idée. Il n'est pas sûr que dans un tel gouvernement l'Allemagne aura l'aura qu'elle prétend avoir encore aujourd'hui. Ses partenaires seront là pour lui rappeler que le modèle de croissance allemand implique un modèle contraignant peu favorable à la croissance des autres pays. L'heure des explications va sonner.

En fait, le plus grand défi de la France sera économique, alors que celui de l'Allemagne sera démographique. Ces défis sont majeurs, bien que différents. Rien ne prouve aujourd'hui que ces défis ne puissent être maîtrisés sur le long terme. C'est l'intérêt des deux pays, et celui de l'Europe. Robert Schuman disait déjà : « Il est de l'intérêt de l'Europe d'être maîtresse de sa destinée ». La France, dans ce contexte, ne doit pas désespérer comme elle le fait, en assumant un complexe d'infériorité à l'égard de son partenaire. La grande revue britannique ''The Economist'' affirmait d'ailleurs dans un de ses articles, en avril 2011, « que la France était pleine de ressources et plus forte que son peuple semble le croire ».

Mais, toujours à terme, les deux pays auront aussi à faire face à d'autres défis communs. Aujourd'hui s'est ouvert un troisième cycle des relations économiques mondiales, pour lesquelles les rôles respectifs de l'État et du marché doivent être redéfinis. En effet, après la Seconde Guerre mondiale, c'est l'État qui a pris le pas sur le marché, et ce, pendant trente ans, cette période ayant constitué un premier cycle. Ensuite, vers les années 80, sous l'impulsion de Margaret Thatcher et de Ronald Reagan, s'est ouvert un second cycle ; la priorité a été alors donnée au marché, l'État étant alors accusé de tous les maux. Après la grave crise économique qui se termine à présent, un rééquilibrage des rôles respectifs de l'État et des marchés doit s'imposer. La France et l'Allemagne doivent s'engager ensemble pour façonner les structures de ce rééquilibrage. Aujourd'hui, la mondialisation financière se nourrit trop du sacrifice des peuples. A terme, les deux pays réunis pour la même cause peuvent espérer imposer un modèle économique plus régulé et moins brutal dans lequel l'économie serait au service de l'homme et non l'homme au service de l'économie, car une civilisation mercantiliste basée sur le seul commerce des biens ne pourra jamais signifier une société du Bien. Ce projet impliquera sans doute un fédéralisme économique et budgétaire. Les racines humanistes des deux pays feront émerger cette société. Nietzche disait déjà « qu'un jour il n'y aura plus d'autres réflexions que celles portant sur l'éducation ».

TABLE DES MATIÈRES

L'HARMATTAN, ITALIA
Via Degli Artisti 15; 10124 Torino

L'HARMATTAN HONGRIE
Könyvesbolt ; Kossuth L. u. 14-16
1053 Budapest

L'HARMATTAN BURKINA FASO
Rue 15.167 Route du Pô Patte d'oie
12 BP 226 Ouagadougou 12
(00226) 76 59 79 86

ESPACE L'HARMATTAN KINSHASA
Faculté des Sciences sociales,
politiques et administratives
BP243, KIN XI
Université de Kinshasa

L'HARMATTAN CONGO
67, av. E. P. Lumumba
Bât. – Congo Pharmacie (Bib. Nat.)
BP2874 Brazzaville
harmattan.congo@yahoo.fr

L'HARMATTAN GUINÉE
Almamya Rue KA 028, en face du restaurant Le Cèdre
OKB agency BP 3470 Conakry
(00224) 60 20 85 08
harmattanguinee@yahoo.fr

L'HARMATTAN CÔTE D'IVOIRE
M. Etien N'dah Ahmon
Résidence Karl / cité des arts
Abidjan-Cocody 03 BP 1588 Abidjan 03
(00225) 05 77 87 31

L'HARMATTAN MAURITANIE
Espace El Kettab du livre francophone
N° 472 avenue du Palais des Congrès
BP 316 Nouakchott
(00222) 63 25 980

L'HARMATTAN CAMEROUN
BP 11486
Face à la SNI, immeuble Don Bosco
Yaoundé
(00237) 99 76 61 66
harmattancam@yahoo.fr

L'HARMATTAN SÉNÉGAL
« Villa Rose », rue de Diourbel X G, Point E
BP 45034 Dakar FANN
(00221) 33 825 98 58 / 77 242 25 08
senharmattan@gmail.com

501512 - septembre 2012
Achevé d'imprimer par
1livre.com

Made in United States
North Haven, CT
10 November 2026

22084532R00167